胡森林 王亚莘 刘宁洁 ◎ 著

COMPREHEND THE NEWS

读懂新闻

中国出版集团 | 全国百佳图书
中国民主法制出版社 | 出版单位

图书在版编目（CIP）数据

读懂新闻 / 胡森林, 王亚莘, 刘宁洁著. —— 北京：
中国民主法制出版社, 2023.8

　ISBN 978-7-5162-3322-1

　Ⅰ．①读… Ⅱ．①胡… ②王… ③刘… Ⅲ．①新闻学
Ⅳ．①G210

　中国国家版本馆CIP数据核字（2023）第143592号

图书出品人： 刘海涛

出 版 统 筹： 石　松

责 任 编 辑： 张佳彬　刘险涛　李婷婷

书　　　名 / 读懂新闻

作　　　者 / 胡森林　王亚莘　刘宁洁 著

出版·发行/ 中国民主法制出版社

地址 / 北京市丰台区右安门外玉林里7号（100069）

电话 /（010）63055259（总编室）　63058068　63057714（营销中心）

传真 /（010）63055259

http：// www.npcpub.com

E-mail：mzfz@npcpub.com

经销 / 新华书店

开本 / 32开　850mm×1168mm

印张 / 11.5　字数 / 160千字

版本 / 2023年9月第1版　2023年9月第1次印刷

印刷 / 北京中科印刷有限公司

书号 / ISBN 978-7-5162-3322-1

定价 / 68.00元

出版声明 / 版权所有，侵权必究。

目 录

1

结 语　媒体素养与社会能力养成

后 记　/359

第一章　新闻是什么
把事实、观点、情绪区分开

在当前的阅读语境中，面对激烈竞争，自媒体、机构媒体为追求时效和流量常常疏于核查，频频陷入新闻反转的旋涡之中；公众可以选择的信息急剧增加，但信息过载之下劣质新闻也让人饱受困扰；冗余信息的增长和有效事实的匮乏，仿佛一个信息"死循环"，无谓地消耗公众有限的注意力；谣言和虚假新闻时不时地传播，更让不少公众对事实和真相产生虚无主义的态度。

读懂新闻的前提是厘清"我们应当如何界定新闻"。

客观、公正、不偏不倚等新闻专业规范正在遭遇困境，新闻边界日渐模糊，其外延不断扩展，关于"何为新闻"的判断重新成为问题。如何把有价值的"新闻"与无价值的碎片化"泡沫信息"区分开，进而把事实与观点、意见、情绪化表达区分开，依旧是人们认识世界、改造世界的前提。

因此，首先界定新闻边界、厘清新闻标准、明确新闻原则、形成新闻意识，才能在现实语境下谈论"如何读懂新闻"。

一、当我们讨论"新闻"时在讨论什么

在日常观察和讨论中，人们往往把新闻与宣传、舆论混为一谈。在经典新闻学范畴内，这几者之间有着明显的区别。

每天早晨睁开眼睛，我们就开始接触各种各样的新闻。无论是报刊、广播、电视，还是微博、微信、新闻客户端，甚至在抖音、快手及各种网络社交平台上，新闻信息像潮水一般涌来，充溢在我们身边，影响着我们的生活。"新闻"已经成为人类必不可少的精神食粮。那么，什么是"新闻"？

新闻认识论的核心问题就是"我们应当如何界定新闻"。无论是在理论研究中，还是在实践操作中，当人们谈"什么是新闻"的时候，其实更多的是在谈"新闻应该是什么"。只有弄清这个答案，才能在当前现实语境下谈论"如何读懂新闻"。

（一）厘清新闻与几个相近概念之间的区别

在明确新闻的定义之前，我们有必要先厘清新闻与"宣传""舆论"以及"信息"几个相近概念之间的区别。

新闻不是宣传。2016 年 2 月 19 日，习近平总书记在党的新闻舆论工作座谈会上用 48 个字深入阐述了党的新闻舆论工作职责使命。在谈到团结稳定鼓劲、正面宣传为主是党的新闻舆论工作必须遵循的基本方针时，他指出："做好正面宣传，要增强吸引力和感染力。真实性是新闻的生命。要根据事实来描述事实，既准确报道个别事实，又从宏观上把握和反映事件或事物的全貌。舆论监督和正面宣传是统一的。新闻媒体要直面工作中存在的问题，直面社会丑恶现象，激浊扬清、针砭时弊，同时发表批评性报道要事实准确、分析客观。"[①] 真实性是新闻的生命，事实是新闻的本源，虚假是新闻的天敌。新闻的真实性容不得一丁点马虎，否则最真实的部分也会让人觉得不真实。要根据事实来描述事实，不能根据愿望来描述事实，同时要坚持马克思主义立场、观点、方法，搞清楚是个别真实还是总体真实，不仅要准确报道个别事实，而且要从宏观上把握和反映事件或事物的全貌。这也印证了新闻与宣传工作的联系与区别。

---

① 《习近平在党的新闻舆论工作座谈会上强调 坚持正确方向创新方法手段 提高新闻舆论传播力引导力》，《人民日报》2016 年 2 月 20 日。

从概念上说，新闻是对客观发生的具有新闻价值的事实的叙述，真实客观是对新闻的基本要求，"受者晓其事"是新闻活动的目的；而宣传是运用各种符号传播一定观点，以影响和引导人们的态度、行为的一种社会性传播活动，宣传行为的目的是"传者扬其理"。值得注意的是，在现实生活中，新闻和宣传相互渗透、相互交叉，最客观的新闻也常常夹杂着宣传，而很多宣传活动也通过新闻活动来达到目的，甚至在一些新闻从业者或者新闻主管领导的意识和行动中，也经常把"新闻""宣传"当作一回事，这样混为一谈，只会使两者的效果都打折扣。

新闻不等同于舆论。尽管人们在生活中常将"新闻舆论"当作一个词提及，但新闻与舆论是含义不同的两个概念：与新闻是"对客观发生的具体事实的叙述"不同，舆论是公众对某一焦点问题所表现出的有一定影响力的、带倾向性的意见形态；新闻则是反映舆论的一个个具体事实，并不是舆论本身。我们在新闻报道中常见的如"舆论认为"这样的表述，应该是需要有样本调查数据作为支撑的。只有当某种观点是相当一部分人的共识，才能被说成是"舆论"，否则只能说是一部分人或者少数人的观点。

新闻与信息也有很大的区别。新闻是对事实的报道，必须以客观存在的事实为依据，对传播客体的全面、真实、客观、准确等基本要素的要求比较严格，对传播主体也有一定的专业要求；而信息是人类活动的基础，是人们对事物了解的不确定性的消除或减少，信息对于人的人际交往、社会活动、心理建构等方面具有重大意义。简单来说，信息是可以通过人际传播和群体传播的所有内容。

学界关于新闻的定义，我们比较熟悉的是来自陆定一1943年9月1日发表在延安《解放日报》上的《我们对于新闻学的基本观点》这篇文章。其中提出的"新闻的定义，就是新近发生的事实的报道"①，成为新闻学教材中的经典定义，但不是唯一定义。

不过，没完没了地"死抠"新闻定义并没有多大意义，更重要的是明确新闻定义所涵盖的新闻特性。在当前媒介融合背景下，理解新闻定义，是理解网络传播形态下新闻的题中要义，更是从事新闻职业活动的前提。这里，我们从媒体融合的角度对"新闻"加以"再定义（理解）"。

（二）对新闻定义的探讨

当前，汇聚了政治、经济、社会、文化和媒介技术因素的媒体融合仍在快速发展，引起新闻传播在产品形态、生产流程、传播渠道、组织形式乃至新闻传播学的一些基本概念的变

---

① 《陆定一文集》，人民出版社1992年版，第322页。

革。对新闻定义的探讨，也需要体现不同历史阶段的新闻活动从低级向高级阶段的发展进程。主要体现为以下特点：

一是新闻的时效性原则，这一独特性正日益被技术消弭。新闻的独特性并非全然体现在时效性上。传统意义上，新闻之所以成为"新闻"，就在于有着强烈的时间要求，"昨天的新闻是今天的历史"。然而，媒体融合时代，在数字化技术和移动互联网技术推动下，对新闻报道时效性的要求已经发生了深远的变化。一方面，报道和新闻事件发生的时间间隔基本可以消除，实现了即时同步传播，空间上也有着更为丰富的互动，新闻的泛化现象已不可避免；另一方面，身处真假难辨的社会舆论场，新闻工作者面临的主要挑战已不再是如何缩短和消除新闻事件到新闻发布之间的时间差问题，这主要是因为新闻媒体为了争夺舆论注意力却无法保证新闻客观真实而造成的。例如，中国新闻奖并不青睐单靠"时效性"取胜的新闻产品，评选办法也没将"及时性"列为评审标准。相比时效性，新闻内容的准确、客观、公正、全面及建设性更为重要。

二是传受关系上，从单向直线到融合衍变。传受关系是传播活动中的核心，与之相对应的，在新闻实践活动中，传受规律也是新闻规律系统的核心组成部分。在媒体融合时代，新闻活动不再是传统媒体的单向报道过程，受众也由被动的旁观者或者接受者变成能动的新闻生产者和传播者，而过去传播者和受众两个相对对立的概念，在社交媒体平台上呈现融合的倾向，诸如 UGC（用户生产内容）新闻、"辫子新闻"（指新旧媒体的融合）等，都是传受关系和传播方式发生变化的新闻传播活动的具体形态。

更重要的是，在当前生活中，新闻往往是通过算法由各类信息聚合平台和社交平台"推送"给受众的，如微信、微博、今日头条等社交平台上的信息尽管少有原创，但仍深刻影响着大众对新闻的认知。在这一过程中，"原本的"新闻经过层层评论和转发，其原来的含义可能已经被解构，继而产生新闻"衍生品"或"伴生品"，传统上单向直线的传受关系已经发生改变。

三是媒介技术的快速发展，引发对新闻主体性的再思考。媒介技术的演进给新闻行业带来的变革无疑是巨大的。面对虚拟现实技术给新闻感知带来的改变，以及人工智能技术对传统新闻生产运营带来的挑战，特别是在目前全景式和沉浸式新闻的大趋势下，新闻产品创新给受众带来越来越丰富的新闻观感的同时，难免让受众产生一种迷思：当下新闻传播活动的主体究竟是什么，即我们现在所说的"新闻"是否仍专指人的主体活动？

早在 20 世纪 60 年代，加拿大传播学者麦克卢汉的名言"媒介即讯息"，就提示某种传播技术而不是媒体内容带来传媒的"职能"。直到今天，人们越来越深刻地体会到，传播技术会在无形中改变社会结构和人们的行为方式，甚至思维模式，就像移动社交媒体的普及造就了"低头族"，而日新月异的传播新技术，如人工智能、AR（增强现实）、VR（虚拟现实）、MR（混合现实）以及算法技术的推行和使用，似乎也让新闻业患上了"技术依赖综合症"。

对于这种情况及其引发的担忧，可以引入哲学上"异化"的概念，即本来是人创造的东西，反过来却控制了人。法兰克福学派的代表人物哈贝马斯提出，传播除了政治控制、意识形态控制以外，还有一种无形的控制，就是科学力量的控制。科学技术的合理性本身就是控制的合理性，谁掌握了技术，在某种意义上谁就对媒体的内容有所掌控，即统治的合理性。有人疑惑，若媒介技术无限升级革新，新闻活动是否有可能失去人的活力和创造性，也可能失去作为能动的社会意识对人认识世界、改造世界的作用？

无论是从理论学家对人类历史过程中技术角色的论述里，还是对人类几次传媒变革的感性经验的总结中，我们都能感受到媒介技术发展与人类新闻活动的相关性。但是，过犹不及。新闻是人的劳动和社会交往的产物，新闻也应小心避免由技术决定论带来的危机。新闻活动的本质是人的实践，既要承认媒介技术演进给新闻行业带来的变革，避免只强调传统新闻构成因素与形态，忽略被技术影响的新闻形态和新闻活动，又要认识到媒介技术并不是新闻内涵延伸的唯一因素，而忽视"人"的实践性，造成新闻活动本身的异化。

当前，媒体融合仍在快速发展，新闻生态系统变得愈发复杂。在此背景下，让我们准确地对"新闻"重新下一个科学合理的定义还为时尚早，但至少可以认识到：无论新闻特性的内涵和外延随着时代发展如何发生变化，新闻本源是"事实"这一点是无可争辩的，这是唯物主义新闻观最基本的观点；同时，应更加注重在人、科技、社会这种更宏大的视角中展开关于媒体融合时代新闻定义的再思考，重视新闻传播与受众、社会的互动。

二、再看新闻"三项基本原则"

新闻的真实性、客观性、透明性，一直被视为新闻的基本原则。在网络新媒体时代，我们需要重新审视这三项原则是否还生效，在新的传播环境下发生了哪些变化。

（一）作为新闻前提的真实性原则面临挑战，即在"后真相"时代，如何警惕新闻"失真"

真实性是新闻的前提，这是一个常识。然而，在互联网时代，传播方式多样化、传播途径便捷化、传播工具现代化愈演愈烈，新闻真实性却面临严峻挑战。甚至在 2016 年 11 月 22

日，牛津字典宣布"后真相"（Post-truth）为其年度国际热词，并将其定义为"借助情绪、立场、观点和个人信念比简单阐述事实更能影响社会舆论"。也就是说，相对于"真相"，人们更愿意选择相信符合各自偏好的信息。而 The Economist（《经济学人》）杂志更认定社交媒体是"后真相"语境的主要推动力，便直接将"社交媒体时代"等同于"后真相时代"。

真实性原则是马克思主义新闻观的重要组成部分。首先，新闻的真实是事实的真实，要求新闻事实与客观事实相符，表现在它的实现是一个动态的过程，即马克思谈到的"报纸的有机运动"。其次，不能以局部真实掩盖整体真实。新闻是事实的反映，同时也是观念的产物。事实本身没有价值特征，但媒体在报道新闻事实时往往包含对事实的评判。这就导致同一件事，不同媒体、不同记者的报道可能大相径庭。这可能是受到主观认识的制约，也可能是受到客观环境的限制，但从理论上来说，"经过努力，新闻真实是可能的；但这种努力需要建立在对新闻真实这种现象的深刻理解之上"①。

通过梳理及分析近年来虚假新闻报告不难看出，在越来越复杂的混合型媒介系统中，虚假新闻的制作和传播过程往往涉及多种主体、多个平台，这不仅使得虚假新闻更易发生、更快

---

① 陈力丹：《新闻理论十讲（修订版）》，复旦大学出版社 2020 年版，第 88 页。

传播，也更难有效治理。特别是相较于过去以文字和图片为主的虚假新闻，现在又增添了短视频新闻这种形式，自媒体往往成为虚假新闻生产和传播的主要渠道，同时又进一步削弱了专业媒体的公信力。而试图区分专业媒体与自媒体的新闻失范行为的尝试也变得越来越困难，再加上"反转新闻"粉墨登场，公众在纷繁芜杂的舆论场中更是"雾里看花"。

"反转新闻"，主要指在对同一事件的报道过程中，后续报道与前期报道在事实上有较大出入，甚至完全相反，也就是随着报道的深入和真相的逐渐明朗，会出现一系列与公众认知或者与社会舆论相背离的局面。有网友调侃，现在"无反转，不新闻"，遇事"让新闻再飞一会儿"。

"反转新闻"发生的根本原因在于新闻本质失实。无论是新闻要素、细节或核查环节缺失导致的失实，还是新闻事件彻头彻尾就是为追求轰动效应和流量而"策划"，都违背了新闻真实性原则。更重要的是，"反转新闻"吸引舆论眼球的往往不是事件本身，而是让人瞠目结舌的戏剧性反转，以及公众态度的反转。这会带来一系列负面效应，如混淆视听、扰乱传播秩序、破坏传播环境等。如果经常有媒体的初始报道被后续报道证明是失实的，那么受众难免会形成"狼来了"心理，产生"新闻难懂"的质疑。这会严重影响社会公众的新闻观感，降低大众传媒的公信力，进一步侵蚀社会正常运行的根基——信任度。

（二）始终坚守新闻的客观性立场，才能使新闻更有力量

与新闻真实性原则紧密相连的是客观性原则。尽管客观性理念在"以阶级斗争为纲"的时期被定性为"资产阶级"的理念，且较长一段时间内在中国的新闻学中作为被批判的对象而存在，但毋庸置疑，"新闻传播业要职业化，新闻客观性原则这一职业意识是必须要具备的"①。

多年前，一句"我爸是李刚"引爆了舆论。贪污腐败、"官二代"等一系列触及社会敏感神经的词语，因为一则不客观的报道，成为媒体的"想象照进现实"。当时报道称：河北某高校学生李启铭在校内开车撞人后"被学生和保安拦下，但该男子却高喊：'有本事你们告去，我爸是李刚！'"这描画出一个飞扬跋扈的"官二代"的形象，成为表述社会情绪的典型性群体表达。

然而，很久之后据知情人透露，此高校保卫处处长曾与李刚及他儿子李启铭吃过饭，对李启铭还留有印象。在肇事现场，该处长问李启铭是不是李刚的儿子，李启铭表示："是，我

---

① 陈力丹：《新闻理论十讲（修订版）》，复旦大学出版社 2020 年版，第 140 页。

爸是李刚。"而李刚只是副科级干部，他儿子李启铭根本够不上"官二代"。这则新闻对当事人、对当事高校、对公众，甚至对整个社会是否造成负面影响，无人追问。

从新闻职业意识角度看，客观性原则是一种职业理念和职业立场，要求传媒必须承担起客观、平衡报道的社会责任，尤其在发生冲突性事件的时候。只有从这种立场出发，在形式上采取全面、平衡的报道方式，才可能做到较为客观。

不过，从认识论角度来看，客观性原则也受到各种自然条件的无形制约：第一，记者和编辑在报道事实之前，其思维方式和习惯已然存在，要超越其所在环境的文化框架十分困难；第二，有不少新闻事实是人们在活动中"塑造"的，在发生之时，"事实"的一部分是被先验地构造好的，这本质上似乎与"客观性"相悖，如会议、运动会开幕式、竞赛颁奖礼等；第三，人对事实的感觉和认知具有相对性，不同人采访同一个人或者同一件事，其报道不会完全一样，完全的客观很难做到；第四，信息时代信息过载，人们在海量信息面前常无暇思考，只能接受传播者提供的"事实"，但他们有自己的选择标准，从受众角度看，受众的体验与传播者的报道之间可能会产生冲突，或者说，传媒主观上想客观报道的东西，有时候很难被公众认为是客观的。

诚然，在纷繁芜杂的新闻世界中实现客观性原则，似乎很理想化，但并非遥不可及。客观性作为一种新闻报道的原则，在新闻实践中有着具体的操作要求，大致体现在三个方面：第一，将事实与意见（观点）分开；第二，用中性词汇、观点表述事实；第三，做到公平和平衡，为利益相关方（新闻事实涉及的各方）提供应答的机会。总之，新闻表述要心平气和、就事论事。事实蕴含的信息是一种客观存在，不以人的主观意志为转移。"事实胜于雄辩""此处无声胜有声"，甚至"留白"，才是新闻客观性的力量。

（三）透明性越来越成为新闻伦理规范的内涵要求，其与客观性之间形成互动关系

新闻透明性原则作为新兴的新闻伦理规范在我国日渐受到重视，从本质上看，它是新环境下的一种方法论变革。当下，新媒体技术全面改造了传播环境，新闻业的参与性和互动性得以增强，围绕新闻客观性的争议进一步激烈，关于透明性的讨论逐渐增多。

早在 2001 年，比尔·科瓦齐和汤姆·罗森斯蒂尔在《新闻的十大基本原则》中，就系统性地提出"透明性原则"（Rule of Transparency）。他们认为新闻工作者应对受众真诚，奉行透明性原则，"尽可能多地披露信源和方法"。当然，从新闻实践的角度，新闻透明性的实践活动可以追溯至 20 世纪七八十年代甚

至更早。它的基本含义是将传统的影响新闻生产的因素适度公开化。

"与传统媒体时代新闻传受关系所蕴含的'支配式宣传'的'主体性'不同，新媒体时代传者与受者之间更倾向于构建一种平等对话的'主体间性'。"[①] 在整个新闻生产过程中呈现透明性，意在使受众更多地了解或参与到新闻生产的过程中，并在协商和对话之中实现意义共享。

值得注意的一种现象是，随着科技的发展，我国涌现出了机器人写作、"AI 合成主播"、算法新闻和人与算法协同把关等全新的新闻实践。然而，人工智能的介入，给新闻生产全流程带来算法歧视与偏见、"信息茧房"、低俗与虚假新闻等伦理危机。因此，将以往被置于"后台"的发现信源、策划、采写、编辑、审核、发布等新闻生产过程置于"前台"，打开"算法黑箱"，让同行或受众对其进行评估，能适度增加透明性，且十分必要。

不过，也有人认为新闻透明性作为新闻报道的一种策略、一种手段被认可，具有一种工具性和方法论功效，但并不意味着这就是客观，就是事实真相。它只是增加了更多手段来消除一些偏见和偏袒，使受众更相信自己的判断。

---

① 陈敏荣：《论新闻透明性原则在我国的价值和本土化路径》，《视听》2022 年第 8 期。

那么，从另一个层面上来说，透明性的出现凸显了客观性的衰落吗？

作为历史实践的产物，新闻客观性背后隐含着西方现代思想中坚信人作为主体的理性。然而自 20 世纪后期以来，全球政治、社会、文化与技术的急剧变化，使得西方现代思想本身出现了一定程度的"危机"，带来了对新闻客观性理念与规范的忧虑。因而，当新闻透明性概念提出之后，也被赋予了较高的期望，甚至被认为具有取代客观性、建立一种新规范的可能。

实际上，新闻透明性的兴起，与其说是对新闻客观性的"替代"，倒不如说是新闻业应对数字化转型和数字新闻生态的一种新策略，折射出记者与受众之间趋向平衡的权力关系变化。客观性原则从未被真正颠覆过，"透明性"改革的实质是新技术条件下的方法论变革。

而我们之所以强调新闻透明性，所要解决的是数字新闻语境下，不同的行动者如何卷入新闻生产中、卷入新闻生态系统的问题，这是关乎信息的流通、信息的共识的探讨，也是我们"读懂新闻"的前提。

第二章　新闻告诉我们什么

人是"读懂新闻"的价值之锚

> 社会的媒介化转型使人与媒介、社会的关系发生了重大转变，媒介成为人应对现实的手段，它无限延伸了人的交流空间，缓解了人的孤独，同时又减少了人与人的面对面交流。

　　"交流的无奈"一直是新闻传播学研究的核心课题，也是人们面临的现实困境。更好地处理交流问题是人类共有的需求，也正是这种需求，让"读懂新闻"在今天显得尤为重要。

　　尤其在"后真相"时代，如何让"新闻事实"回归"真相"，新闻媒体承担着更多的公共责任，主流媒体更应注重对新闻建设性和新闻专业规范的追求。

一、"读懂新闻"的意义

人为什么需要新闻？回答这个问题之前，我们可以先看看人们喜欢读什么样的新闻。显然，有用的或有趣的新闻更受青睐。

"有用的"新闻，是指如天气预报、交通路况、民生物价、财政金融、投资求学、治安环保等能给人们日常生活带来帮助的新闻。人们借助这种信息，认知周围环境并对生活做出理性判断。可以说，这类新闻是社会进步的需要。如果阻断这类新闻传播，人们就会产生不安全感，甚至连生存都困难。而"有趣的"新闻是指能满足人的好奇心，拓展人的兴趣爱好，增加人与人之间的谈资和社交黏度的新闻。人们之所以需要阅读新闻，并由此进行信息交流，更多是为了多层次的生活需求和全方位的社交。

然而，在传播革命的时代，人与人的交流仿佛越来越处于不确定性的状态之中。这是因为，传播革命最为深刻的一面是把人推向了媒介化社会——社会的媒介化转型使人与媒介、社会的关系发生了重大转变，媒介成为人应对现实的手段，它无限延伸了人的交流空间，缓解了人的孤独，同时又减少了人与人的面对面交流——这种社会转型，一方面使人与人之间的时间与空间距离缩小甚至趋于消失，人与人之间的交流越来越频繁；另一方面，媒介所创造的符号真实和信息饱和，把人与客观真实隔离起来，使人们习惯于媒体所建构的"面对面"交流，比如，有些人深陷网络直播间，沉迷于直播间刷礼物、同主播聊心事，而面对真实生活中的社交活动却"十级社恐"。这种"交流的无奈"不仅是人们面临的现实困境，也是新闻传播学研究的核心课题。

这就不得不提及这方面的经典之作《交流的无奈：传播思想史》，作者是美国当代著名的媒介史家、传播理论家和传播哲学家约翰·杜翰姆·彼得斯。他以"*Speaking into the air*"为题来暗喻其关于"交流"的整体思想：真正的交流不可能实现。他认为，交流的失败一方面源于我们对词语、符号的怀疑，以及对媒介机器的困惑；另一方面又源于交流中接收者处于弱势地位，交流中缺乏宽恕意识。

也就是说，随着科学技术不断进步，符号传递不再是困扰人类的重大问题，但是意义理解的问题却没有因为科技的进步得到改善。从口语到文字、广播、电视，再到互联网和人工智能，每一次媒介更迭，"人的感官"看似延伸得越来越远，然而人与人的关系、心与心的契合实则并未拉近。即使在似乎开放的虚拟网络世界中，交流的无奈依然存在，我们仍然是心灵孤独之人。从这个意义上说，更好地处理交流问题是人类共有的需求。也正是这种需求，让"读懂新闻"显得尤为重要。

那么，谁需要读懂新闻？

人们常说的"没读懂新闻"，大多都是新闻误读。这不一定是对新闻文本的理解偏差或错误理解，也可能是一种对事实不一样的理解；这可能是由单一因素造成的，但更多时候是由多重因素共同造成的。与虚假新闻不同的是，新闻误读通常不是主观故意造成的，而是伴随传播过程而生的。

传播学中对误读现象的关注，最早可追溯到英国文化研究学派霍尔的新受众研究。他的编码与解码理论认为，传受间地位的结构差异和符码不对称，导致协商式解码和对抗性解码两种误读情况出现。传播学者陈秀云构建了新闻文本间距的理论框架，认为文本的独立性产生了新闻间距，间距受语境制约；传播者组织化语境、新闻文本专业语境和私人接收语境间的相互作用，形成不同间距，误读就发生在间距中。陈力丹更指出："互联网是一个简单的信息平台，应该理解为内容生产、产品形态和渠道占有的一体化操作性系统。在变化的新闻场景中，互联网语境下的新闻误读是一种群体化的现象。"[①]

也就是说，在传统媒体时代，新闻误读常归因于文本间距、媒体失误、文化差异、受众认知心理等因素。而在互联网

---

① 陈力丹、李林燕：《互联网语境下的新闻误读》，《新闻与写作》2016年第9期。

传播条件下，新闻的采集、组织、生产和传播方式都发生了颠覆性变化，"传—受"角色发生变化，接受新闻的时空环境也发生变化，故新闻误读情形发生的频次变高，表现得更复杂。

因此，把新闻视为"人"与"社会"发生连接的"中介"性存在，必须明确"人"是读懂新闻的主体。新闻误读则是指人（包括作为传播者的个人和受众）在解读新闻时对新闻内容的内涵意义或传播者意图的理解产生的偏差，以至于未达到理想的传播效果的情况。

厘清这层关系，读懂新闻才更有其必要，也唯有读懂新闻才能充分利用其正面作用，而不为负面效应所害，才能让新闻对个体、组织和社会发挥应有的价值。

二、新闻的社会价值

当我们谈及"新闻对个体、组织和社会有什么价值"这个话题时，实际上探讨的是新闻（行业）在社会中的作用，既包括新闻产品的社会作用，也包括传媒的职能。对这个定位的认识不同，直接导致新闻实践和传媒活动的目的及效果不同。

新闻作为一种文体，在人类社会生活中所起到的客观作用主要通过大众传播和人际交往传播这两种渠道进行传播。无论通过哪种形式，新闻都会影响接受者的观念、感情、心理及行为，进而影响社会政治、经济、科技、文化教育事业的发展。

简言之，新闻的作用是交流信息，反映和影响舆论，推动社会各项事业的发展。

显然，当传播者的主观意志与新闻的客观规律相统一，新闻就能发挥良好的作用。反之，则事倍功半或事与愿违。因此，正确认识、把握新闻的客观职能，是新闻传播的一个重要问题。习近平总书记强调，"既要强调新闻工作的党性，又不可忽视新闻工作自身的规律性"[①]，"要遵循新闻传播规律和新兴媒体发展规律"[②]。

马克思和恩格斯说过，"当报刊匿名发表文章的时候，它是广泛的无名的社会舆论的工具……报纸是作为社会舆论的纸币流通的"[③]。也就是说，尽管传媒的职能是满足公众对新闻的需求，但我们以往关于传媒性质、任务、作用等说法的由来，主要是从传媒与政治的关系得到定性的。不论新闻政策差异如何、新闻表现形式如何，一个国家刊播的新闻，总体上带有这个国家意识形态的印记，特别是在矛盾冲突非常激烈的时候，能明确看出新闻背后所代表的"立场"。

因此，作为社会系统之一的大众传播，传媒的职能与社会各构成部分之间存在着种种复杂的利益交合。在学界，其社会

---

① 习近平：《摆脱贫困》，福建人民出版社1992年版，第84页。
② 《习近平主持召开中央全面深化改革领导小组第四次会议强调 共同为改革想招一起为改革发力 群策群力把各项改革工作抓到位》，《人民日报》2014年8月19日。
③ 《马克思恩格斯选集》第一卷，人民出版社2012年版，第544页。

功能较多地采用了美国政治学家拉斯韦尔于 1948 年、美国社会学家拉扎斯菲尔德和默顿于 1949 年、美国传播学者查尔斯·赖特于 1959 年的论述。主要包括以下几个方面：信息传播、监测环境、社会协调、文化传承、提供娱乐、赋予人和事物知名度、"麻醉功能"，等等。

三、"后真相"时代呼唤新闻的建设性

"后真相"时代，传播者把很多观点或情绪化表达置于新闻事实之中，而公众带着"喜好"对信息进行选择性接触、理解及认知，不能全面、客观地认清真相，这加剧了信息内容的主观化失真。如何让"新闻事实"回归"真相"，新闻人和新闻媒体承担着更多的公共责任。尤其在"信息疫情"治理中，主流媒体更应注重对新闻建设性的追求。

早在 2003 年，戴维·罗特科普夫针对"非典"暴发期间全球性谣言蔓延的情况提出了"信息疫情"的概念。"信息疫情"的英文（Infodemic）由"信息"（Information）与"流行病"（Epidemic）拼接而成。而对于信息疫情的含义，世界卫生组织指出，信息疫情是在传染病疫情背景下，包括谣言、小道消息在内的大量信息通过手机、社交媒体、互联网以及其他通信技术快速传播的现象，导致人们难以发现值得信任的信息来源和可以依靠的指导，并妨碍疫情防控措施的开展。

这直接体现在近两三年的新闻信息传播中——新冠疫情作为一次全民性公共卫生危机，也带来一场史无前例的信息疫情。特别是新冠疫情暴发早期，有价值的疫情信息与鱼龙混杂的流言及谣言充斥舆论场，带来的信息过载和虚假信息泛滥，导致公众认知失调，误导了公众并引发了非理性行为，加剧了公众的恐慌和焦虑，增加了社会不稳定因素。

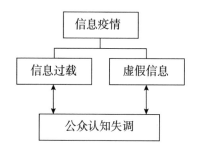

图 2-1 "信息疫情"导致公众认知失调

"信息疫情"的暴发，无疑让疫情中的人们感到焦虑，这种认知失调的心理状态在负面的、冲突的、失序的新闻报道下"雪上加霜"。而将"建设性"元素融入报道，是主流媒体参与信息治理的重要途径。

第一，信息披露要及时、透明。新冠疫情暴发初期，2020年1月20日晚，中央电视台《新闻1+1》栏目在直播中连线专访刚刚从武汉到达北京的国家卫健委高级别专家组组长钟南山院士，首次证实病毒存在"人传人现象"。这次报道被认为是新冠疫情信息披露的节点——采访明确了新型病毒的传染性，在传播层面让疫情得到了全国各地的高度重视，为后续实施强有力的防控手段打下了坚实的群体心理基础，也极大地纾解了人们因信息匮乏造成的心理恐慌。除了信息披露，新闻媒体还应及时辟谣，在大众心理和情感维度上挤压信息疫情可能的"寄生"空间，杜绝信息领域"劣币驱逐良币"现象的发生。

第二，科学传播要权威、专业。新闻媒体及时采访权威科学家，就病毒的属性和疫情的原理解疑释惑，不断向大众普及前沿、准确的科学知识，这对于以"伪科学"形式存在的信息疫情是极为有力的遏制手段。因为要有效阻断信息疫情，不仅需要充分的权威信息，还要将大众不易理解的科学信息以符合媒体逻辑的形式呈现和传播，并迅速赢得大众的信任，这也体现了主流媒体公信力在危机时期的独特价值。

第三，新闻直播要走心、共情。慢直播这种报道形式充分借鉴浸入式新闻的生产理念，其要旨是通过制造全景式平缓的信息流来吸引受众对事件的持续性关注，以克服传统"爆点"式的新闻生产模式可能带来的热度迅速消退、劣质信息争抢热度等问题，稳定地吸引新闻用户的注意力。其中，最值得关注的案例莫过于春节期间央视 App 借助 5G 通信技术推出"战疫最前线"慢直播报道，多机位对武汉火神山医院、雷神山医院施工现场进行 24 小时不间断高清直播，让受众产生亲临抗疫一线现场之感，使受众获得更强的自我赋权，这也间接提升了其应对信息疫情的主动性和判断力。①

由此展开，为了更好地实现传受双方的有效沟通，让社会公众更好地"读懂新闻"，需要注意以下几点：

一是新闻生产应注重核查把关。"后真相"时代更凸显了新闻事实核查的重要性。媒体要赢得公众的信任需要始终坚持新闻的真实性，对事实进行精细的核查与把关。除此之外，还要对事实的客观性进行审查，尽量将事实的全貌呈现于报道，切勿发表带有主观偏向性的言论，制造一种"情绪环境"。相对于自媒体而言，专业型主流媒体机构更应该深入纷繁复杂的事件，帮助受众挖掘事实真相。这也是新闻生产者的职责所在。

以新闻核查平台"腾讯较真"为例。2015 年 11 月，腾讯新闻推出"较真"栏目；2017 年年底，此栏目升级为专业化的事实核查平台；2018 年 1 月，腾讯推出简单易用、加载快、体量轻的微信新闻辟谣小程序"腾讯较真辟谣"，目的是进一步降低辟谣和事实核查的门槛，打造出专业、立体化的事实核查平台。

据平台介绍和专家分析，"腾讯较真"平台的专业化体现在四个方面：

第一，打造专业化的事实核查团队。平台主动邀请各领域

① 参见常江、何仁亿：《公信力的兑现：主流媒体应对信息疫情》，《青年记者》2020 年 11 月（下）。

的专业人士、机构、媒体、自媒体等开展事实核查，而其也可以主动向专栏推荐相关领域的专家。第二，内容生产常态化。结合相关的社会热点，兼顾时效性和用户接近性，较真平台平均每天推出三条事实核查新闻。第三，建立了内容丰富的事实核查数据库，为用户提供搜索服务。在此强大数据库的支撑下，用户输入关键词后，与这个关键词相关的所有信息都会以列表的形式出现，列表既包括标题中含此关键词的核查新闻，也包括核查文本中含此关键词的核查新闻。每一条核查新闻的标题后面，都有"真""假""疑"的鉴定结果。点击相关条目后可以看到流传说法、具体的查证要点和查证者。若用户浏览完所有信息后仍有疑问，可以点击下面的"提交新问题"，向平台提出新问题。数据库的建立，也避免了同一问题的重复提问，提升了事实核查效率。第四，传播速度快。尤其是微信辟谣小程序上线后，每篇事实核查新闻下面都设置了"收藏""分享"按钮，这使得辟谣小程序能够充分利用微信自带的庞大流量，进一步提升事实核查平台的内容传播力和辟谣力。

在查证内容的呈现方式上，除文字这一常规形式外，较真平台还推出音频、视频等多种方式，以立体化的形式呈现事实核查内容。如针对养生类的核查内容，较真平台在提供核查内容的文字版的同时，还提供了相应的音频版，满足用户在不同场景下的使用需求。在腾讯较真辟谣的微信小程序里，单独设置了"视频"栏目。里面的视频查证新闻，包括由较真记者现场出境主持，以及当面采访相关领域的专家等，增加了查证内容的生动性、吸引力和权威性。[①]

图 2-2　腾讯较真平台网页截图

二是媒体报道内容应"深耕细作"。网络时代，看似新闻很多，其实新闻也很少，多的是一些"快餐速食"，少的是一些"雅致餐饮"。主流媒体作为新闻业的中流砥柱，在真相"模糊"的时代，更要肩负起更多的公共责任，在发生重大事件或者热点事件时，通过一些高质量的新闻报道来引导公众的价值选择和认知判断，培养公众的理性思维。

① 参见申金霞：《后真相时代社交媒体平台的事实核查分析》，《新闻与写作》2019 年第 3 期。

传统主流媒体拥有的独特优势在于其拥有专业的采编队伍和成熟完善的职业运作体系。因此，相比社交媒体及自媒体等新兴媒体平台，传统主流媒体拥有天然的内容优势——深度报道。在面对热点事件需要引导舆论时，传统主流媒体可以加大深度报道的力度和投入，确保信息来源的可靠，追求新闻的深度性和专业性，而新兴媒体可以响应传统媒体报道，并利用其自身流量优势获取公众注意力，随后，传统主流媒体利用采编以及调查优势后期再跟进报道。两者相辅相成，可产生协同效应。

举个例子，就市场化媒体的疫情报道而言，据国家信息中心与南京大学网络传播研究院共同发布的《"新型冠状病毒肺炎"公众认知与信息传播调研报告》显示，《第一财经》、财新传媒、《财经》、《三联生活周刊》、《人物》等市场化媒体成为"公众印象深刻的信息来源"。它们以专业性、敏锐性和前瞻性，赢得了网民的关注。例如，《第一财经》在 2019 年 12 月 31 日上午独家发布《武汉不明原因肺炎已做好隔离　检测结果将第一时间对外公布》，以 700 余字的消息打响了疫情报道"第一枪"。此后，由于武汉官方未对疫情作出进一步公开，致使多家媒体因缺乏官方信源而陷入报道低潮，出现了集体性的预警迟滞。不过，在信息的贫乏期里，以《第一财经》、财新传媒、《财经》、《三联生活周刊》、《人物》等为代表的市场化媒体，依然高度关注不明原因肺炎的进展情况，突破重重障碍，多方采访求证，力图展现正在发生的疫情，并以媒体之力助力疫情通报的公开透明性，发挥了风险警示、环境监测的社会守望职能。

三是公众应与新闻"保持距离"。"后真相"时代，情绪凌驾于真相之上，这也从侧面反映了受众对新闻缺乏理性思考。尤其在网络空间，匿名性参与和低门槛准入，使各种主体的平台"表演"与情绪"宣泄"意图愈发凸显。人们虽然渴求真相，但难以用一种理性的方式寻求真相，似乎像"墙头草"一般摇摆不定，容易被舆论"牵着鼻子走"。所谓"不识庐山真面目，只缘身在此山中"，对一些越是吸引眼球的新闻内容，公众越要敢于质疑、善于思考，越要保持一定的距离，减少因盲从而导致的群体极化现象。这一部分主要涉及公民媒介素养的培养，在后面章节会具体谈到。

第三章　新闻传播要素

"5W"模式的变与不变

> 从拉斯韦尔在 20 世纪中期提出"5W"模式开始，传统的新闻传播模式包含的五大要素，即传播者、传播内容、传播渠道、受众、传播效果，就成为新闻传播五大研究领域的基石，也是我们理解新闻传播活动、改善新闻传播效果的基准。

随着以互联网为代表的数字革命的发生，以大众传播学范式为内核的我国主流媒介的实践，面临着从生产到传播再到用户端的全产业链巨变。5G 作为一项革命性技术，正在改变着

"媒介""传播者""内容"与"受众"的内涵和外延，并深刻地改变着我们的生活和社会。

在现实语境中，"元宇宙"概念的火热折射出人们对新媒体技术结构带来怎样的影响以及这些影响该如何看待的追问。理性分析新闻传播要素的特征和内涵，是这个时代课题的起点，也是探讨新时期如何读懂新闻的铺垫。

一、新闻传播模式五要素的传统定义

提及传播模式，首先要提的是哈罗德·拉斯韦尔 1948 年在《社会传播的结构与功能》一文中提出的传播学著名的"5W"传播模式。他认为，一个传播过程包含五大要素：谁（Who）、说什么（Says What）、通过什么渠道（In Which Channel）、向谁（To Whom）、有什么效果（With What Effect）。作为早期的过程模式，这个模式显然是不完整的，主要表现在它属于单向直线模式，即拉斯韦尔虽然考虑到了受传者的反应（效果），却没有提供反馈渠道。因此，大多数评价认为，这个模式没有揭示社会传播的双向和互动性质。但这个模式也奠定了后来大众传播学研究的五大领域，即"控制研究""内容分析""媒介分析""受众分析"和"效果分析"，我们可以从中概括出探讨如何"读懂新闻"时必须考虑的要素。

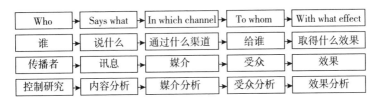

图 3-1　拉斯韦尔"5W"模式

除了拉斯韦尔"5W"模式，传播学还有几大经典传播模式，包括香农—韦弗模式（引入"噪声"的概念）、奥斯古德和施拉姆的循环模式（强调传播的互动性）、施拉姆的大众传播学模式、德弗勒的互动过程模式等。不难看出，一个基本的传播过程主要是由传播者、受传者、信息、媒介、反馈等因素构成的。当然，构成及影响传播的因素复杂多样，但这五种要素是传播过程得以成立的基本条件，在任何一种人类传播活动中都缺一不可。

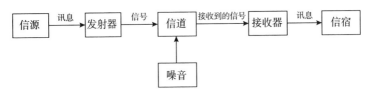

图 3-2　香农—韦弗模式

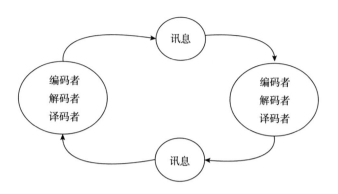

图 3-3　奥斯古德和施拉姆的循环模式

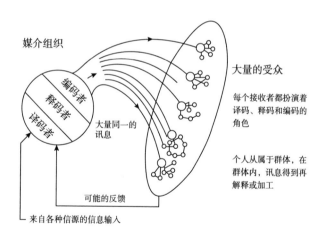

图 3-4　施拉姆的大众传播学模式

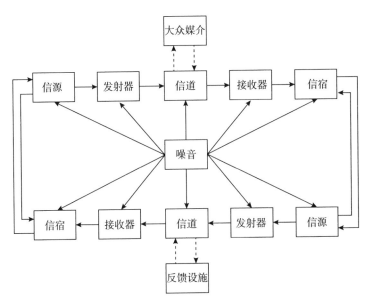

图 3-5　德弗勒的互动过程模式

注：以上 4 张图片源自网络，详请参阅郭庆光：《传播学教程（第二版）》，中国人民大学出版社 2011 年版，第 50 — 54 页；以及 D.McQuail&S.Windahl，Communication Models.

（一）传播者——"谁"（Who）

传播者是构成信息传播的第一元素。拉斯韦尔从信息控制的角度，来揭示"谁"是信息的传播者，他在分析传播行为时指出："研究'谁'的学者查看传播者启动并指引传播行为的因素，我们将这个研究领域的子目称为控制分析。"[①] 在新闻传播实践活动中，"信息控制"的主体应是多元的，有信源的信息控制，有记者作为新闻编码者的信息选择性控制，同时，也有媒体的信息控制（包括编辑和审查人），这些控制环节影响着信息传播。除此之外，任何传播都离不开社会语境和受众的影响，因此，传播什么、不传播什么就成为传播者信息选择要考量的因素。

（二）受传者（受众）——对谁说（To Whom）

受传者是对目标受众群体的选择，也是拉斯韦尔"5W"模式中"受众分析"的内容。"使用与满足"理论强调媒介使用是一种理性的、目的明确的活动。受众分析就是从目标受者需求角度来选择传播内容、叙事框架、话语构成的问题。新闻活动实践证明，只有传播者选择的传播内容与目标受者的需求相契合，才能达到传播目的。

（三）传播内容——说什么（Says What）

任何新闻都不可能引起所有人的注意。试图影响所有人的新闻，客观上是做不到的，这么做的结果极有可能是由于目标受众定位不准而无人关注。换句话说，新闻传播总要选择能引

---

① ［美］哈罗德·拉斯韦尔：《社会传播的结构与功能》，何道宽译，中国传媒大学出版社 2012 年版，第 35—36 页。

起受众关注的具有新闻价值和社会意义的信息进行传播。从某种意义上说，对"说什么"的选择，其实就是传者对目标受众及其需求契合点的选择。同时，对传播内容的选择也是传播者对社会环境、社会舆情审视的结果。任何传播内容一旦失去了对环境的呼应，就难以产生良好的传播效果。

当然，传播者在"说什么"上，也会受到一些主客观因素的影响。以会议新闻为例，从主观上看，有记者对会议讨论内容理解把握的程度、对主体目标受者需求了解的程度，以及采访的深度和自身职业道德、职业理想等方面的影响。而从客观上看，一方面，会议主导者将通过控制新闻发布的口径，为记者全面了解和选择信息设置"筛选机制"；另一方面，也会受到政治集团和利益集团的影响，控制发布对其不利的信息（如事故新闻发布），从而影响社会公众的知情权。

（四）媒介——通过什么渠道说（In Which Channel）

在分析影响传播效果的众多变量因素中，传播渠道值得引起重视，因为它涉及传播的信息是否能够到达目标受众，受众是否能通过其依赖的渠道获得想要的信息，传播过程是否形成信息传播的传受互动，以及传播效果是否形成即时反馈等方面。正如英国传播学者麦奎尔所说："人们的媒介使用行为很大程度上是由相对稳定的社会结构和媒介结构因素所决定的……

它是受众社会背景和以往媒介经验的综合产物，常常表现为对特定媒介的喜好，特殊的偏好和兴趣，媒介使用习惯，以及对媒介益处的预期等。"①

（五）传播效果——有什么效果（With What Effect）

传播效果研究有两个基本方面：其一是对个人效果产生的微观过程分析；其二是对社会效果产生的宏观过程分析。这两个方面的研究来源于对传播效果的分层次理解。显而易见，对于传播效果的评估结果，任何传播都存在"怎么说"的问题，无论人际传播、组织传播，还是大众传播，要想达到预期传播效果，即说服并获得传播对象的认同，传播方式至关重要。

另外，作为"控制研究"的一部分，传播政策因素作为公共政策系统中的重要组成部分，其职能的确立和发挥在当代民主的时代背景下有着至关重要的作用。在我国，传播政策通常被称为新闻政策，是党和政府部门为了新闻传播活动的开展而制定的一系列管理规定和准则的统称。而狭义的新闻政策主要用来规范新闻报道的内容与方向，从政策角度来界定新闻应该报道什么和如何报道的问题。

"中国共产党的新闻政策既是党和政府意志的体现，也是

---

① ［英］丹尼斯·麦奎尔：《受众分析》，刘燕南等译，中国人民大学出版社2006年版，第86页。

我国独特国情和人民期望的反映，政策内容充分关照社会现实并且具有鲜明的新闻传播行业特征，作用于不同时期的新闻传播实践并且持续发挥影响。"[1]进入新时代以来，围绕建设新型主流媒体所制定的融合政策，是针对我国新闻传播事业所制定的最重要的基本政策，它们为我国的媒体转型确立了新目标。习近平总书记多次就媒体融合发展发表了重要讲话。2020年9月，中共中央办公厅和国务院办公厅联合印发的《关于加快推进媒体深度融合发展的意见》进一步强调了媒体融合工作的重要性和全媒体时代建设的紧迫性，"全程、全息、全员、全效"的全媒体建设成为媒体融合的最新指向。

二、"5G+"给新闻传播活动带来了什么

5G是一场技术革命，是对信息网络所链接关系的总体性重构。作为一个革命性技术，喻国明认为，"5G技术的应用将创造一个无限量的巨大信息网络，并将从前不能纳入其间的关系纳入进来———从人与人之间的通信走向人与物、物与物之间的通信，创造智能终端之间的超级链接，从而巨大且深刻地改变我们的生活和社会"[2]，并改变"媒介""传播者""内容"与

---

① 蒋晓丽、王博：《新时代中国共产党新闻政策的战略指向》，《现代传播》2021年第7期。
② 喻国明、曲慧：《边界、要素与结构：论5G时代新闻传播学科的系统重构》，《新闻与传播研究》2019年第8期。

"受众"这四大要素的内涵和外延。

（一）媒介：从物理范畴拓展到意识范畴

新闻业发展史从本质上讲是媒介技术演化史，而麦克卢汉的"媒介即信息"，就是强调媒介技术对社会个体生存方式和社会存在方式的形塑，新闻依附技术不断进行形态革新，民众借助媒介不断消除生理感官限制。"媒介是人的延伸"——在新媒体出现之前，我们对这句话的理解局限于媒介对人体物理意义上的延伸，即媒介是人的听力、视觉等感官功能上的延伸。但是随着信息技术革命及互联网等新媒介环境给社会发展带来深刻改变，媒介变革体现在从一种物理性媒介范畴进入到生理性和心理性的媒介范畴。因而，媒介是人体的延伸，也是人意识的延伸。在此意义上，我们探讨的"媒体融合"，不能仅被看作是技术融入的过程，即传统媒体通过对互联网技术、VR/AR技术、大数据技术、人工智能技术等的使用，就可以实现传统主流媒体的顺利转型和融合发展。有学者认为，媒体融合是一场对于传播流程、传播结构和传播基本逻辑的革命。没有这种基础逻辑和传播范式的深刻改变，再多的技术投入和再精良的大数据平台加持，也是枉然。

（二）传播者：从个人到人与机器的结合

技术能释放网络传播者更多的主动性。从 4G 开始，短视频已成为一种让普通民众随时通过智能手机就能把自己的生活状态和所思所想向社会大众分享的工具。这无疑是一个革命性的转变，抖音、快手上涌现的草根创作者就是这种变革的实际体现。而社交媒体出现后，内容生产的主体开始多元化，出现了 UGC（User-generated Content，用户生产内容）、OGC（Occupationlly-generated Content，职业生产内容）和 PGC（Professionally-generated Content，专业生产内容），而 5G 的出现使得 MGC（Machine Generated Content），即"机器生产内容"，成为不容忽视的传播主体。

MGC 新闻，即通过智能算法、新闻媒体与人工智能深度融合，人工智能参与到新闻内容的生产环节之中，针对新闻素材经由内部音视频图像识别功能，让机器智能理解内容并作出价值判断，同时调取媒体资源库中海量原始信息进行分析，对语音语义进行检索和排列组合，自动串联相关素材生成新闻稿件。这种新闻模式给传统新闻业带来了全新变革。

目前，人工智能已经在体育类及财经类新闻领域中广泛使用，在美联社及新华社等大型媒体机构中运用得较为成熟。MGC 新闻实现了"智能＋大数据＋图文画"自动匹配传播的创新报道形式，是传统新闻生产模式的优化升级，更是人工智能与新闻内容的深度融合，提高了新闻生产与传播的效率，或将成为未来主要的新闻内容生产模式。

（三）内容：以中长视频为代表的话语表达或成为社会"主流"

在 4G 时代，从基础的文字表达到短视频表达，变革的不仅仅是内容形式，更是社会表达主体的换位。但短视频终究因其缺乏深度、严谨和全面，对于社会主流舆论的影响依旧有限。因此，借助 5G 优势，中长视频"登堂入室"，话语权重增加，是必然的。

不过，如果这种视频方式成为社会表达"主流"，也许会带来一系列问题。因为视频作为一种传播话语，它的构成要素已经远远超出了事实、逻辑和理性层面，许多场景性因素、关联性因素，以及非理性成分都参与到社会主流舆论场域之中，特别是随着 5G 技术商用，面对社会公众被视频传播改变的话语方式和表达逻辑，无论是传播主流价值观，还是形成社会共识，都有很多问题要解决。

以视频为代表的视觉文化的兴起，意味着用户在生产、接受内容过程中思维方式的转换。视觉文化中蕴含的非逻辑特征让个体逐渐摆脱理性框架的限制，产生对理性主义的反抗。有学者认为，视频传播的内容消费视觉化，是将理性、逻辑性的内容以感性化方式进行传播，让处于不同社会背景下的用户打破交流障碍，并且以关系联结为基础产生情感共鸣，放大了内容的情感属性。如抖音、快手等短视频平台上大受欢迎的"土味视频"就是这方面的代表。

5G 时代将是一个视频语言日益主流化的时代，内容消费视觉化已成为媒介生态的显著特征，新媒体的内容生产也趋向于以视觉为主导。随着短视频越来越多地涌现，视频传播开始逐渐介入社会影响力的中心，对主流事件、重要事件的关键性发展发挥自己的作用。其突出特点就是传播中关系认同、情感共振在整个传播沟通和共识建构中的作用和地位的凸显。因为相较于理性化的文字内容，视频传播中蕴含更多的感性成分，这不仅拓宽了视频本身的内在张力以及宽度价值，还让其能够承载更加多元化的价值维度。即"后真相"时代，人们在社会沟通过程中的关系认同优先于事实与逻辑的现象，就是作为关系维度上的内容重要性超越作为资讯维度上的内容重要性的一个明证。理性逻辑性已不是评价信息质量的唯一标准，能不能在关系认同和情感共振的情况下进行有效传播，是摆在所有主流媒介面前特别重要的任务。[①]

但移动短视频泛娱乐化与新闻严肃性、碎片化及新闻复杂性之间的矛盾也冲击着新闻专业规范下的新闻生产，不仅造成媒体公信力的下降，还影响到用户对于新闻的解码，加剧了"后真相"带来的情感和态度优于理性和事实的种种问题，值得

---

① 参见喻国明、耿晓梦：《未来传播视野下内容范式的三个价值维度——对于传播学一个元概念的探析》，《新闻大学》2020 年第 3 期。

关注。

一方面，视频传播融合了文字、画面、声音等基本元素，再加上特效、表情包等新媒体语言，比较容易吸引眼球，但如果将那些具有强烈情感属性的娱乐要素用于加工新闻报道，不仅会弱化、解构事件的真实属性，还会对用户的解码产生巨大影响，导致错误的舆论导向。

另一方面，虽然短视频融合了其他媒介的内容作为自己的语言，但碎片化特征依旧凸显了其作为传播载体的不足，需要依赖其他媒介来补足。因此，在用短视频作品呈现深度报道时，媒体可将其作为深度报道中的一环，与图文报道、长视频报道等共同完成事件的完整建构。如2021年，央视新闻抖音号在报道"象群北迁"一事时，在视频中仅介绍了象群迁移过程中的一个小趣事，但用户可通过阅读链接进入相关文字报道，更详细地了解象群迁移的原因及路线等。[1]

（四）针对受众变革，需要更为深入的精准管理

过去，学界做传播效果研究更注重短期效果及中长期效果，但在5G时代，对受众的精准管理成为媒体发展的重中之重。有学者认为，以内容服务为例，它需要使用户对传播内容

---

[1] 参见丁骋、张威：《移动短视频新闻的内在矛盾与解决路径探究》，《当代电视》2021年第12期。

实现能"看见"、能"看下去"、能"看懂",以及"能用"。在这个过程中,既要解决用户数据库管理中对其包含的社会特征、生活状态、价值观念、社群交往等多方面的精准把握,还要解决自身内容服务如何与有效用户连接及连接后产生的一系列问题。这些成为 5G 视域下受众研究的新着力点。

三、"元宇宙"对传统新闻传播模式的影响

随着以互联网为代表的数字革命的发生,以大众传播学范式为内核的我国主流媒介的实践面临着从生产到传播,再到用户端的全产业链巨变。喻国明认为:"传播供给侧和传播媒介形态两方面的深刻变化说明了传播领域已发生和正在深化的革命性改变:在传播供给侧方面,传播内容生产的主体正在经历着从专业化到精英化,再到泛众化加智能化的改变;在传播媒介形态方面,媒介形态正经历着从物理介质到关系介质,再到算法介质的改变。也就是说,在数字革命的改造下,传播的渠道生态、传播的内容范式、赋能之下传播用户的消费形态和传播使用状况均发生了一系列深刻的革命性改变和再造。"[1]

在这种背景下,"元宇宙"概念风头正盛,其核心是超越虚拟空间和现实空间并将两者进行有效融合。在元宇宙的世界

---

① 喻国明:《元宇宙视域下的媒体深度融合:着眼点与着手处》,《青年记者》2022 年 5 月(下)。

中，万物皆可虚拟、模拟、再现，新闻事件作为线下空间发生过的事实，是可以在元宇宙空间中被镜像、被重返的。虽然元宇宙技术尚在摸索之中，但对整个新闻传播业来说是一个时代的分水岭，将以一种真实和虚拟交互的沉浸式叙事方式实现新闻产品进阶。也就是说，元宇宙视域下的新闻产品是技术和新闻生产、民众需求多方互动的结果，使新闻消费从受众现实身份的信息消费向数字分身的沉浸式场景消费转向。

有学者认为，元宇宙技术消弭时间、空间对新闻的限制，极大限度地拓展新闻的存在维度和感官维度，在当前的突发事件现场报道、解释性报道、大型活动直播现场报道、新闻纪录片等领域都将涌现成功的实践。这在一定程度上使元宇宙概念更加火爆，也使得虚拟现实和新闻传播的结合呈现更多的深度融合，主流新闻传播机构跃跃欲试，但试水前的冷思考也必不可少。综合学界前沿观点，主要表现为以下三个方面。

一是如何认识新闻生态格局即将发生颠覆性改变。任何媒介技术的升级换代，本质上是人类社会关系再造以及基于这种社会关系之上的话语权资源再分配。就像微信、微博带来的新闻传播去中心化发展，今日头条带来的算法新闻推送等。由于元宇宙视域下的新闻竞争延伸到虚拟世界的新平台搭建，未来的新闻生产可能进一步去中心化，形成更加多元的生态格局，新闻生产社会化分工会越来越细化。

　　二是如何实现新闻产品满足个人化消费需求。未来的元宇宙技术可能推动目标用户更加分众化。在表现形式和内容场景上，元宇宙视域下的新闻产品在严肃新闻领域将越来越逼近现实场景和真实体验，而在软性新闻领域也独具优势；同时，元宇宙技术使得新闻产品通过多项互动技术，让用户实现全维度的沉浸式体验。新闻场景和用户实现了双向交流，新闻产品的设计者可对用户的操作进行部分限制，用户也可不必严格地遵循传统新闻阅读的线性逻辑，而是遵循自己的选择路径去发掘和体验新闻事件，并根据个人偏好创建属于自己的作者叙事，从而形成新闻消费的高度个人化。

　　三是如何跨越入场大考的技术门槛。技术必然成为元宇宙背景下主流媒体转型和融合的基本门槛。目前，基本所有的元宇宙技术新闻项目都离不开 VR 公司的技术助力，这将打破传统媒体生产一直以来是文字和音视频生产主导的模式，新闻生产将依靠技术作为底层架构实现新闻的可视、参与和交互，技术成为媒介转型的关键环节。

第四章　传播变革进行时

跳出技术决定论的陷阱

技术赋能成为新形势下媒体发展的利器。因为技术的包容性，技术在变革中不断突破自身边界，带动新闻产品不断突破思维定式，尝试各种技术融合创新的可能。短视频、移动直播、无人机、AR、VR、MR、H5、人工智能等最新技术应用大规模呈现在新闻产品中。

传统的传播形态正在发生嬗变，个体传播、人际传播、组织传播、大众传播的界限正日益模糊，不同的传播行为正深刻交融，新的传播形态引发关注。

新技术催生新内容，新技术促进新连接——人与人的连接、人与物的连接。媒体融合正在重新定义新闻生产、传播与消费，正在重塑传播者与受传者之间的关系。不变的是，媒体融合的本质是人、技术和社会的融合。这也是媒体自身发展逻辑和网络社会运行逻辑的融合。

一、技术赋能助推新闻生产革新

技术赋能成为新媒体发展的利器。新技术催生新内容，新技术促进新连接——人与人的连接、人与物的连接——这是媒体融合的新特征，也是助推社会变革的"新引擎"。当前，大量前沿高科技应用在新闻产品中，使新闻生产、传播与消费方式发生了深刻变革，人们在通过媒介认识环境和感知世界的过程中，也形成了新的"人与媒介、社会"关系和特定的媒介依赖。

（一）从短视频新闻直播看传播过程开放性拓展

适用于移动端传播视频化、视频碎片化和用户社交性的风口，短视频新闻是移动互联网端运用可视化手段迅速报道事实的融合新闻体裁。同电视新闻消息相比，短视频新闻具有全新的创作规律和传播特点，特别是具有很强的社会交往属性，成为移动优先、碎片传播的互联网时代的传播形态主流。

2020 年 1 月 23 日，新冠疫情初期武汉封城第一天，移动新闻直播平台"梨视频"发布了一则《致敬一线医护人员！武汉 86 岁老专家坐轮椅出诊：我一辈子都是为了病人》视频，引发社会关注。当天，武汉市儿童医院 86 岁老专家董宗祈教授坐着轮椅出诊，一上午看了 30 多位病人。他说，一辈子看病救人习惯了，他有很多粉丝，很多人想挂他的号看病，他身体和精神状态都可以，没问题。全副武装出诊会不舒服，但是没关系。

这则视频微博播放量 1745 万，阅读量 2.1 亿，彰显了以"梨视频"平台为代表的短视频传播，特别是移动新闻直播的广泛传播力和影响力。

移动新闻直播，既有传统电视新闻直播的实时传播的特点，同时又具备了社交媒体即时交互的属性。从 2016 年开始，各类直播 App 争先恐后地涌现。一时间，国内在线直播平台多达 200 余家，其中移动直播平台超过了 100 家。（部分国内知名移动新闻直播平台见下表）

国内移动新闻直播平台一瞥

类型	例子	特征
新闻门户网站移动端直播	搜狐新闻、网易新闻、腾讯新闻	在新闻门户网站移动端内嵌入直播板块，依托新闻门户网站巨大的影响力和庞大的用户量，一开始便取得了极好的效果，为其他类型移动新闻直播的发展提供了良好的范本。
传统主流媒体移动端直播	人民日报社"人民直播"、新华社"现场云"、中央电视台"央视新闻移动网"	国家主流媒体进入移动直播市场崭露头角，虽起步较晚，但凭借主流媒体在新闻生产上的权威性、专业性以及传播渠道的多样性等优势，迅速成为移动新闻直播业的后起之秀。
自媒体娱乐平台移动端直播	抖音、快手、梨视频、花椒、斗鱼、虎牙、哔哩哔哩、映客	以娱乐直播平台为载体进行移动新闻直播。以自媒体娱乐平台广泛的网络受众群体为依托，具有先天优势。但值得注意的是，这类移动新闻直播具有自媒体属性，内容生产的方式主要为 UGC，直播内容良莠不齐，缺乏专业性。

注：根据文献内容自制，参见刘临春：《媒体融合视域下移动新闻直播的优化路径》，《出版广角》2019 年 4 月（上）。

当前，移动新闻直播已经成为新闻传播的常态化模式，并在移动信息技术的加持下，表现出前所未有的开放性和延展性，它与传统新闻传播相比所呈现的优势，为新闻传播形态的革新及融合发展的推进提供了诸多可能。

首先，直播设备轻量化拓展了移动新闻直播场景。

传统电视直播流程复杂，对人力、设备、技术要求都较高，这使得传统电视直播仅限于在一些重大的、突发的新闻报道中使用。而移动新闻直播实现了集采访、编辑、播出、分发等流程于一体的新闻生产流程，同时降低了内容生产的人力、设备等运维成本，甚至使得个人直播仅需要在移动手机端简单操作就可完成，便于应对各种突发状况。而专业媒体也借助 5G 高带宽、低时延技术及轻量化的采编设备实现了更高质量的移动新闻直播。

2019 年春节前夕，习近平总书记在结束北京前门看望慰问活动乘车返回途中，临时下车来到前门石头胡同的快递服务点，看望仍在工作的快递小哥。这是临时之行，摄像甚至还来不及调试设备，紧急中用备用手机拍摄，记录下习近平总书记和快递小哥的温暖时刻，后期编辑全力保留了手机拍摄的原生态记录风格，第一时间制作推出，保证了新闻的独家性和时效性，实现了新闻现场与终端用户之间几乎"零时差、零距离"的同步传播，快速占领了舆论场。

微视频［独家 V 观］《习近平看望"快递小哥"》时长 1 分 15 秒，在央视客户端推出后，立刻成为网络"爆款"，在央视新闻微信公众号上阅读量迅速达到 10 万次，当天全网点击量突破 2.9 亿次，在之后的中国新闻奖评奖中，该作品获得第 30 届中国新闻奖媒体融合奖项短视频现场新闻一等奖。

其次，传播主体泛化推动了新闻内容生产社会化。

社交媒体时代，移动直播门槛大大降低，短视频的生产经历了 UGC 的勃兴、PGC 的引领和 OGC 的融合发展过程。信息传播主体逐渐泛化、多元化，但其专业化程度也越来越高。也就是说，传统媒体机构不再享有移动新闻直播的"特权"，在"社交平台＋直播"的模式下，用户既是新闻直播的观众，亦是新闻内容的生产传播者，在理论上，任何一位用户只需要"智能手机＋移动网络"即可完成直播，成为新闻事件的亲历者和传播者。不过，国内的 UGC 用户作为移动直播新闻的发布者，大多活跃在抖音、快手、微信、微博等社交平台上，虽然人数众多，但多以个体为主，随性而发，专业性和制作水平良莠不齐。

再次，移动直播视角平民化增加受众参与感。

与传统电视媒体的宏大叙事不同，移动直播体现了融合新闻的最大增量，即用户的同场感、参与性和交互性，并采用平民视角，弥补了专业媒体所呈现的官方视角，用户可以从"在场者"视角来感知新闻发生现场，也使得俗称"慢直播"的直播形态越来越受到欢迎。虽然其展示的未必是重大突发新闻事件，但这种个性化、个人化的媒介表达实现了与用户的长尾需求对接，满足了互联网时代用户的多元化需求。

比如，2020 年新冠疫情期间，央视频自 1 月 27 日起对火神山医院和雷神山医院建造过程的慢直播、《人民日报》新媒体中心 3 月 13 日对武汉东湖樱花的慢直播，都体现了新闻直播形式的陪伴性。再比如，2020 年 4 月，央视频 5G 新媒体平台联合中国电信在珠峰极端环境下，推出"珠峰十二时辰"慢直播，通过 4K 高清画面和 VR 视角 360 度实时呈现了珠穆朗玛峰 24 小时的景观变化，让普通观众足不出户就"身临其境"体验了大自然的奇迹之魅。

最后，直播过程同步交互性形成新闻生产消费的闭环。

即时互动及分享机制是社交媒体的基本属性，移动新闻直播打破了围观与参与表达的界线。社交平台上的任一主播与观众之间，以及观众与观众之间可以通过实时交互获得参与感：用户能在第一时间把所想、所感、所求反馈给主播，主播迅速了解用户对该新闻事件的看法并与之交流，据此做出直播内容的调整。这样无时差生产、传播、反馈的直播无疑提供了一种全新的新闻报道方式，能促进直播者不断改进内容和形式，还拉近了生产传播者与受众的距离，形成更有黏性的交互关系。同时，避免单向传播导致的舆论失衡，提高用户的停留时间。观众也能随时通过发送链接或二维码将直播间分享到朋友圈、微信、微博等社交平台，被分享者可以迅速进入对应的直播间，扩大传播范围。

直播间的"弹幕文化"也成为视频传播中的一个独特现象。观众用弹幕来表达惊喜、悲伤、愤怒等情绪和观点，强化了观众与主播、观众与观众之间的信息交流及群体认同，真正实现了移动新闻直播中内容生产消费的有机循环。

（二）从"H5"组合拳看传播方式开放融合度提高

H5 新闻，即基于 H5 技术进行新闻内容呈现的一种形式，综合图文、音视频、动画等内容素材在终端平台（以移动终端为主）上进行交互式传播，其体现的内容所呈现的开放度和融合度都很高。移动端 H5 技术新闻产品的深入开发，也是媒体适应"全息媒体"的发展而进行的持续探索。

2017 年，为庆祝中国人民解放军建军 90 周年，《人民日报》客户端借助人脸识别、融合成像等技术，制作互动 H5《快看呐！这是我的"军装照"》（简称"军装照"H5），帮助网友生成自己的虚拟"军装照"。该作品的强社交属性，助推其成为一款饱含爱国主义热情的"现象级"新媒体作品。该作品一经发布，立即形成"裂变式"传播，亿万网友通过生产、展示、分享自己的虚拟"军装照"，表达对人民解放军的向往、崇敬和热爱。数据显示，"军装照"H5 上线仅 10 天，浏览量突破 10 亿次。该作品荣获第 28 届中国新闻奖媒体融合奖项新媒体创意互动一等奖。

2019 年 10 月 1 日，人民日报社新媒体中心推出沉浸式横屏手绘长图 H5 作品《复兴大道 70 号》。据主创团队介绍，整个作品在手机端长约 55 屏，覆盖 500 多个历史事件和场景，包括 4000 多个人物、500 余座建筑、200 余件物品，创造了同类新媒体作品的最大尺寸和最全内容。据不完全统计，作品的线上浏览量超过 2.6 亿，总点赞量超千万，是 2019 年现象级融媒体作品。该作品荣获第 30 届中国新闻奖二等奖。

通过《复兴大道 70 号》可以看出，H5 新闻生产并非简单应用单一技术，而是注重多种新兴技术的综合应用，体现出高于传统新闻传播的三大优势。

第一，助推新闻内容的多样态呈现。该 H5 新闻作品以超长画卷和"一镜到底"的形式充分展现了新中国成立以来的时代变迁和社会生产，突破了传统新闻报道的内容呈现形式，在原有图文、音视频的基础上进行了用户感官体验的创新，实现自身新闻内容呈现方式的有效改善，被网友赞为"当代版清明上河图"。

第二，优化完善用户的沉浸式体验。H5 技术交互性强、应用面广、形式新颖等特点，能够补偿旧媒介在用户体验上的不足。《复兴大道 70 号》作品，以复兴大道为主轴时空线，通过纵向布局与横向延展相结合的散点透视构图法，使用户以更强的代入感纵览新中国 70 年的波澜壮阔。在交互方面，作品加入了声效、动画、AI 换脸等多项互动，创造可沉浸、可参与的环境，让用户更自主地、积极地体验新闻产品，实现全维度、沉浸式的体验。

第三，强化跨平台传播的兼容优势。得益于H5技术的跨平台、兼容性强、连接高效等技术特性，H5新闻生产的功能补偿在跨平台传播的兼容优势上十分明显。《复兴大道70号》除了在《人民日报》、"两微一端"等常规渠道传播外，还联合了多家热门App，实现跨平台、跨行业的传播突破，同时通过打造线下展览、地铁主题专列、地铁主题长廊等，采用快闪、直播等形式，创新话语方式和传播手段，为用户带去"看得见、摸得着"的感官体验。

（三）从VR技术看沉浸式新闻互动性增强

除了H5技术提供的技术体验，风头正盛的"沉浸式新闻"还以VR、AR和MR技术为依托。VR直播是当下新闻生产的潮流。

全球第一个正式将VR应用于新闻生产的传统媒体机构是美国广播公司（ABC），其在2015年9月推出了首条VR新闻。2016年是VR正式进入公众视野的元年。在我国，VR新闻主要涉及文化旅游、体育竞技、社会民生、科技博览等领域，选题主要覆盖政治、旅游、体育与其他画面和场景较为开阔的新闻事件和现场报道，独特的视觉体验成为其突出的优势之一。其叙事方式从"叙述"走向"呈现"，增强了受众的参与感，加深了受众的情感体验。

　　2021 年 11 月 24 日，在 2022 年北京冬残奥会开幕式倒计时 100 天之际，央视新闻联手百度智能云打造中国首个 AI 手语主播。2022 年 2 月 4 日，央视新闻 AI 手语主播正式上岗，在冬奥会新闻播报、赛事直播和现场采访中带来实时手语翻译。据介绍，该虚拟主播采用语音识别、自然语音理解等技术驱动，手语翻译引擎和自然动作引擎让其具备高可懂度的手语表达能力和精确连贯的手语呈现效果。其掌握的手语词汇来自《国家通用手语词典》，经过长时间的智能学习，能够为观众提供专业、准确的手语解说。

　　显然，VR 技术的应用为新闻业注入了新元素，为其未来发展增添了新动力。再比如，中央广播电视总台在 2021 年"两会"期间推出了《VR 带你看总书记走过的地方》系列多媒体综述报道等多款 VR 产品，呈现效果多元化的 VR 产品弥补了传统视频在景观呈现上的局限。该系列报道融合了新闻视频、航拍、AI 语音、手绘、数据、图文等多种形式，实现了"成果可视、数据可视"。其中，《VR 带你看总书记关心的大美青海生态"蝶变"》报道，通过 VR 全景、GIF、短视频等形式讲述了青海独特的发展故事。

二、传播形态嬗变：打开媒介生态系统未来新空间

正如媒介理论家麦克卢汉所说，"环境不仅是容器，而且是使内容完全改变的过程"，"任何新技术都要改变人的整个环境，并且包裹和包容旧的环境"，因而"新媒介是新环境"。[①] 新媒介彻底改变了现有的新闻生产方式、媒介生态系统、信息传播系统以及传播体制，未来媒介生态系统新空间正徐徐展开。

传播形态是指，"传播在一定技术环境中的表现形式和情景，它是媒介系统的具象化"，"核心要素包括媒体形态、受众、传播方式、传播技术、传播环境与情景"。[②] 传播形态及其要素是一切传播活动发生的语境。这些要素的变化，意味着新传播形态的出现。传播形态的变化有：当前，传统的个体传播、人际传播、组织传播、大众传播的界限正日益模糊，不同的传播行为深刻交融。其中，有两种深刻影响未来的新传播形态值得关注，它们显示了人们的行为模式、思维方式和交往方式的全方位变化。

（一）社群化传播

社群化传播是新媒介时代的新传播形态，在此传播形态下，各种社会群体成为人们交往的中心，信息和意义的生成与

---

① ［加］埃里克·麦克卢汉、弗兰克·秦格龙主编：《麦克卢汉精粹（第二版）》，何道宽译，中国大百科全书出版社 2021 年版，第 301、306 页。
② 王君超：《未来传播形态的三个重要维度》，《学术前沿》2017 年第 12 期（上）。

传播也在其间展开。社群化传播不仅是在新媒介时间和流动的空间中进行的传播实践，也是这一新型时空所塑造的新传播形态。社群化传播形态的具体内涵主要体现在媒介系统、传播主体、内容生产和传收，以及传播环境四个维度。[①]

媒介系统体现了媒介融合与传播融合。今天的新媒体实际上造就了融合人际传播、大众传播和网络传播三种传播形态为一体的新的传播形态。其一，以移动互联技术为基础的社交媒介，其首要特征就是融合。其二，社交媒介的互动性、参与性和互操作性等功能使其社交性尤其突出。因此，社交媒体不仅融合了信息认知、传播交流和参与行动，而且还整合了大众传播和各种不同类型的人际传播。

传播者与受传者的门槛和界限逐渐消失。传播新技术使得普通网民从此不再是被动的信息接受者，而是积极的信息生产者。不仅如此，通过新媒介的技术赋权，使用者对新媒介拥有相当的控制权。他们可以对其他使用者生产、传播的内容进行再生产、再传播、再消费。

生产方式体现内容生产与传播去体制化。大众传播时代专业化、机构化、流水线式的体制化信息生产和传播，转向了以社会化媒体为中心的个人化、小型化、"作坊式"的去体制化信

---

① 参见张华、韩亮：《社群化传播：基于新媒介时间的新传播形态》，《现代传播：中国传媒大学学报》2020 年第 2 期。

息生产和传播。PGC、UGC、AGC（算法生成内容）等方式，促使大众媒体、机构媒体乃至公众新媒体一起成为信息生产者与传播者。社交媒体以服务导向满足多元的信息需求，为持有不同利益诉求和价值取向的各种群体提供其所需的信息。

新传播环境影响社会形态和公民角色变化。新的媒介技术应用形成新的媒介环境，进而引起传播情景的变化，这种变化进一步影响社会发展。有学者认为，今天的传播环境呈现出"液态化"特征。这表现在，信息的生产与传播成为多元主体共同参与的动态实践，大众媒体作为唯一阐释主体的垄断地位被打破，信息的价值和意义因公众的参与而不断被重塑。这里有必要引入"辫子新闻"的概念，也是媒介融合造成传受关系变化的现实体现。

"辫子新闻"作为媒体融合背景下的新闻采编新模式，它在传统媒体、自媒体和社会性媒体三种力量博弈下发展起来。美国学者谢尔·以色列在《微博力》中提出"辫子新闻"（Braided Journalism）的概念，认为新老媒体在短期内实现由三股新闻资源交织而成的融合：一是专业组织——传统媒体，特指纸质及广电媒体；二是自媒体新闻等非专业人士的新闻传播行为；三是社会性媒体，如手机、社交网站等，它允许人们撰写、分享、讨论、评价、沟通，也是传统新闻与自媒体新闻交叉地域，最具代表性的是微博。三种新闻资源博弈、交叉、妥协、融合，折射出当前媒介竞合背景下新闻采编理念的调整策略。他的"辫子新闻"虽然是指宏观层面的各自独立、并行不悖的三种新闻样态，但事实上更体现在微观层面的每条新闻之中，这些新闻是由传统媒体、公民新闻、用户回应等三种或多种文本整合而成。

2017 年 3 月 20 日，央视新闻微信公众号发布文章《老虎不是吃素的，规则更不能吃素！》。这篇文章包括两部分，前面是新闻报道，后面是央视的新闻评论。下图是报道从北京野生动物园、北京警方、用户、央视等不同视角对网友的图片报道"在北京野生动物园自驾区白虎区，有一家人在游玩途中下车"进行的注解分析。①

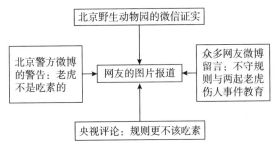

图 4-1　注解分析图

---

① 参见曾庆香、陆佳怡、吴晓虹：《两极与互补：新媒体语境下的新闻样态与图景》，《新闻记者》2017 年第 8 期。

显然，这篇新闻由三种话语组成：公民个人新闻话语、专业媒体的新闻话语和各方自媒体回应的话语，形成了真正的"辫子新闻"（见下图）[①]。它是对碎片化话语所进行的整合报道，也是在对话时代对多种话语所进行的聚合报道，表现出不同类型媒介间新闻业务的合作和博弈："三股势力"新闻业务自发融合，形成"报道共同体"，甚至形成公民记者与专业记者协同报道的格局，并在报道过程中相互助力且分担报道风险，都为促进社会进步及满足民众需求而发力。

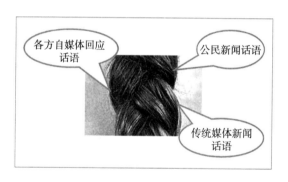

图 4-2 "辫子新闻"

（二）人机传播

随着智能时代的全面来临，新兴技术以各种方式进入新闻与传播领域的发展中，数字新闻、AI 主播等形式已经日渐

---

① 参见曾庆香、陆佳怡、吴晓虹：《两极与互补：新媒体语境下的新闻样态与图景》，《新闻记者》2017 年第 8 期。

成熟，但是社交机器人的应用还处于上升期。在技术不断完善的背景下，社交机器人将在新闻领域更多地代替人类角色。因此，"在人机传播的观照下，不能再使用人类传播的理论和模式映射当下的人机传播，对社交机器人的概念和特征进行澄清，探究其在新闻传播领域的应用，对理解人机互动的复杂性，以及新的传播行为的多样化和影响，具有重要的意义"[1]。

社交机器人是指拥有一定的物质实体，外形和基本功能中包含由人工智能技术所构建的类人生物特征，基本运作遵循一定的社会规则且能模仿人类行为，与人类或者其他的自动化实体进行交流和互动的智能机器人。其一方面能够辅助人类进行生产和生活，另一方面可以作为自主实体进入社会生活。社交机器人在新闻传播领域尚处于初级阶段，但应用前景广阔。

2014年，日本机器人科学家石黑浩带领团队开发了全球最早的机器人女主播 Kodomoroid 和 Otonaroid。"她们"配备了安卓系统，拥有高度拟人化的实体面容、身体以及顺畅的语音交互机制，并具备了幽默风趣的性格特征，可以完成简单的新闻播报并与记者进行交流，随后石黑浩团队所研发的被誉为"最逼真"的机器人 Erica 于2018年开始尝试新闻主播的角色，其被认为更具有"自主意识"，也能呈现出更为细腻的情感和

---

[1]　史安斌、王兵：《社交机器人：人机传播模式下新闻传播的现状与前景》，《青年记者》2022年4月（上）。

更为精细的互动模式。

2021 年 5 月，由汉森公司开发的知名类人型机器人 Sophia 初次担任新闻主播的角色，运用西班牙语对西班牙大选信息进行实时播报，引发广泛关注。具有实体化身的社交机器人在语义理解、语音合成、机器翻译等技术手段的加持下，在特定节目中开始替代人类主播的角色。

除了新闻领域，社交机器人在综艺和体育节目、广告、数字教育、信息服务、公共传播等领域都有蓬勃发展，并基于其社会属性拓展出了更为多元化的社会场景。

说到这里，回归本初，学界有几个问题值得我们思考：传播技术不断升级更新，真的是信息传播的社会需要推动的吗？传播技术无限发展对我们更好地"读懂新闻"究竟是阻碍还是助力？媒体技术智能化更迭换代下的"信息鸿沟"能否缩小或消弭？

习近平总书记针对新技术在生产中的运用强调，从全球范围看，媒体智能化进入快速发展阶段。我们要增强紧迫感和使命感，推动关键核心技术自主创新不断实现突破，探索将人工智能运用在新闻采集、生产、分发、接收、反馈中，用主流价值导向驾驭"算法"，全面提高舆论引导能力。[①] 他还指出：

---

① 参见习近平：《加快推动媒体融合发展 构建全媒体传播格局》，《求是》2019 年第 6 期。

"在信息生产领域，也要进行供给侧结构性改革，通过理念、内容、形式、方法、手段等创新，使正面宣传质量和水平有一个明显提高。"①

这为我们指出了一个思考方向。新技术催生新内容，但新技术是为人服务的，越是在技术赋能的新媒体时代，越不能落入技术决定论的误区。人是新闻传播活动的主体，也是目的，千万不能陷入"技术崇拜"的陷阱。

① 《习近平谈治国理政》第三卷，外文出版社 2020 年版，第 319 页。

第二部分

新闻全角度

新闻信源：从哪儿来

新闻背景：缘何产生

新闻生成流变：谁在参与

新闻面相：如何呈现

新闻文本：如何讲述

新闻渠道：如何传播

新闻价值：如何体现

新闻效果：影响了什么

第五章　新闻信源：从哪儿来

谁在为新闻可靠性"背书"

当每天面对各式各样的新闻报道推送时，你也许有过类似的感触：海量的"新闻报道"中，究竟哪些足以取信，进而成为我们面对复杂的社会环境时决策的依据？哪些需要慎思明辨，部分采信？又有哪些仅仅是噪声而非信息，因而须规避？

同一个新闻事件的不同报道，有的报道细节相互矛盾、报道内容彼此冲突，报道立场南辕北辙、真相阐释莫衷一是，特别是在自媒体高度发达的情境下，我们常常感喟"真相都去哪儿了"？

概而言之，无论是涉及新闻报道的真假鉴别，还是涉及新闻报道的立场判断，我们很难想到，新闻生产流程中极为关键的环节——"新闻究竟是从哪儿来的"，如若对此习焉不察，就会造成对新闻信息环境的"失察"。

当我们借由信息科学的经典"信息论"视角，就会理解得更加清晰透辟：信源发送信号经由信道到达信宿。信源是信息流动的"启动点"。当我们饱览新闻海洋的壮阔波澜时，可曾将思维提升一层，主动探索新闻海洋的"水源地"究竟在哪儿？当尝试这样细致观察后，就会发现，原来新闻报道从事实的"高山"出发，穿越峻岭深谷，形成若干支流，一路跌宕，最终汇聚成海。在学理上，新闻海洋的"水源地"，被称为新闻信源。新闻信源就是新闻发起的主体和始源。

新闻信源对新闻传播活动意义重大。传播学者周树华与闫岩曾撰文认为，媒体可信度应包含信源可信度、媒介可信度、信息可信度与受众可信度等四个维度。四者环环相扣，对形塑媒体信任乃至社会信任至关重要。

时代变迁，新闻信源一直经历着复杂的演进。在传统媒体为主导的时代，专业传媒机构新闻生产流程中的把关（Gatekeeping）机制，对新闻信源有着较为规范的程序性核查，相当程度上规避了新闻报道在源头上可能出现的失实问题。回望历史，尽管有如此的程序性核查程序，但出于各种原因，新闻信源出现问题的情况仍难以杜绝。

聚焦当下，互联网带来了整个新闻生产流程的深度变革。特别是自媒体的异军突起，UGC 方兴未艾，海量节点间快速的信息交互，正让传统的新闻把关机制失去效力。新闻信源出现的问题，比以往更甚。无怪乎，美国雪城大学著名传播学者帕梅拉·休梅克（Pamela J. Shoemaker）倡导在互联网时代进行社交媒体的"超级把关人"（Supra Gatekeeper）研究，试图从平台层面，解释令人眼花缭乱的媒介传播—控制景象。

两相比照，就会发现，面对今日新媒体复杂多变的新闻信息环境，作为新闻报道的收受者，认真审视不同信源对新闻事实的多重建构、信源间的交互影响，可谓至关重要。概而言之，从新闻报道的真假鉴别角度看，需要识别五类虚假信源的"伪装"；从新闻报道的立场判断角度看，需要练就三个层面的信源分析能力——新闻信源的溯源能力、新闻信源的交叉验证与比较能力、新闻信源的技术识别能力。

一、识别五类虚假信源的"伪装"

日常生活中，无视新闻报道的信源，可谓司空见惯。具体表现为"不问新闻报道的出处"，盲听盲信，甚至盲信盲从。习以为常的背后，实则是缺乏对新闻信源专业考量的表现。

无视新闻报道的信源，可能导致如下五类所谓的"新闻"大行其道：第一类是信源无迹可寻型"新闻"；第二类是匿名信源使用不当型"新闻"；第三类是信源以假乱真型"新闻"；第四类是信源移花接木型"新闻"；第五类是曲解信源型"新闻"。它们包裹着新闻的"外衣"，伪装成"新闻"的样态，搅动事实源头的一泓清水，最终让新闻传播变为谣言的浊流。

（一）信源无迹可寻型"新闻"

我们不妨先看看银发族（老年人群体）在使用自媒体过程中的信息甄别问题：

"刷爆朋友圈""朋友圈传来大消息""朋友圈热传""震惊""出大事了""已经出事，都在转"等，成为银发族群体在接受与分享伪健康信息（包含"新闻性信息"）的典型表现形态。有意回避信息出处，强化情感召唤，自媒体借此以广招徕。[1]

类似现象不仅仅是银发族群体才会遭遇的。如以下这则毫无新闻来源的天文"科普"假新闻，就曾经在朋友圈中广为流传：

从5月22日5时27分开始，太阳将会远离地球，天气会

---

[1] 参见吴世文、王一迪、郑夏：《可信度的博弈：伪健康信息与纠正性信息的信源及其叙事》，《全球传媒学刊》2019年第3期。

因此变得比较严寒，这种现象叫作"远日点"现象。平时，地球和太阳的距离是9千万公里，如遇上"远日点"现象，太阳会远离地球1.52亿公里，这种现象将会延续至今年八月。一般晚上，天气会比平时要冷……

尽管上述假新闻的文本言之凿凿，又夹杂着"远日点现象"等专业术语、相关数据，让缺乏天文知识与医学常识的大众难以质疑，但当认真检视上述文本时，不难发现一个关键的问题：其并未展示必要的信息来源。这些"科学信息"具体是哪位或哪些专业人士提供的？其专业身份是什么？能否得到科学共同体的认可？这些"潜文本"的信息，重要性往往被忽略。信源是鉴别新闻真伪最关键的"潜文本"之一。由此看来，无视信源让我们在互联网冲浪中极易遭遇"险滩"与"暗礁"。

上述案例，就是典型的信源无迹可寻型"新闻"。其往往以惊人的"事实"转移人们对新闻信源的关注；以群体盲从取代人们对新闻信源的理性追问。之所以出现上述现象，从信息的收受主体看，是受众的数字媒介素养不足，对网络流传的信息缺乏必要的信源检验与明辨意识；从信息的传播主体看，在"流量至上"的驱使下，自媒体、数字新闻聚合网站往往利用"耸人听闻"式的标题，炮制"语不惊人死不休"的内容，借助不容置疑的话语风格，让"无源之水"型"新闻"肆意在自媒体中兴风作浪。当我们乘桴浮于信息之海时，切不要被此迷惑双眼，导致迷失航向。

（二）匿名信源使用不当型"新闻"

接下来，我们再看看有关匿名信源使用不当的案例：

2022年7月28日，一则关于"西湖的划船师傅居然有编制，上一休一，有五险一金，年薪十几万"的"新闻"冲上热搜。单看这一句话"新闻"，的确自带"热搜体质"。短短26个字，迅速引发集体围观。"编制""休假""社会保障""年薪"，没有哪一个关键词不是激发社会关切的"热词"，没有哪一个关键词不是引发社会讨论的"导线"。有网友们在评论中说道，"是谁羡慕了我不说"，"现在学划船还来不来得及"？[1] 就在舆情迅速发酵之际，西湖管委会水域管理处的相关工作人员辟谣称：网传消息失实，西湖景区穿梭往来的手划船船工是由许多家游船公司雇工而提供给景区服务的，并没有编制。

冲上热搜，引发舆情的"新闻"经由相关管理部门的迅速应对，很快平息。但复盘这则热点舆情事件时，我们不禁反思，究竟这样一则挑动社会敏感神经，甚至激起网络受众质

---

[1] 李思文：《西湖划船师傅有编制？管委会：不属实，船工由游船公司负责》，澎湃新闻2022年7月28日。

疑、逼问真相的所谓"新闻"，其新闻源头是什么？当我们对这则子虚乌有的"新闻"进行溯源时，就会发现其源头"混沌不清"：据澎湃新闻记者所知，这一说法的源头是网上的"一名游客"。该游客之所以会发博文，是因为其在西湖游览乘坐游船时，与划船师傅闲聊时提到这一话题。一篇"西湖的划船师傅居然有编制"的博文，瞬时激起西湖千层浪。

显著的地点（杭州西湖景区）加上热门的话题（有编制、高薪酬），让网友不想再去追问新闻信源是否可靠，"新闻"事实是否有待核实，转而在舆论场的情感激荡中，寻找自我宣泄的出口，彼此召唤着情感与利益共同体的集结。

"一名游客"这一信源相比于无凭无据的无信源，理论上能够溯源，但最终以"事出有因，查实无据"的"一名游客"的含糊指称在网络上流传，则构成了不当使用匿名信源的情况。

让我们再来看看网络空间中更为常见的案例：

"一网友爆料""有网民发帖""有关专家称""相关人士透露"等模糊性消息来源在今天的各式新闻报道中屡见不鲜。甚至，还出现在了"专业媒体的转引报道中"。[①]

以上这些含糊其辞的新闻信源，在我们日常的新媒体阅

---

① 参见孙海龙：《数字新闻生产报道中信源引用面临的挑战与调适》，《西南政法大学学报》2021 年第 2 期。

听过程中可谓司空见惯。正是因为司空见惯，才让我们习以为常，忽略了这背后存在的值得警惕的问题。网友姓甚？专家名何？在匿名信源使用的情形中，都无从找到具体的答案。在现实生活中，当我们留意审视沉浸其间的新闻场域，就会发现此类现象比比皆是。从银发族群体的健康养生资讯，到中青年人关注的时政财经热点解析；从日用常行到国际"爆炸性新闻"，概莫能外。

如对上述现象加以考量，就会发现，其中问题有三：第一，信源的确定性代表了信息的可信度，非必要而使用匿名信源实质上已经使信息的接收价值打了折扣。第二，信源在确定性的基础上，还存在权威性的级差，让信源的置信水平形成了一个以专业度、认可度等客观标准与主观评价为依据的金字塔结构。缺失准确信源，让这种层级评估失去依据，更无法让人们在综合比较中鉴别真伪。第三，准确、权威的信源代表了提供信息这一行为背后所承担的社会责任。任何一种有据可查、有专业价值支撑的信息的公开表达，都代表了相关人士或相关机构对特定事件、事物基于公共表达的责任与伦理背书，一旦出现不负责任的表达，就会受到社会的谴责与惩罚，造成公信力的巨大损失。这在一定程度上提供了信息真实性、准确性的声誉担保。如若缺失，则公共表达的权利与责任脱节，社会的信息供给必然因此被扭曲，社会信任必然因此被戕害。

在专业的新闻报道实践中，一直以来都对匿名信源的使用有着严格的要求。一言以蔽之，就是匿名信源是在确需必要的情景——为维护社会的公共利益而不便透露消息来源的前提下，才被接纳。即便如此，专业人士普遍认为：

使用匿名信源仍旧面临利大于弊、抑或弊大于利的争议；同时，使用匿名信源不规范，还可能面临不少隐患：人们不仅会质疑匿名信源报道的真实性、最终可能还会让专业媒体的公信力大打折扣。必须使用时，还必须考虑到"爆料人的动机"。[①]

即便有着看似严格的专业规范，专业媒体匿名信源使用不当的案例仍旧时有发生。个中原因，既可能是某些媒体的价值立场偏颇，也可能是记者编辑的错误动机、专业训练的欠缺、专业理念的淡薄。比如，西方媒体《纽约时报》就曾被曝出"世纪丑闻"：其记者杰森·布莱尔通过不当使用匿名消息源编造了 36 篇报道。

这则案例可谓引人深思。作为新闻的阅听人，它警醒我们应该时刻对接收到的匿名信源新闻保持必要的审慎。

相比专业媒体的内容生产（PGC）而言，自媒体的用户内容生产（UGC）中存在更为大量的不规范使用匿名新闻信源的

---

① 参见陈昌凤：《媒体"匿名信息源"的利与弊》，《传媒观察》2018年第 10 期。

情形。其间，凭空捏造者有之、捕风捉影者有之，严重扰乱了互联网的正常信息秩序。这些互联网中的噪声，或传递虚假内容，或贩卖社会焦虑，或挑动敏感神经，或渲染对立情绪。不言而喻，它们都对社会具有不同程度的破坏力。

（三）信源以假乱真型"新闻"

无独有偶，另一个西方媒体《今日美国》也被曝出信源使用过程中的巨大丑闻。只不过，此案例问题在于新闻信源使用中出现了以假乱真、鱼目混珠的严重问题。

让我们看看这则真实发生的故事，来认知无视新闻信源可能会遭遇到的第三种后果：

《今日美国》（2022 年）6 月 16 日发表声明称，经内部核查，确认该报记者加布丽埃拉·米兰达存在严重的新闻造假行为。《今日美国》称，该报在收到外部举报后对米兰达的报道进行了核查，发现存在伪造当事者身份、编造受访者引语、虚构受访者等造假行为。[①]

在网络中，类似的情况也不鲜见，让我们再来看看如下这则有关日常生活饮食安全"新闻"的"信源"：

---

① 窦锋昌：《新闻真实有赖于程序真实》，《青年记者》2022 年 7 月（下）。

前几天，"专家不建议多用空气炸锅"这一话题上了微博热搜。江苏某媒体播放了一段关于不建议多用空气炸锅的采访录音，其中所标的采访对象是中国农业大学食品科学与营养工程学院副教授朱毅。但很快，朱毅辟谣称，自己从未接受过该媒体的任何采访。①

如果说，新闻报道文本或视频中没有准确信源，在具有一定的新闻信源意识后，受众尚能够有效识别并加以规避，那么，此类以假乱真的"新闻信源"具有的迷惑性、危害性就要严重许多了。受众如果没有专业知识慧眼识真，极易遭到蒙蔽。特别是，部分"报道"提供了音频甚至视频，更让如此"逼真"的虚假新闻信源无从分辨。

鉴于上述问题的严重性与危害性，新闻业界特别强调"事实核查"（Fact-checking）程序在新闻实践中的重要价值。事实核查就包括了新闻报道中信源引用是否规范这一要点。同样，作为新闻的受众，只有具备数字时代的"事实核查"思维，才能在错综纷纭的网络信息场中"立主脑""辨真相"。

---

① 楚超：《专家不建议多用空气炸锅？真相来了！食物过度受热都会产生致癌物，正确使用空气炸锅无大碍！》，《保健时报》微信公众号 2022 年 6 月 1 日。

（四）信源移花接木型"新闻"

让我们接着看看移花接木型"新闻"的案例：

例如，微博辟谣平台 2022 年 7 月 25 发布博文"网传韦东奕带领奥数队夺金不实！"博文转载了极目新闻评论员屈旌的"极目锐评"文章。该文对网上流传的一则关于北大青年数学教师韦东奕的不实信息进行了辟谣与审思。让我们一起看看这篇评论文章的节选：

网传韦东奕带领奥数队夺金不实，
能不能别让他做"韦神"了

近日，第 63 届国际数学奥林匹克竞赛落下帷幕，中国队 6 名选手均以满分成绩夺金。但随之引发关注的，还有韦东奕。多个自媒体发文："韦东奕带队出征，功不可没。"各类版本越传越"夸张"，"领队""坐镇""C 位"……但这一说法与事实并不相符。（据 7 月 24 日人民网）

与很多被自媒体、营销号广为散播的谣言一样，关于韦东奕的这一谣言，炮制方法仍然是"开篇一张图，其余全靠编"。他们拿到一张韦东奕和奥数国家队的合影，就开始绘声绘色地演绎和杜撰。

…………

事实上，这张合照是韦东奕所在学院官微发出的，用于介绍历年国际奥数比赛出现的数学人才，其中并没有提及韦东奕有参与教练团，或有"领队"等身份，可以说，那些口若悬河的论理抒情，根本就是无根之木，只不过就是强行靠想象将韦东奕与热点事件嫁接，目的是什么，当然是为了用他的名号扒一些流量。①

在此案例中，部分自媒体为了博眼球、蹭流量，将媒体广泛报道的第 63 届国际数学奥林匹克竞赛热点事件以及"开篇一张图"作为"新闻信源"，利用人们"有图有真相"的思维盲区，炮制出一则移花接木新闻信源的典型案例。

（五）曲解信源型"新闻"

那么，什么是曲解信源型"新闻"呢？最后让我们再看看这个引发舆情的案例：

每到三伏天，高温酷暑，导致用电量激增。对于岭南地区而言，更是如此。2022 年夏天，我国南方多地持续炎热，如何保障居民用电因此成为热点话题，电价几何也成了人们能否实现"空调自由"的重要考量。就在这个特殊节点，东莞一度流传着"电费上涨"的自媒体消息，诸如"东莞街坊，家里这个费用要上涨了""东莞升级橙色高温预警，你家电费或有变"的

---

① 屈旌：《网传韦东奕带领奥数队夺金不实，能不能别让他做"韦神"了》，极目新闻 2022 年 7 月 25 日。

文章，引发了当地居民的关注。但事实证明，这些报道存在部分政策误读的情况。就此东莞市委市政府的权威信息平台"东莞发布"于7月25日发文辟谣，指出经由权威部门核实与政策咨询，"广东省尖峰电价政策不适应于普通居民的生活用电"。

上述案例中，新闻的原初信源是确实可靠的，然而在互联网中充当信息"N传手"的自媒体，却在传播中无意甚或有意误读与曲解了政策信息，这给当地人的生活带来不小的困扰，更给电力部门带来不小的舆情澄清压力。它提醒我们，在阅听互联网新闻时，务必看清新闻信息是一手信源还是"N手"信源，这对准确判断新闻信息的可信度至关重要。听风就是雨，很可能给社会带来预料之外的"舆情风雨"。

二、练就三个层面的信源分析能力

上述如何识别五类虚假信源"伪装"的讨论，更多涉及通过信源进行新闻报道的真假鉴别。在这部分，我们再来看看鉴别真假之上更高一维的专业能力——如何通过信源，对新闻报道立场做出准确判断。

（一）新闻信源的溯源能力

更通俗地说，我们可以尝试给新闻报道的信源"画像"。

信源是否为元信源？也即检视新闻报道是否使用了一手信

源。如果是，就要检视新闻信源的价值倾向：如果是机构，是什么性质的机构？是否有特定的价值立场？是否有特殊的价值判断？在具体新闻事件中，是否有特别的价值诉求？如果是个人，那么上述的提问同样适用。

让我们看一则国际热点新闻的报道：

据美联社 8 月 10 日报道，乌克兰方面周三说，在克里米亚一个空军基地发生的一连串致命爆炸中，有 9 架俄罗斯战机被摧毁，这似乎是乌克兰发动袭击的结果，而这也将代表着战争的重大升级。

俄罗斯否认有任何飞机在周二的爆炸中受损——也否认发生过何袭击。但卫星照片清楚地显示，该基地至少有 7 架战斗机被炸毁，还有一些飞机可能受损。

乌克兰官员没有公开宣称对这些爆炸负责，同时还对俄罗斯有关一名粗心的吸烟者可能导致萨基空军基地弹药起火爆炸的说法进行了嘲讽。

报道称，如果确是乌克兰军队制造了这些爆炸，这将是已知的对克里米亚半岛俄罗斯军事基地的首次重大袭击……

周三由"星球实验室"公司发布的卫星照片显示，前一天机场上停放战机的地方，现在是一些残骸。

乌克兰军事分析人士奥列格·日丹诺夫说："乌克兰官方对此保持沉默，但军方非正式地承认这是乌克兰发动的袭击。"

另据俄罗斯《共青团真理报》网站 8 月 10 日报道，9 日下午 3 时 20 分左右，克里米亚萨基机场内数枚航空弹药发生爆炸。

对于爆炸原因，人们众说纷纭。[①]

在上述综合报道中，信源既有美联社，又有俄罗斯《共青团真理报》网站。不同的信源，为我们呈现了不同机构或个人对爆炸原因"众说纷纭"式的解读。扑朔迷离，也许是最恰当的表述。

再看另一种情形，如果信源不是元信源，就要注意分析信源的引用路径，留心观察信源在转引过程中是否存在隐蔽的价值植入。换句话说，就是报道中有没有对元信源"断章取义"。让我们来看看北京网信办于 2016 年通报的多起网络媒体"标题党"违规案例：

2016 年 4 月 28 日，网易在转载新华网报道的《多地整治网约车探索"规范路径"》时，将标题改为《官方：网约车属高端服务 不应每人打得起》。[②]

通报称，"改后标题与文章原意完全相反"。网络媒体出于

[①] 《各方解读克里米亚俄空军基地爆炸疑云》，《参考消息》2022 年 8 月 13 日。
[②] 张伟泽、邓煜洲：《北京网信办通报多起网络媒体"标题党"违规案例》，央视网 2016 年 12 月 5 日。

流量考量，刻意挑动社会敏感神经，制造社会不同群体间的不信任乃至社会对立情绪，明显违背了新闻报道的专业原则与社会伦理。这则案例让我们理解新闻信源转引过程中的"断章取义"现象，具有典型意义。它提醒我们，对使用转引信源的报道，如果不能有效地对其进行信源溯源，很可能遭遇"被带节奏"的虚假信息接触困境。

（二）新闻信源的交叉验证与比较能力

在对信源进行溯源后，就需要对不同的信源进行比较鉴别。如同上述"俄乌冲突"报道，有赖于我们能够在复杂纷纭的新闻场域中，厘清复杂事件的历史脉络、演进方向、利益关系，并对国际话语权进行综合分析。这才是我们面对多元信源进行交叉验证与比较的最佳途径。

值得注意的是，我们面对的新闻世界中，有很多报道只提供了事件的单一信源或观点的单方信源，这就需要我们养成收集多元信源并进行比较的自觉，认识到"平衡信源"对理解事实真相的重要意义，唯此我们才能更好地遨游于扑朔迷离的信息海洋。

让我们比较以下两则关于咖啡的有趣报道：

喝咖啡不仅仅是为提神，正在昆明举行的世界咖啡科学大会上，来自不同国家的专家学者从不同研究角度得出的结论都殊途同归：喝咖啡有益健康。①

这篇报道中，援引了来自西班牙、芬兰、德国、土耳其等地的参会专家对咖啡有益健康研究的分析。但是，均是对咖啡有益健康这一判断提供支持的观点。而在另一篇报道中，关于饮用咖啡是否有益健康，却呈现出不同的观点：

很多大型研究表明，咖啡含有包括咖啡因在内的生物活性物质，这些物质可能有助于控制炎症、慢性健康问题，甚至某些癌症……位于新奥尔良市的约翰·奥克斯纳心血管研究所心脏病预防与康复医学部主任奇普·拉维说，由于"数据来自回顾性研究，而不是随机试验"，因此"确实没有足够多强有力的数据来建议人们多喝咖啡"。②

显然，第二则报道提供了有别于第一则报道的观察视角。综合比较，交叉验证，这有利于我们更加全面地认知客观事物，为科学合理的行为决策提供依据。

---

① 马波：《世界咖啡科学大会结论：喝咖啡有益身心健康》，《科技日报》2016 年 11 月 17 日。
② 《喝咖啡真能延年益寿吗？》，参考消息网 2022 年 8 月 16 日。

（三）新闻信源的技术识别能力

技术的发展，为鉴别信源提供了崭新的手段。比如，有研究指出，区块链技术就可以应用于新闻行业的假新闻防范与识别：

> 比如，区块链系统的防篡改特点可以帮助建立一个透明标准，这对于证明新闻报道中使用图像的真实性以及打击"深度造假"非常必要。它也可以通过创建特定的新闻项目数据库，或者登记重要新闻元数据等方式，再经由智能合约，使新闻事实核查变得更加自动化。[①]

人工智能技术发展方兴未艾，为未来人们高效鉴别新闻信源、营造优质的信息环境提供了无尽的科技遐想。紧跟技术前进的步伐，探索技术为人类提供的科技之便，是智能时代新闻传者与受众提升素养的"必修课"。然而，当我们徜徉于技术前沿时，不应忘记技术的双刃剑效应。2022年，阿里巴巴集团联合中国信通院编写了《人工智能治理与可持续发展实践白皮书》（以下简称《白皮书》），其中分析了人工智能技术在应用中的风险，如"深度合成"以及"数据投毒"（指在机器训练中混杂虚假数据，对算法形成欺骗，在自动化决策中给出错误

[①] 诸廉、吴羽飞：《基于区块链技术的新闻产业生态重构》，《新闻记者》2021年第10期。

的结果——参见《白皮书》）、数据滥用等问题。技术可以服务于人，亦可异化人。回归到本章的主题——新闻信源而论，新闻信源不仅关乎技术性的真假鉴别，更关乎价值性的立场判断。

人类智慧的星空下，新闻信源更关乎新闻为何出发、何以出发。而这，才是新闻信源议题的终极之问。

第六章　新闻背景：缘何产生

在时空"背景板"中透视新闻

> 1958 年 8 月 31 日，《纽约时报》刊登了记者 A·M·罗森塔尔的通讯作品《奥斯威辛没有新闻可写》。这篇"没有新闻可写"的新闻，日后却成为世界新闻史上"撼人心魄"的著名篇章。令人"不解之余"，我们不禁追问，这究竟是为何呢？

让我们先睹为快，来看看《奥斯威辛没有新闻可写》这篇标题"反弹琵琶"式的通讯报道内容。这篇作品的开头部分即充满了对比与反差：

波兰布热津卡——不知道为什么，最可怕的事情竟是布热津卡那明媚和温煦的阳光，一行行令人赏心悦目的白杨和在大门口附近的茵茵碧草上玩耍的孩子们。

这好像不正常得令人吃惊，如同一场噩梦一样。在布热津卡，应该永远有阳光照耀，或者说，那里应该是阳光的，那里应该是一片碧绿，应该有年轻人的笑声。但是，如果说布热津卡从来不见阳光，草地枯萎衰败了，这才是恰如其分的，因为这是一个无法用语言来形容的恐怖地方。

阳光、绿茵、孩子，温暖而自在的场景描写后，作者笔锋一转，将黑暗、衰败与恐怖展露出来。这究竟是因为什么呢？下文进一步进行了背景解释：

布热津卡距著名的南部城镇奥斯威辛只有几英里之遥……布热津卡和奥斯威辛共同组成了精心建立起来的酷刑和死亡工厂的一部分。纳粹称这个地方为奥斯维辛集中营。[1]

在这篇作品中，充满反差悬念的叙述之后，引出了作者对其进行的解释说明，揭示了"谜底"所在：原来，奥斯威辛这一特殊地点"没有新闻可写"的原因是，这里曾发生了惨绝人

---

[1]　参见杜荣进主编：《中外新闻采写借鉴集成》，浙江教育出版社1997年版，第783—785页。

寰的种族屠杀，因而承载了人类巨大的创伤性记忆。与令人警醒和反思的历史相比，一切今日的新闻都没有足够的分量与之相提并论。

这篇著名的新闻作品，具有突出的写作特色：新闻背景的交代超越采访获取的现场资料展示，特别是对新闻背后的地理信息、历史信息进行了详尽的穿插介绍。尽管作品的新闻事件性不强，却让读者能够在今昔历史的往返穿越中获得巨大的情感共振，进而成为警醒人类反对战争、珍视和平的重要文本。试想，如果这篇作品缺乏对新闻背景的充分交代，就会增加读者的困惑、消泯作品厚重的历史意涵。凡此种种，遑论其影响至今的独特价值。

通过经典名篇的案例分析，我们可以发现，新闻背景在报道中所起的作用不容小觑，甚至至关重要。那么，究竟什么是新闻背景？新闻背景在新闻报道中承载怎样的具体功能呢？

在由著名新闻学学者甘惜分主编的《新闻学大辞典》中，新闻背景被做出了这样的规范界定："（是）关于新闻事件的历史和环境等材料，是新闻的有机组成部分，是补充、反衬或烘托新闻事实和新闻主题的重要内容。"换句话说，新闻背景是新闻事件或新闻人物酝酿、生存、存在和发展的环境或条件，包括大的宏观背景及具体的事件背景，借助新闻背景，可以分析新闻出现的原因，从中透视新闻的内涵。新闻背景有助于了解新闻事件的来龙去脉，新闻背景有益于理解新闻事件的深层价值，新闻背景就是新闻的"上下文"。一句话，"天地之间皆有新闻，新闻背后别有天地"。

从时间的维度看，新闻事件发生在当下，但影响新闻事件发生的因素却早已存在；新闻事件呈现于当下，但新闻事件却可能有着超越当下的深刻意涵。新闻事件的发生与发展，既有前因，亦有后果。如果我们把观察视角拉长就会发现，新闻事件的发生不仅是一个孤立的"时间点"，更是一串连贯的"时间轴"。时间纵深，是我们能否深度理解新闻的关键。

从空间的维度看，新闻事件局部发生，却可能作用于整体；新闻事件个别出现，却可能折射全局。具体的新闻事件背后，往往蕴藏着宏大的社会背景。空间延展，是我们能否全面理解新闻的要旨。

时间背景与空间背景结合，就构成了新闻事件发生、发展的环境与条件，用更通俗的比喻，可以说它们构成了新闻的时空"背景板"。

试想，如果拿掉新闻的时空"背景板"，当我们孤立地看待层出不穷的新闻事件时，就难以看到新闻背后的"新闻"，难以真正厘清新闻出现的原因、深层解读新闻的内涵；不仅如此，更割断了变化万千的新闻事件间千丝万缕的联系，导致就事论事地分析新闻；再者有可能无法获取新闻报道的"言外之意"、听取新闻报道的"弦外之音"，对新闻报道"潜在"的深意缺乏足够敏锐的捕捉。

那么，如何在阅听新闻的过程中更好地了解和使用新闻背景？这就需要精准识别新闻背景的三种功能，以及通晓在时空"背景板"上解析新闻的思维要点。

一、精准识别三种新闻背景功能

新闻背景类型，如果从其在新闻报道中发挥的主要功能看，可以分为三种：其一，透视环境因素；其二，预判新闻走势；其三，设置弦外之音。它们分别是指什么呢？让我们一同来了解。

（一）透视环境因素

所谓透视环境因素，就是指新闻背景在新闻报道中起着解释新闻发生环境与条件的作用。这种环境因素，可以分为具体环境因素与宏观环境因素。从哲学维度看，分析事物的环境因素，就是寻找事物之间的联系。它可以避免我们孤立地看待事物，"只见树木不见森林"，而让我们在纷繁复杂、万千变幻的世界中，去粗取精、去伪存真、由此及彼、由表及里，擦亮双眸，训练出观察问题的敏锐视角、锻造出直击本质的"火眼金睛"。可以说，环境就是新闻发生的时空坐标，透视新闻的环境因素，能够帮助我们在穿行星罗棋布的新闻"群岛"时，始终保持清晰的航向。

让我们来看一组有关"楼市"的新闻案例：

2022 年 8 月，某县县委书记在该县房地产交易会上号召领导干部买房的视频刷屏并引发舆情。"买了一套买两套，买了两套买三套，买了三套买四套"的即兴发言，迅速引发网络围观。此处不讨论其发言是否得体，我们在此要关注的是，这则新闻发生的背后，究竟有着怎样的环境因素？其隐藏的新闻背景究竟是什么？

与此同时，"多地鼓励农民进城买房"的话题也引发人们的高度关注。有报道统计，江苏阜宁、吉林桦甸、贵州晴隆等多个县城陆续发布了关于农民到县城优惠购房的地方性政策。[①] 两则有关县域楼市的新闻报道，为何接连出现，同时引发关注？这背后有着怎样的具体背景？

如果有心去查阅前一则新闻所在县《2021 年国民经济和社会发展统计公报》，在其"固定资产投资"项目中，有这样一段统计信息描述："商品房销售面积 58.25 万平方米，下降 13.2%，其中住宅 48.87 万平方米，下降 18.2%；商品房销售额 29.82 亿元，下降 13.0%，其中住宅销售额 22.50 亿元，下

---

① 参见郭少雅：《鼓励农民进城买房，不能不算后路账》，《农民日报》2022 年 8 月 18 日。

降 20.7%。"从统计数据看，该县商品房市场的变化的确引人重视。

如果此刻我们把观察的视角展开，上述新闻背后，其实还有这样一组整体数据，让我们对相关新闻的背景理解得更加直观而透彻：国家统计局发布数据显示，2022 年 1—7 月，全国房地产开发投资 79462 亿元，同比下降 6.4%。其中，住宅投资60238 亿元，同比下降 5.8%。同期，商品房销售面积 78178 万平方米，同比下降 23.1%。①

这组数据其实是上述新闻发生的宏观环境因素。如果单看新闻发生的具体环境因素，而忽视新闻发生的宏观环境因素，就难以对新闻做出真正深层的观察。"外行看热闹，内行看门道"，若想穿透网络舆情的虚浮泡沫，直击新闻事件的价值内核，就有必要利用好新闻背景对新闻事件做足环境因素的探索。

抛开县域的地理限制，住房一直是备受普通百姓关注的重要民生领域，也是极易引发舆情的重点新闻主题。房地产领域的每次政策调控，都会对利益攸关方产生深远的影响。盖因其不仅涉及居民的个人固定资产收益，还涉及附载其上的教育、医疗、交通等诸多非均衡资源的社会分配。换言之，住房不仅

---

① 《2022 年 1—7 月份全国房地产开发投资下降 6.4%》，国家统计局2022 年 8 月 15 日。

关乎民生，还关乎国计。房地产政策的调控出台，实则都是综合因素的整体考量，更涉及多个行政部门的政策协调配合。

同样在 2022 年，住房和城乡建设部、财政部等有关部门出台措施，要求进一步完善政策"工具箱"，通过政策性银行专项借款方式支持已售逾期难交付住宅项目建设交付。那么，这样一则涉及房地产产业政策调整的热点新闻有着怎样的背景呢？

相关报道对此进行了背景解读："部分房地产企业长期依赖高负债、高杠杆、高周转的发展模式，在疫情冲击和市场下行压力加大的情况下，销售回款不畅、新增融资受阻，资金链出现问题，导致部分已售商品住宅项目因资金周转困难而停工或逾期交付，损害购房人合法权益，影响社会稳定。"[①]

分析来看，内因是部分房地产企业长期以来的畸形发展战略惯性，外因是新冠疫情带来的经济下行压力冲击，共同构成了新闻背后房地产市场面临深度调整的深层逻辑。鉴于上述新闻背景，我们才能够更加全面地看待 2022 年出现的有关"楼市"的系列新闻；我们才能够在多元因素的综合考量中，理性、建设性地看待身边的新闻世界，并积极有为地寻找纾困之策。

---

① 王优玲：《多部门出台措施推进"保交楼、稳民生"工作》，新华社 2022 年 8 月 19 日。

（二）预判新闻走势

人们常说，"新闻是'易碎品'"。意思是说，新闻具有高度的时效性——新闻报道的价值，转瞬即逝。世界变动不居，新闻仿佛就是大千世界的一本杂乱无章的"写生集"与"记事簿"。

然而，这对新闻的认知并不全面。在新闻世界中，有一种类型的新闻能够勾连起新闻发生的历史背景、人物背景、地理背景或事物背景，能够提供丰富厚重的背景因素，构建理解世界必要的秩序感，因而能够为我们在风云变幻的新闻世界里提供判断未来的必要依据。

让我们先穿越历史，阅读一篇80余年前的"旧闻"，借此理解新闻背景是如何具有穿越时空的巨大力量，能够对时局预判发挥重大作用的：

某外籍记者，留居中国二十余年，对中国各地，旅行殆遍，他对于中国历史与文学，皆有很深切之了解，尤其对于中国民族解放运动，具有衷心的同情……他因年老，将离华归国，而记者亦因职务关系，无暇久留，乃相约至海滩石嘴上作竟夜之谈。他新由我国西北归来，对中国万里长城，特感兴趣，他西面到过嘉峪关，东面到过山海关，于是即以长城为中心，谈述他的感想。记者深受其谈话所刺激，归后终不能忘，乃约略追记之，以飨读者。[①]

这篇新闻通讯的作者，是我国著名新闻人范长江。提起范长江，大家自然联想到今日新闻出版业界最高奖项："长江韬奋奖"。其中，"长江"就是指范长江，而"韬奋"则是指中国新闻史上另一位著名人物邹韬奋。暂且对经典作品的作者按下不表，我们谈谈这篇著名的新闻通讯究竟是怎样典范式地运用新闻背景，来达到述既往、示将来的效果的。

新闻通讯开篇，介绍了写作缘起，也将谈话的中心"万里长城"自然引出。新闻通讯接下来详实记述了其与谈话对象间围绕长城所展开的深入交谈。外籍记者首说其经西安赴万里长城终点嘉峪关时，于西北要塞西安的所见所闻，记叙抗日局面之艰危；紧接着勾连历史，以长城起兴，分析数千年间中国西域边防政策的得失。

中国长城，以明代规模为最大，而他对于明代的边防政策，最不恭维。因为汉代通西域的关口是玉门关，唐代是阳关。鼎鼎大名的班超、张骞，其经营西域，皆以玉门关为根据点。明代西征大将军冯胜克了河西之后，即划嘉峪关为界，不

---

① 范长江：《从嘉峪关说到山海关——北戴河海滨夜话》，原载 1937 年大公报馆出版的《塞上行》；转载自《新闻战线》1983 年第 1 期"新闻作品范文选"栏目。

再过问关西的事情。偌大的西域，轻轻放弃，就是玉门关和嘉峪关间近二千里疏勒河流域地方，亦不再加以顾视。

紧随其后，回顾历史，列举了战国、秦、隋、明等朝代的长城修筑与边疆政策。看似荡开一笔，实则紧密围绕长城与边防，展开历史与当下强烈的比照。长城缘何而建？长城发挥了哪些历史功能？长城折射了中国不同历史时期，怎样的边防政策演进？历史背景的层层分析后，视角回到当年，紧接着对日本沿长城一线军事侵略的行动图谋与野心，进行深度剖析。面对千钧一发的局势，作者记录了对谈方的一系列局部预判：

"陕北长城，我没有去看过。绥远在实际上是河套的长城，热河察北相继不保之后，绥远如果再成问题，则宁夏与阿拉善及甘肃河西之门户洞开，你们大好的西北河山，恐怕又要成不安之地了。"

…………

"……目前情形，却有点不同，内蒙形势，逐渐变化。新式的铁路航空和公路交通，由辽宁伸入到热河，现正由热河向察北发展。张家口之将来，中国是否还能使用得上，要看你们如何作法了！"

…………

新闻通讯详尽介绍了贺兰山、陕北、雁门关等不同空间位置上的长城雄关险隘及其历史掌故。发历史之幽微，以举足轻重的地埋价值、军事价值，观照长城所蕴藏的战略意义。又从历史回归当下，论列当时长城背后中国面对的抗日时势。

谈话间，以长城为中心，空间勾连西东，时间跨越千年。然而，这些并不是这篇谈话具有重要影响力的关键处。通过对山川形势的独特观察，对历史资料的条分缕析，对话深入地探究了抗日战争的战略走势。正当对谈的外籍记者感慨，随着日本的侵略步伐："你们中国的长城，我大体看完了。长城原来的边防作用，也大体完了！"追问"我不知道你们中国将来的长城究竟在哪里"之际，作者基于对祖国历史的深刻领悟、对山川形物的熟稔，以及民族精神所赋予的底气，既从历史、又从当下、更从未来，给出了一名中国人顽强不屈而又乐观自信的回答：

随着皓月的升空，一个比一个大的海潮，向我们所坐的石岛冲来。遐想笼罩了我整个的心灵，他的谈话暂停之后，要不是涛声的激荡，我们也只能听到彼此的呼吸声音。

这时，远远的海上，在水光月影之中，浮出了一只小艇。接着随风送来艇上一群青年的歌声："起来！不愿做奴隶的人们！把我们的血肉，筑成我们新的长城。中华民族到了最危险的时候，每个人被迫着发出最后的吼声……"

歌声与潮声相合和，雄壮激昂。他兴奋地听着说："这是你们中国青年的吼声吗？""是的。"我如此回答。

卒章显志，这才是全文的落脚点所在。外籍记者的观察虽然融汇大量的背景资料，然而却只能做出局部的预判。作者显然没有拘泥于其对形势做出的判断，而是基于充分的事实，满怀胜利的意志，对大局进行了准确研判，预言了历史的前进方向。

"读历史的人不是守旧的。"这是历史辩证法的生动体现。"历史与未来两极相通"，通读此篇经典作品，我们特别能够感受到新闻背景在介绍历史、分析当下之余，更为重要的预判新闻走势的重要功能。从"旧长城"到"新长城"，从"有形的长城"到"无形的长城"，从局部分析到全局预判，全文背景与现状交错对比，背景铺陈与前途展望紧密衔接。尽管背景展示占据显著篇幅，但可以说，它们均为层层推演出文尾的事关民族命运的大局预判提供了坚实的基础。

以上案例，让我们对新闻背景预判新闻走势的功能有了更加鲜活的理解。不得不说，准确预判新闻走势，是新闻背景使用中的一项"高级"功能。

（三）设置弦外之音

新闻是对事实忠实而客观的记录。通常，如果作者需要直接表达对新闻事件的价值判断，就要使用新闻评论这种观点性文体。可是从另一方面看，毋庸讳言，新闻报道通过记述事实，实则也在隐晦地发表观点，我们用一个更加专业的词语，叫作"说话"；新闻报道表达观点的独特方式，叫作"用事实说话"。如果在新闻报道中，这种"说话"是通过新闻背景来潜移默化实现的，我们不妨把它理解为新闻背景为新闻报道设置的"弦外之音""言外之意"。

让我们先来看一则案例：

据俄罗斯卫星社 8 月 22 日报道，根据洲际交易所（ICE）的数据，欧洲天然气期货价格 22 日开盘飙升至每千立方米2800 美元以上。

报道称，8 月 19 日，俄罗斯天然气工业股份公司宣布 8 月31 日至 9 月 2 日，暂停沿"北溪"管道输送天然气三天，原因是计划内检修唯一运行的压气机组。获此消息，欧洲 9 月交割的天然气期货合约（根据欧洲最大枢纽 TTF 的指数）当日晚飙升近 8%，超过 2700 美元。

…………

另据俄新社 22 日报道，俄罗斯安全会议副主席德米特里·梅德韦杰夫在评论 2800 美元的欧洲天然气价格时预测，年内还将涨价。他在"电报"社交平台的个人频道上写道："每千立方米 2800 美元的天然气。严格的节水制度。似乎只有正在加拿大寻找天然气的奥拉夫·朔尔茨可以痛快地洗澡。年底的

（天然气）价格会怎样？3000 美元？还是 4000 美元？"[①]

　　疫情因素叠加地缘危机带来的能源成本攀升，加之长期以来的经济结构性矛盾，导致欧洲能源价格飙升。新闻报道的最后一段，梅德韦杰夫在对欧洲天然气的价格进行预测后，巧妙地加入了一则背景信息，对欧洲的能源政策进行了讽刺。"只有正在加拿大寻找天然气"的朔尔茨"可以痛快地洗澡"，显然一语双关。一方面，早先就有报道指出，"能源危机下，德国缺陷一览无余"。俄罗斯供应天然气的显著减少等因素，使得德国"家庭年均能源支出增加数百欧元"。另一方面，更有所指的是，据报道，为了降低能源消耗，应对能源危机，德国巴符州州长甚至建议，"以湿毛巾擦身来代替淋浴"，"杜绝频繁洗澡"既节水又节能。如果联系新闻事件的各方面背景，就会了然新闻报道暗含的言外之意了。

二、理解新闻背景的思维要点

　　新闻是我们认知世界、研究问题的重要手段。没有新闻的世界，是没有生机与活力的世界；没有科学的思维方法观照的新闻世界，是杂乱无章、充满混沌的世界。在这部分，我们就来看看如何以科学的思维方法理解新闻背景，让我们对新闻世

[①]　黎然：《梅德韦杰夫：到年底，价格还将上涨》，《参考消息》微信公众号 2022 年 8 月 22 日。

界的理解更深一步。

新闻背景不仅具备三种样态的具体功能，更重要的是，为我们认知风云变幻的新闻世界提供一种崭新的思维方法，即将新闻置于时空"背景板"上观察的思维方式。概括来说，这种思维方式包含联系、比较与发展三个要点。若从抽象的认识论角度看，这些思维方法能够让我们在现象与本质、原因与结果、偶然性与必然性等维度获得充分的训练。换句话说，能有助于我们的认知跨越表象世界的丛林，飞跃到更为宽广的思维天地。

（一）第一个思维要点——联系

联系地看新闻，就是不仅仅要看到孤立的、当下的新闻，还要看到新闻的"前世今生"与周围环境。

让我们看看以下这则案例：

（2022年——引者注）8月17日晚，据澎湃新闻报道，有网友发布视频称，武汉一特斯拉门店出现烟雾，疑似发生火灾。特斯拉门店工作人员称门店吊顶的灯带短路，引燃了尼龙布，导致出现火情。事发后，门店工作人员立即使用灭火器将火扑灭，此事未造成人员受伤。①

---

① 张诗奇、刘雪伦：《舆论"起火"莫沉默，特斯拉武汉门店展厅起火引关注》，人民网人民数据百家号2022年8月23日。

但有关新闻事件的舆论走向，却大出特斯拉的意料。网友在围观此事件时，"自燃"成为讨论的核心，舆论焦点出现了偏倚。明明是门店的电路事故，却让特斯拉"引火烧身"。一时间，"特斯拉与火"演进成网友一边吐槽，一边表达关切的中心话语。比如，就有网友如此点评说："他（应为它——引者注）为啥老是着火呀？"

纵览此次舆情，我们可以综合分析新闻背景，运用联系的思维对其舆情演进进行解读。据有关媒体统计，仅仅 2022 年 7 月，特斯拉就在我国国内"至少发生了 4 起起火事故"。其中就包括 7 月 22 日某明星驾驶 ModelX 发生的车祸以及人员救出后的车辆燃烧事故。一系列的新闻背景，加之特斯拉品牌、创始人的显著性，人们对新能源汽车缺乏足够的了解等原因，共同导致了新闻事件的舆情发酵。

尽管单就此新闻事件看，舆论出现了偏焦，但如果联系多方面的新闻背景，就会认识到：舆论偏焦背后是网友对既往疑问的再度发问，是对真相信息不对称获取的普遍焦虑。长期累积的疑问，堆积成今日信任感的严重缺失，进而形成了"它为啥老是着火"这样的新闻框架，刻板印象与思维定式就此"结晶"。"流动"的新闻事件，固化成棱角分明的情感判断。

（二）第二个思维要点——比较

比较，是指通过比较新闻背景，判断新闻多元意义的重要思维方法。比较，既能帮助我们认知事物的"同中异"，也能帮助我们理解事物的"异中同"。比较、分析、综合，这恰恰是认知进阶的必然路径。

让我们继续看看案例，更好地理解比较这种思维方法是如何与新闻背景发生奇妙的"化学反应"的：

2022 年 8 月 21 日，著名企业家张朝阳在直播中"建议大家少睡觉"。不曾料想，此言旋即冲上热搜。从新浪微博的数据看，截至 8 月 24 日，共有 166 家媒体（指"认证为报纸、杂志、通讯社、媒体网站、电台、电视具有社会新闻属性的媒体蓝 V"——新浪微博对媒体范围的解释）发布此则新闻，共计 10.3 亿次的阅读量与 6.6 亿次的评论次数。真可谓一场声势浩大的"舆情风波"。

"睡觉的前两个小时是深度睡眠，两个半小时（到）三个小时之后，人的大脑就开始做各种噩梦。在噩梦的过程中你是没有理智来控制的，它就会不断地放大。所以说我们经常睡不好觉，是因为我们在睡完三小时后，后面的三个到四个小时我们在噩梦中度过。""睡多了是一种伤害。""所以说我是建议大家少睡。能睡六个小时最好，如果能睡四个小时就是 perfect。"

抛开网友的"网络狂欢"不谈，这则关于睡眠的发言，为何引起网友的关注，成为备受争议的舆情热点呢？

当天还有一则新闻占据热搜榜单，却与上则热搜形成了鲜明的比照，"睡眠不足 7 小时的人胳膊、大腿更粗"。

这则热搜的具体情况是这样的：

刊登在国际营养学杂志《Nutrients》的研究发现，肥肉长的地方，和睡眠时长有关。研究显示……与每日睡够 7—9 小时的人相比，每天缺觉（即睡眠不足 7 小时）的人躯干、手臂和腿部的脂肪质量指数均较高。

其实，上述研究报道的介绍后，紧跟着这样一句表述："不过与每日睡眠时间长于 9 小时的人相比未发现差异。"但在热搜中，这一研究发现却没有被突出强调。

两则热搜同时"霸榜"，呈现出强烈的对比反差。两则热搜，仿佛"互文"，构成了彼此的新闻背景。比较中，我们对睡眠问题的关注有了更多的思考维度。

不仅如此，其实我们如果能够熟练地掌握比较思维，就会发现，它们背后其实还有着更深一层的社会背景，隐而不彰却作用强大，那就是竞争激烈的现代社会，让"卷"成了人们的口头禅，让"996"成为工作状态的指代语，人们开始反思工作与休息之间的平衡点究竟在哪里。显然，"内卷"与"躺平"都不是面对竞争的最优解。人们在工作的效率与生活的舒适间，如何做到两相均衡，确实引人思考。

（三）第三个思维要点——发展

新闻发生在当下，但当下并没有终结新闻。世界是运动的而非静止的，从而让新闻常新。我们在阅听新闻时，不妨以发展的眼光运用新闻背景，前后观照新闻事件，这样拉长新闻的分析路径，也许会有与众不同的发现：

2021 年底，扎克伯格宣布将社交媒体 Facebook 更名为 Meta。因 Meta 来源于英文 Metaverse 的前缀，随即"元宇宙"一词在中文世界"爆火"。各种各样围绕"元宇宙"的演讲、研究、商业计划纷至沓来，令人目不暇接。新的概念，往往代表人类对世界的崭新认知探索，是人类通向智慧彼岸的必备工具。但是，概念乱用、概念泡沫也让这样的尝试混杂了炒作的因素。久而久之，虚浮的概念游戏将会严重阻碍社会的创新能力，甚至对社会造成戕害。

毋庸讳言，Facebook 改名为 Meta，自有商业因素的考量，然而"一窝蜂"的"元宇宙"创业，需要人们持续地谨慎观察：

近日，一家号称要成为"元宇宙时代的微软"的元宇宙公司 ×× 科技被曝欠薪 200 多人，时间最长达半年，人均被拖欠 10 万元，社保、公积金也断交。

此类公司，其兴也勃焉，其亡也忽焉。我们感慨之余，更要自问，我们是否足够了解新闻的背景，透过概念的"表层光环"，认知新闻事件的来龙与去脉？

"元宇宙"成为"概念股"，人们对其抱有无尽的遐想与期待。但是，纷纭的新闻报道背后，我们可曾审慎了解概念背后的技术要义、市场行情？一时火热的概念新闻背后藏有多少语言的"暗礁"？投资涌流背后隐匿着多少非理性的思考？不断运动发展着的实践，永远是检验新闻事件社会价值的尺度。

"元宇宙"的研究方兴未艾，我们也期待"元宇宙"能够增益人类共同的福祉。但需记取的是，技术自有其发展规律，市场亦有其演进方向。用发展的思维认知新闻热点，才能够"不畏浮云遮望眼"，屹立于认知世界的"最高层"。

第七章　新闻生成流变：谁在参与

识别"新闻群舞"中的舞者

当每天清晨打开手机、滑动手指，沉浸于社交媒体账号推送的海量新闻资讯、阅读五花八门的用户评论时，你可曾想过，眼前缤纷的新闻世界，究竟是由谁参与而构成的呢？当我们把观察的视野打开，答案并不是一个个孤立的参与者，而是不计其数的、处在新闻传播全流程的各式参与者，在彼此互动中，形塑今日"朝晖夕阴，气象万千"的新闻世界。

有人把今天新媒体环境中的新闻"景观"形象地比喻为"声音广场"。一则，新媒体技术赋权，拆掉了新闻的"墙"，愈来愈多的普通人走进了新闻生产的全流程中；一则，愈来愈离散的观点在自说自话式的嘈杂表达中，让新闻舆论场日益变得"沟壑纵横"。

概而言之，一方面，新闻世界正呈现多元参与的显在趋势；另一方面，新闻世界也折射出多维立场的聚散分合。不经意间，新闻的生成机制正在加速流变。

想要在"乱花渐欲迷人眼"的新闻世界中炼就"火眼金睛"，洞悉新闻生成的基本逻辑，一是要善于识别"多元参与者"，知晓新闻生成全流程中谁在参与发声；二是要明辨"多维利益观"，对新闻背后复杂的利益诉求博弈做到了然于胸。

依据上述两个步骤，我们既能在湍流不息的新闻世界中放舟览景；也能系舟一处，锚定航向。具体而言，新媒体环境中需要规避两个"盲区"：其一，忽视新闻生产中的多元节点；其二，漠视算法对新闻生产的操纵。需要练就两种视角：其一，博弈的视角：能够通过看利益、看情感，准确识别新闻生成中的多维立场；其二，整合的视角：能够从对立与对话中，研判社会舆论宏观演进的大致方向。

一、规避两个"盲区"

（一）忽视新闻生产中的多元节点

新媒体环境中，新闻传播主体、新闻关注对象、传播中继、新闻受众与利益相关者，都以"行动者"的角色参与到新闻传播的各个流程，并发挥多样的影响力。如果看不清新闻生成机制中的多元节点，就会在信息汪洋中迷失方向。

现代社会的"流动性"大大增强，曾经坚固的职业壁垒正在悄然瓦解。这一现象反映在新闻领域，就是"液态新闻"的出现。新闻的职业边界日益"流动"起来：专业媒体不再一枝独秀，普通用户反客为主，"晋级"为新闻发布的另一主力；"网络大 V"则以意见领袖的角色参与到新闻事件的传播链中。

彼时，新闻的发布主体都是专业媒体，新闻采集、写作、编辑与评论都有着严格的把关机制。尽管这并不能确保新闻报道不出差错，但仍有力地提升了新闻的"保真度"。

新媒体的技术迭代与"流动性"的社会结构，正使新闻主体的面貌悄然重构。

让我们先来看看以下这则新冠疫情期间引发舆论关注的"新闻"事件的传播主体：

据北京市石景山医院微信公众号消息，某博主发视频称一孕妇在北京石景山医院门口分娩。院方 5 月 5 日回应：内容虚假，已报警。声明全文如下：

5 日下午，我院在互联网上发现，"雪山财金"微博博主发布一则不实视频，称一孕妇在石景山医院门口分娩。经严格核查，此视频为移花接木虚假内容。目前，我院已报警，公安机关已受理，并开展相关调查工作。我院将依法追究恶意造谣者的法律责任，切实维护我院声誉。

特此声明。

北京市石景山医院

2022 年 5 月 5 日 [①]

这则子虚乌有的"传媒假事件"，由于挑动了社会的敏感神经，经由"网络大 V""雪山财金"通过微博转发后，借助新媒体的网络化效应，在自媒体中以"接力传播"的形式迅速扩散，并引发了一场不小的舆情。

随着对事件的进一步调查，真相很快水落石出。

5 月 5 日，有人在网上传播散布"北京石景山医院关闭，孕妇大门口分娩"的虚假视频。随后，石景山医院报警并辟谣，广大市民群众对造谣行为纷纷谴责。经警方调查，赵某某

---

① 《"一孕妇在医院门口分娩"？北京石景山医院辟谣》，《新京报》微信公众号 2022 年 5 月 6 日。

（男，52 岁）在某微信群看到一段孕妇在路边分娩的视频，以及北京石景山医院暂停门急诊、收住院的信息后，刻意将两条毫无关联的信息拼凑在一起，移花接木编造谣言视频，并在网络社交平台首发，"雪山财金"微博博主卢某某（男，47 岁）等未经核实进行转发，引发公众误解，造成恶劣影响。目前，赵某某已被刑事拘留，相关案件正在进一步侦办中。①

当我们复盘这则假新闻生产流程时，可以梳理出由关键节点构成的传播链条：自媒体用户在社交平台首发——"网络大 V"未经核实转发——网友接力分发——社会舆情爆发。此后，相关机构利用社交平台发表声明，警方介入调查并通报结果，专业媒体报道，围绕事件的舆情才得以平息。整个事件中，多元节点在"接力"参与中，共同推动着舆情的快速演进。

这则反面案例的教训在于：避免走入假新闻的泥沼，就必须准确识别新闻生产中的多元节点。鉴别这些节点，本质上就是在鉴别信源。有了这种意识，才可能避免盲听盲信的思维盲区。在中国传统思想中，就有"道听而涂说，德之弃也"的古训。尽管时空条件迥异，但依旧具有启人深思的力量。

今天的新媒体环境，可谓让人一则以喜，一则以忧。其既

---

① 《北京一男子散布"孕妇在医院门口分娩"虚假视频》，新京报网 2022 年 5 月 7 日。

让新闻信息涌流，也让干扰信息环境的噪声充斥其间。面对复杂的新媒体环境，我们极易陷入忽视新闻生产多元节点的"盲区"，以致盲听盲信，甚至盲信盲从。

造成上述现象的原因，具体来说，大致如下：

其一，缺乏"定位"的策略。看到一则新闻，只看它讲了什么（What），不看它是由谁讲的（From Whom）。

其二，缺失"导航"的策略。明晰了是由谁讲的，不去进一步明确其在新闻生产多元节点中的相对位置。是首发，抑或转发？不去自觉追问前一个传播节点是什么。

其三，欠缺交叉验证的策略。特别是在突发性新闻事件中，不善于比较多元节点提供的内容。没有比较，就很难让自己看到人们对人物、事物的共性判断，更难以让自己识别人们对人物、事物的差异性判断。不得不说，这是面对复杂信息环境时，理性思考的思维品质匮乏的表现。

（二）漠视算法对新闻生产的操纵

随着新媒体技术的智能化趋势，算法也成为"行动者"参与到新闻传播的各个流程。当我们使用新闻资讯聚合平台阅听新闻时，你可曾想过，算法推荐正在后台悄然跟踪、记录、分析着你的偏好，并根据一定的计算机程序设计意图，强化推送特定主题甚至特定价值倾向的信息。小到街谈巷议，大到国际新闻，概莫能外。

让我们看一则有关社交媒体中国际新闻的研究：

（研究）以 Twitter 上中国议题的分布与互动为分析对象，解析社交机器人的舆论操纵行为，探究其行为模式及其与人类的交互关系。在抓取 358656 条推文、测量用户的机器人评分后发现，与中国相关的推文中有超过 1/5 疑似由机器人用户发布。不同议题的自动化操纵程度存在差异。在用户互动网络中，机器人用户转发、提及，但较少引用或回复。机器人可以成功地引发人类用户主动与之互动，但人类更倾向于与人类交互。研究认为，在传播内容上，社交机器人的存在可增加人类用户对于特定信息的接触；在用户交互层面，社交机器人可以成功渗入社交网络，改变既有的信息交互结构。[①]

从"网络水军"到"计算宣传"，从人到非人，从"草台班子"到数据挖掘的"高大上"，新闻生产全流程的参与者愈发多样。当我们遨游于信息海洋中时，可曾定神凝思：其一，波涛翻滚的信息之流中，会激起多少经不起事实"撞击"的泡沫？其二，随波逐流地阅听信息，会让人遭遇多少隐藏在海面下的"暗礁"？因此，在人工智能技术"深度改写"新闻传播

---

① 师文、陈昌凤：《分布与互动模式：社交机器人操纵 Twitter 上的中国议题研究》，《国际新闻界》2020 年第 5 期。

业态之际，全然漠视算法对新闻生产的操纵，会让我们在以假乱真的信息环境中，不单被人、还被机器牵着鼻子走。

第一，"算法黑箱"制造了"无知之幕"。"算法黑箱"（Black Box）是人们批评平台算法设计机制不透明的一种比喻。算法就如同密闭的黑箱，设计者之外的人无从知晓其运转的底层逻辑。算法工作的时间不是"996"，而是"白加黑"。我们的每一次新闻搜索行为，都在算法的"记事簿"中留下清晰的痕迹。纷纭的信息，经由"隐秘"的算法推荐，被精准推送给目标用户。如果缺乏必要的新媒体素养，人们就很难自觉审视围绕自己的信息环境有多少是被难以察觉的算法所操控的。

第二，"信息茧房"制造了认知偏见。算法分发新闻的基本机制是：自主的搜索愈多，不自主的推送愈多。算法似乎比我们自己更了解我们自己。可事实是，算法在迎合我们，也在扭曲我们。新闻资讯聚合平台上，算法通过"精准画像"，不断窄化用户的认知半径。伴随认知半径的不断缩减，正是"信息茧房"效应发挥"威力"之时。人们被牢牢地束缚于日渐狭小的认知半径中"作茧自缚"，却又茫茫然无以自知。面朝"自我强化"的信息"回音壁"，极易让我们成为自我偏见的巨人、明辨是非的矮子。荒芜的思想世界难以长出绚丽多彩的花朵，刻板机械的头脑无法在探索求真中体味真正的愉悦。

第三，"深度伪造"制造了信息"雷区"。耳听为虚，眼见为实——人工智能的算法技术，让这句断言，愈加引人思量。

让我们先看看以下这则案例：

参考消息网 3 月 21 日报道 据英国广播公司网站（2022 年——编者注） 3 月 18 日报道，一段在推特上被广为分享的深度伪造视频——俄罗斯总统普京在视频中宣布已实现和平——再度开始流传。

与此同时，本周，元宇宙平台和 YouTube 网站下架了乌克兰总统泽连斯基说对俄罗斯投降的深度伪造视频。

这些视频揭示了这场冲突中假消息到了何种状态。人们真的相信这些视频吗？

报道称，很多乌克兰人嘲笑泽连斯基讲话的视频一点都不可信。他出现在一个讲台后面，告诉乌克兰人放下武器投降。与身体相比，他的头显得过大而且像素更差，声音听起来也比本人更低沉。

真正的泽连斯基本人在其 Instagram 账号上发布了一段视频，说上述造假是一种"幼稚的挑衅"。

普京的假视频则已经在网上流传了数周之久，并被推特标注为受操纵的媒体。

《深度伪造》一书的作者尼娜·希克说："在这场战争中有太多其他形式的假新闻，并且没有被辟谣。"

她说："尽管这段视频制作十分粗陋，但在不远的将来，就不是这种情况了。而且即使是这样的粗陋视频也会腐蚀人们对真正媒体的信任。人们会开始认为，什么都可能被造假。这是一种新武器，也是假信息的一种有效形式。"

鉴于制作深度伪造视频会比较花时间，在这场战争中，旧视频仍然是最常见和最有效的假消息传播手段。

但这场战争中有深度伪造视频的出现和流传，这一现象值得注意。下一条深度伪造作品可能就不会这么粗陋了。[①]

所谓"深度伪造"（Deepfake），是深度学习（Deep learning）与伪造（Fake）的组合。在视觉传播时代，各种假视频成为"深度伪造"的主要形态。深度学习是通过计算机人工智能技术实现的机器学习。深度学习与伪造相结合，就是通过智能技术大样本学习特定个人的"声音、表情与动作"，"高伪装度"地拼合、篡改数据，产制真假难辨的信息产品，进而扰乱信息环境的行为。

不论是案例中的国际政治新闻，还是日常生活中街谈巷议的花边新闻，乃至是抖音中的明星 AI "换脸"，深度伪造已经蔓延至我们今天的视觉信息环境中。如果不加警惕，就极易踏入"深度伪造"的虚假信息"雷区"中；稍有不慎，就可能导致我们在判断环境、识别风险、进行决策时产生失误。

---

① 《俄乌总统假视频引发对"深度伪造"技术关注》，《参考消息》网站 2022 年 3 月 21 日。

二、练就两种视角

忽视新闻生产中的多元节点、漠视算法对新闻生产的操纵，可以说是新媒体环境中回答"谁在参与新闻生产"这个问题时最易出现的两个思维盲区。我们要规避两个"盲区"，做到善于识别"多元参与者"；除此之外，还需练就两种视角，明辨"多维利益观"，准确判断多元参与者的复杂立场。

（一）博弈的视角

新闻生产的过程中，往往涉及多元主体的利益博弈。这种博弈既可能是直接的，也可能是间接的。直接的表现为，利用新闻媒体报道发声；间接的表现为，借助"解释性参与"表达诉求。

让我们先看看由一封邮件引发的新闻：

近日，一则"中科院因近千万的续订费用不堪重负，停用中国知网数据库"的消息在网络引发热议。

网传邮件显示，中国科学院（简称"中科院"）"文献信息中心"发布通告称，"同方知网技术有限公司（CNKI 数据库出版商）暂停中科院对 CNKI 数据库的使用权限，即日（注：4 月 8 日）起，CNKI 科技类期刊和博硕士学位论文数据库无法下载"。①

---

① 《遭中科院停用，知网发布情况说明》，澎湃新闻微信公众号 2022年 4 月 19 日。

一石激起千层浪。众多媒体都将新闻"探照灯"投向了风口浪尖上的知网。面对迅速发酵的舆情，知网首先在其官网上刊登了《关于中国知网与中国科学院文献情报中心合作服务的说明》，说明这样写道：

二、2022年，中科院文献情报中心对包括知网数据库在内的国内外部分数据库的采购模式进行了调整，由统一集中采购模式转变为有需求院所组团联合采购模式。经过友好协商，调整知网数据库订购模式的工作正在有序推进中，由各院所选择订购内容，计划在近期完成组团工作、签署协议并启动2022年度服务……

但舆情并未就此平息。（见图7-1）

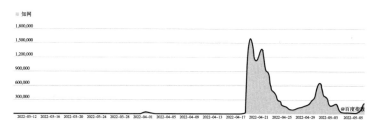

图7-1　"知网"为关键词的新闻资讯指数变化

（检索时段：2022年3月8日至2022年5月8日，检索来源：百度指数）

当我们以利益博弈的视角，审视整个新闻事件时，就能在纷纭的舆论场中发现多元主体围绕利益展开的博弈。

　　一封内部邮件经由网络，成为网友接力转发的对象。网友的反应中既有大量个体知网用户的"感同身受"，也有知识界对学术尊严的严肃思考，还有"吃瓜"群众对冲上热搜的新闻事件的关注与好奇，更有社会公众对公共利益的价值关切。知网面对舆情的新闻回应，呈现出的是一家涉事单位面对"汹汹舆情"的危机公关与形象修复的利益诉求。

　　随着事件舆情的发酵，一封内部邮件逐渐在社交媒体中演化为一篇"战斗檄文"。网友在微博、微信等社交媒体转发、点赞，更以发表简短评论这种"解释性参与"的方式，热切加入到对事件细节的再补充、对事件意义的再解释中。

　　央媒的介入，使得整个舆情事件上升为对社会公共利益的讨论与反思。2022年4月18日，《人民日报》微博发表题为《知识无价，收费有据》的博文，其写道：

　　中科院因不堪近千万续订费停用知网，再次将知网抛上火山口。事件原委尚需起底，知网被指借"垄断"地位渔利却非新闻。知识无价，收费有据，但一种商业模式屡屡冲撞公共利益，频频敲打世道人心，乃至不时打法律擦边球，确有反思必要。如何平衡商业逐利与公共利益关系，该有个说法了！

　　知网事件舆情发酵月余，2022年5月13日，市场监管总局在官网发布公告，将对知网涉嫌实施垄断行为立案调查。

当我们以利益博弈的视角复盘整个舆情事件时，可以发现多元主体围绕热点事件，存在两种路径上的博弈：

其一，从机构利益博弈到社会利益博弈。最初，事件只是限于两个机构间的经济层面博弈。然而，由于事件触发了社会敏感神经，最终演化为一场声势浩大的社会多元利益博弈。事件的讨论，远远超出了经济利益的范畴，更事关社会公众对国家知识基础设施为何和何为的追问。

其二，焦点事件中议题解释权的博弈。最初，知网通过新闻回应，界定议题为两个机构间的业务合作问题，但知网一方对事件的解释权迅速失守。随着网络舆情的发展与议题控制能力的消失，知网事件在舆论中被逐步界定为以下几个重要议题：经济、法律领域：知识产权问题——垄断问题——平台经济问题；学术领域：知识传播机制问题——学术尊严问题；道德领域：义利之辨的问题。

（二）整合的视角

新闻生产中，围绕热点事件，多元主体的立场既有分殊，也有整合。整合的过程，是激荡相搏的纷繁观点在互动中达成相对共识的过程，彰显出多元主体在调用社会沟通资本时能力的差异。这种调用社会沟通资本的能力，涵盖价值观整合、利益整合与情感整合三个方面。

其一，价值观整合。新闻的根本使命，是报道事实。受众在阅听新闻后，会本能地对新闻做出价值判断。社交媒体中，人人都有麦克风，都可以就自己关心、关注、关切的新闻事件表达判断。看似碎片多元的价值表达，随着事件的推移，也在彼此互动中折冲樽俎。这背后，体现的正是价值观的整合过程。

让我们先看这样一则由 7 棵柳树引发的"刷屏"新闻事件：

2022 年 5 月 10 日晚，浙江电视台经济生活频道新闻评论员就西湖北山街圣塘段的绿化改造发表微博称：

西湖边景观提升改造露出一角。几处早莺争暖树，树呢树？绿杨阴里白沙堤，杨柳呢杨柳？这是谁的主意呀？

此微博一出，旋即引发网友热议。"西湖边的柳树被换成月季"刷屏式传播。面对突如其来的舆情，西湖方面就此做出了新闻回应。解释了迁移柳树的地点与范围——位于北山街，断桥 - 保俶路段共 100 米左右；迁移柳树的数量——7 棵；迁移柳树的原因——长势颓败。并就未来对此处栽种柳树的计划，进行了说明。[①]

---

① 《"为啥要弄走西湖边的柳树"刷屏，官方解释来了》，澎湃新闻微信公众号 2022 年 5 月 11 日。

正当舆论为 7 棵柳树而不断发酵时，澎湃新闻发表了名为"江城"的特约评论员文章——《几株西湖柳，为什么让人心心念念》。这篇评论中，介绍了这样一个背景信息：在 7 棵柳树被迁移后，人们要求"把柳树种回来"的呼声此起彼伏。7 棵柳树，何以引致如此强烈的舆情？这篇评论分析道，舆情背后实则反映了今日国人对待传统文化与历史遗存的一种严肃态度。

记者、专家、市民、网友、相关管理方等各方主体，因 7 棵柳树汇集在一起，不同意见彼此碰撞，最终强化了共有的历史认同与文化认同。7 棵柳树新闻背后，是一场社会价值观的整合。

其二，利益整合。新闻报道的话语分殊，背后往往是社会利益的竞合。如何理解呢？我们不妨看一则案例。

2022 年 5 月，有媒体反映个别地方"毁麦开工"，网上广泛流传着"割青麦作饲料"的短视频，一时引发舆论的关注。对此，农业农村部立即下发通知，要求严格排查，杜绝此类情况发生。如何把这个要求讲得更有力量呢？农业农村部的相关负责人以粮食安全与全体国人的利益为切入点，这样表述道：

还有 20 天左右小麦就成熟收获了……珍惜农民朋友 200 多天的劳动成果，中国人的饭碗大家一起端。

这一表述，让新闻场域中舆情的关切点回归到粮食安全与珍惜粮食这一重大议题上来，但又没有因为话题的重大，使人们产生疏离感。而是以"我们"的口吻，申明了全体国人的共同利益所在。因而，更加有助于人们在大局利益观前统一观念。

其三，情感整合。新闻生产的"情感转向"成为近年来观察社交媒体的重要视角。社交媒体不仅形成了社会的信息网络，也建构了社会的情感网络。特别是突发性事件、社会风险性事件、重大争议性事件，极易扣动社会情绪表达的"扳机"，迅速触发社会的情感动员。如知网事件中，"天下苦知网久矣"就屡被网友征用，成为表明个体加入社会情感共同体的关键语句，也成为倒逼相关方面直面问题的重要话语力量。

如果情感整合运用得好，也可能会有意想不到的正向效果。如疫情期间，就流传着这样一则根据歌词改编而"串烧"起的防疫宣传语：

转角不一定遇到爱情，但可能遇到疫情。

我吹过你吹过的风，这算不算相拥？算，属于密接。

我走过你走过的路，这算不算相逢？算，属于次密接。

这则宣传语，以情感因素提升了健康传播效能，迅速在网络上爆火，并以此激发了年轻人群体的情感共鸣，增进了年轻人群体的社会规范认同，进而也增强了其自觉防疫的大局意识。

第八章　新闻面相：如何呈现

新闻内容的最佳"容器"

> 每天呈现在我们眼前的新闻，不仅主题多元，而且形态各异。当我们关注新闻内容的时候，是否留意过新闻面相？不同的新闻面相，体现不同的报道意图。本章就来一起聊聊关于新闻的呈现方式那些事儿。

新闻的呈现方式，也可以被称作新闻的展现形式。如果从新闻呈现的内外部视角分别观察，就会发现：新闻呈现既包括不同的体裁、篇幅等外在形式，也包括时间空间组合、版面语言等内在形式。一内一外，交光互影，让新闻的呈现形态缤纷多彩。新闻的呈现，恰似"多棱镜"，折射出客观世界与主观世界彼此交融的多维面相。

不仅如此，不同的新闻呈现方式，往往代表着不同的作用与功能。新闻的呈现方式与新闻内容有机结合，往往让新闻焕发出多元的价值，或是传递资讯，或是深度解析，或是比较鉴别，或是阐明观点，甚或还包括唤起情感。为新闻呈现面相，就是要理解不同的新闻面相背后所蕴含的独特功能。新闻形式既有对新闻内容的依附性，也有独立于新闻内容的形式价值。

一、事实、解读、意见与情感：识别四种主要的新闻呈现形式内核

让我们先来看一则案例。围绕这则案例，多种新闻呈现方式顺次登场，在同一事件发展的不同时间节点发挥了各自不同的功能。

2022 年 8 月，一则"新版红绿灯"的"消息"突然登上微博热搜，一时间引发无数网友关注。甚至有网友调侃说，"上路即罚款"，"驾校教练也要重学科一了"。

事实是怎么回事呢，让我们来一探究竟：

8 月 22 日，有媒体发布微博视频称，2022 年新国标红绿灯

标准出台，将采用"九宫格"红绿灯并取消红绿灯"读秒"。①

姑且不论这则乌龙"新闻"是如何被制造出来的，单看围绕此则"传媒假事件"，新闻会有多少种不同的呈现方式，让我们不妨一起细看。

红星新闻在热搜出现后，迅速采访多地交警，进行事实核查。随即，在微博中迅速发表篇幅简短的快讯——《多地交警回应新国标红绿灯启用：暂未收到更换通知》：

近日，新版红绿灯引发网友热议，多地交管部门回应红星新闻记者：目前均未收到更换"新国标"红绿灯的通知。

显然，这是媒体响应热搜事件，进行事实追踪报道而发出的一条动态新闻简讯。对新闻事件最具发言权的交警部门进行了多地联动采访，借以提供权威部门对于新闻事件的最新回应，为新闻受众提供判断新闻真伪的基础性资讯。从这则快讯的措辞来看，"暂未收到更换通知"，一则表明消息类文体（包含快讯），重视传播效率，重在提供事实变动的最新讯息；一则表明其重视采访，重在转述采访内容、客观呈现新闻事态进展。简洁性、动态性、客观性是消息类新闻的基本呈现样态。语言精练简洁、直击事件核心关切；时效性极强，第一

---

① 陈艳欣、杨瑞：《红绿灯"乌龙"，从何而来？》，央视网微信公众号 2022 年 8 月 23 日。

时间对新闻事实做出反应；叙述客观无感情介入，补充关键信息而不填充情感色彩。这些呈现要素，都构成了新闻消息这种新闻呈现形态的基本特征。

据公安部于 2022 年 7 月发布的统计显示，2022 年上半年全国机动车达 4.06 亿辆，驾驶人 4.92 亿人。可以想见，"新版红绿灯"的"新闻"，将会引发多少人的密切关注。在巨大的舆情关切面前，对事件的澄清报道渐次出现于媒体之中。

对此，央视网微信公众号发表了题为《红绿灯"乌龙"，从何而来？》的综合报道，通过对假新闻的"溯源"，厘清了以讹传讹的"新闻"背后事实的真实模样。原来，所谓的"九宫格""新版红绿灯"，其来有自。2016 年 12 月，国家质量监督检验检疫总局联合国家标准化管理委员会发布了《道路交通信号灯设置与安装规范》，并于 2017 年 7 月起施行。此番引发网友"吐槽"的"九宫格"，实为其彼时就明列的交通信号灯特殊组合的其中一种，"有着严格的使用场景——主要使用在城市车流人流辐辏的市中心，或者商业区中的行人和（或）非机动车较多的路口"。并且，在《规范》中，还对其进行了"极少使用"的准确界定。（据央视网报道）在试点城市中，还流传着"老司机"们总结出来的顺口溜，以防因不熟悉新规则而导致交通违法：

红灯停、绿灯行，

左转不亮看直行，

右转不红不用停。

通过一番"新闻"背景分析与"新闻"事实的仔细爬梳，人们恍然大悟：原来这不是"新闻"，而是旧闻；原来这不是真相，而是谣言。央视这则后续解释性综合报道，对新闻背景进行了解读，发挥了"解谜"的功效，不仅制止了虚假信息的进一步扩散，而且通过概述整个事件的来龙去脉，向公众普及了交通知识，增强了交通安全意识，可以说一举两得，事半功倍。

虽然至此，"乌龙"新闻事件已经告一段落，但事后，人们不禁反思，究竟能从引发此次舆情鼎沸的事件中汲取怎样的教训呢？

对此，三联生活周刊于 2022 年 8 月 28 日在微信公众号上发表了对交通安全专家的专访文章，以《"新版红绿灯"乌龙：假消息为什么引来了真吐槽？》为题，通过记者提问、专家释疑的问答方式，挖掘了"新闻"背后隐藏的公共治理难题与社会情绪。借助专家之口，解读公共政策的利弊得失，这是一种媒体与记者的隐性发言。

与之相对，还有一种以己之口，显性表达观点态度的文体——新闻评论。《新京报》于 2022 年 8 月 22 日发表署名"闵萧"的评论——《试行新版国标红绿灯，公众的反映亦应及时关注》。

这篇评论首先对新版国标发布的基本情况进行了说明，回溯了基本的新闻事实；其次，对比旧版国标，对新版国标的主要调整之处做了具体说明；最后，评论进入重点，分析了此次"乌龙""新闻"背后应当汲取的社会治理经验——"规则的调整越大，越应该考虑社会的适应和学习过程"。

这篇评论就此论述：

当然，红绿灯本质上代表的是一套公共交通规则，它在长期使用的过程中已深入人心，现在进行大调整，意味着大众要重新去习得一套新的规则，这引发社会心理层面的一些习惯性抵触，并不奇怪。很大程度上说，当前部分网友对新版红绿灯的排斥情绪，都或多或少与此相关。

不过，红绿灯规则调整事关交通安全乃至交通执法的"正义"，社会的适应程度、认同程度是一个不容忽视的问题。在这方面，还是应该把相关"说服"工作、规则普及工作，做得更细致更到位一些。

据悉，过去几年部分城市已经开始试用新版红绿灯了，5年过去，应该积累了不少效果反馈和评价信息。其到底在多大程度上实现了设计初衷，是否还存在有待完善优化的地方，相关部门完全可以通过"大数据"的方式来向社会作出告知。

如果说消息是力求用最精练的语言，在第一时间将发生了什么传播出去，做好事实判断，解释性报道是对新闻事件发生的起因、经过、结果做出深度诠释、提供综合全面的背景资料，做好事实分析，那么评论就是针对新闻事件做出基于社会共有规范的价值判断。事实判断是价值判断的基础，价值判断是事实判断的结晶。从事实判断到事实解释再到价值判断，新闻呈现从具体之维向抽象之阶逐次跃升。

从更加本质的角度看，新闻消息聚焦于提供事实的基础信息，包含新闻事件的基本要素的提供；解释性新闻侧重为新闻消息提供背景性知识的补充，包含纵向发展背景信息与横向比较信息，目的是为受众理解新闻提供时间纵深与空间延展，通过综合解读让新闻立体起来；新闻评论则是对新闻事实做出价值层面的判断，运用理性精神与逻辑说理，将被事实表象遮蔽的价值内核彰显出来。

除了上述三种基本的新闻呈现形态外，还有新闻特写这种呈现状态。新闻特写是新闻报道中为突出人物、事物某个侧面的一种新闻体裁。相比以上三种新闻体裁而言，新闻特写更能通过细密的文笔凸显具有画面感的新闻片段或人物特征，从而彰显出独特的情感价值。

说到特写，我们不妨先来看一篇写于2000多年前、至今为人们津津乐道的人物特写名篇：

高祖为人，隆准而龙颜，美须髯，左股有七十二黑子。仁而爱人，喜施，意豁如也。常有大度，不事家人生产作业。及壮，试为吏，为泗水亭长，廷中吏无所不狎侮，好酒及色……高祖常繇咸阳，纵观，观秦皇帝，喟然太息曰："嗟乎，大丈夫当如此也！"（《史记·高祖本纪》）

这段堪称人物特写范本的文字，寥寥数语就概括了刘邦外貌的超凡之处、性情的豪迈大度，同时形如简历一般记述了其早年生平和与众不同的处世风格。最后一句，更是传神记述了刘邦初见秦始皇时出口不凡的精彩瞬间——"大丈夫当如此也！"让人自然而然联想到高祖过沛，"酒酣，击筑而为诗"的壮阔场景——"大风起兮云飞扬，威加海内兮归故乡，安得猛士兮守四方！"英雄声口，如出一辙。

不仅人物特写能够通过细节捕捉，刻画鲜活的人物形象与性格特征，事件特写亦能通过直击事物的高光时刻，为历史留下弥足珍贵的媒介记忆。

让我们来看看以下这则铭刻历史的事件性新闻特写：

新华社香港1997年7月1日电（记者周婷、杨兴）在香港飘扬了150多年的英国米字旗最后一次在这里降落后，接载查尔斯王子和离任港督彭定康回国的英国皇家游轮"不列颠尼亚"号驶离维多利亚港湾——这是英国撤离香港的最后时刻。

英国的告别仪式是30日下午在港岛半山上的港督府拉开序

幕的。在蒙蒙细雨中，末任港督告别了这个曾居住过 25 任港督的庭院。

下午 4 时 30 分，面色凝重的彭定康注视着港督旗帜在"日落余音"的号角声中降下旗杆。根据传统，每一位港督离任时，都举行降旗仪式。但这一次不同：永远都不会再有港督旗帜从这里升起了。

…………

此时，雨越下越大。查尔斯王子在雨中宣读英国女王赠言说："英国国旗就要降下，中国国旗将飘扬于香港上空。150 多年的英国管制即将告终。"

…………

0 时 40 分，刚刚参加了交接仪式的查尔斯王子和第 28 任港督彭定康登上"不列颠尼亚"号的甲板。在英国军舰"漆咸"号及悬挂中国国旗和香港特别行政区区旗的香港水警汽艇护卫下，将于 1997 年年底退役的"不列颠尼亚"号很快消失在南海的夜幕中。

从 1841 年 1 月 26 日英国远征军第一次将米字旗插上港岛，至 1997 年 7 月 1 日五星红旗在香港升起，一共过去了 156 年 5 个月零 4 天。大英帝国从海上来，又从海上去。[①]

---

① 周树春、胥晓婷、杨国强、徐兴堂：《别了，"不列颠尼亚"》，新华社 1997 年 7 月 1 日。

　　这篇新闻特写以可视化的笔法，详实记述了香港回归祖国这一重大的历史时刻。多年后读来，依旧让人心潮澎湃。这篇新闻特写的成功，关键在于其完美展示了如何通过凝固的文字定格转瞬即逝、不作一刻停歇的重大历史片段。此篇新闻特写着墨处，并不在于为受众提供新闻信息，也非提供背景知识，更非直接表达观点，而是通过情景交融、用事实说话的方式，含蓄却激越地表达着洗雪百年耻辱的民族自豪感。胸中风雷，笔底波澜。在充满细节感的文字纪实背后，是作品充沛的情感表达。

　　新闻追求客观表达，但新闻并不排斥情感，关键之处在于写作中善于运用平衡这组"矛盾"的技巧。概言之，这一技巧，可被称为"用事实说话"。

　　如何来理解、掌握并运用这一技巧呢？不妨让我们在分析此篇名作的过程中悉心揣摩之。

　　从写作技巧来看：首先是如何记录事实。这篇特写如同摄像机在历史重大现场的直播一样，将重要时间节点与关键空间位置的两条线索经纬交织：时间轴线向前推进、空间背景移步换景——让每一段文字都如同摄像机镜头前的一帧帧生动鲜活的画面。蒙太奇式的文字组合，将时空转换中的人物表情、语言、动作有机穿插；历史资料与现场氛围融会贯通，形成了严肃但不呆板、深刻却充溢流动感的叙事风格。

　　其次是如何用事实说话。显性的场景摹写之外，让我们再从情感之维审视这篇名作的思想内核。相比文学作品的情感渲染与直抒胸臆，新闻作品追求客观的形式表达与不动声色的情感嵌入。选择、剪裁、凸显新闻事件中的某些要素，实则就是以客观的手法表现情感乃至立场的关键策略。

相比消息简讯对事件核心关键事实要素，如地点、人物、发生了什么等的关注，新闻特写可谓像放大镜一样，聚焦整个新闻事件的一个侧面或者新闻人物某个与众不同的特征，由小见大、以点见面，展现精简事实背后更丰富的细节信息，唤起客观事实背后更细密的情感意义。

二、时空组合与版面语言：从关系维度理解新闻呈现的深层意涵

新闻报道的意义凸显，除了通过报道体裁、报道长短等显性要素来彰显，还会通过新闻报道对特殊时机的选择、对特定地点的强化，以及选择什么样的版面语言等隐性要素来加以体现。换句话说，这些隐性要素的新闻呈现，都体现出新闻事物、人物的价值与其所处的时空关系、社会联结密切相关。孤立地理解新闻报道，只能窥见新闻的一个"横断面"，没有比较，难有鉴别。而从关系维度理解新闻报道，对新闻报道的理解就有可能做到"横看成岭侧成峰，远近高低各不同"的全面与综合，规避"不识庐山真面目，只缘身在此山中"的狭隘与局限。

让我们先来看一则案例：

当代人生活压力大，加之手机在内的电子产品提供的娱乐形态丰富多样，睡眠问题屡屡成为引发社会关注的热点。2022年3月18日，由中国社会科学院社会学研究所联合其他机构共同完成的《中国睡眠研究报告2022》在北京发布。据《报告》显示，我国民众平均睡眠时长为7.06小时，相比10年前缩短近1.5小时，"睡眠拖延"问题显现。（据千龙网、澎湃新闻报道）其中，导致入睡时间变晚、睡眠时间缩短的主要原因之一是看手机和上网。"中国有3亿人存在睡眠障碍"还一度冲上微博热搜，使得网友高度关注与热烈讨论。

"睡眠拖延"，俨然成为当代人的"时代症候"。然而，它是当代人所独有的吗？为此，《三联生活周刊》刊载了一篇轻松诙谐又充满文史掌故的文章。以著名人物为分析案例，为我们揭开了"古人会不会熬夜呢"这一问题的谜底：

1076年中秋，山东密州。39岁的苏东坡抬头望月，思念弟弟，饮酒至天亮，写下"明月几时有，把酒问青天……"

1082年七月十六，湖北黄州。苏东坡和友人月夜泛舟赤壁，举杯畅饮，读诗唱歌，纵论历史，感慨人生，最终躺平舟中，直到东方既白。

同年十月十五月夜，他故地重游，登山长啸，放船中流，食鱼品酒，看月白风清，听江流有声。

熬夜，通宵，在苏东坡这里司空见惯，他是一名资深黑夜遨游客，月夜徘徊者。40 多岁的老苏，腿脚灵活，眼光明亮，胆气充足，敢在夜晚的赤壁岩石间上下往来。

…………

当然，熬夜是有代价的。有次，苏东坡喝大了，三更时分归来，结果"家童鼻息已雷鸣，敲门都不应"。

…………

距今约 940 年前一个春天的早晨，在蕲水一座溪桥上，一个中年油腻男子布衣草鞋，躺卧在当地，散发着酒气。路过的群众见这人宿醉于此，会觉得他阻挡交通，影响视觉和心情。这人正是苏东坡，昨夜倒在桥头之前，他看到的是波光浮动的河水和云彩飘散的天空。[1]

其实，更早的古人就在《古诗十九首》中说道，"昼短苦夜长，何不秉烛游"。但看星辰明灭，且听江流有声。原来古人也会熬夜。只不过，相比当代人，熬夜的直接原因就大有差别了。有网友评论道："同样是熬夜专家，苏东坡常看到星辉斑斓，月光璀璨。而我看的，是手游和抖音。"

文章穿越时空，今昔比照，亦庄亦谐，意在言外。提醒当代人反求诸己，审视光怪陆离、被数字技术左右的生活之外，

---

[1]　西瓜邮递员：《熬夜专家苏东坡》，《三联生活周刊》微信公众号 2022 年 9 月 16 日。

"细斟北斗，万象为宾客"的本真之意。

从当代现象出发，交错比对，这种对时空关系之维的呈现，让文章（新闻报道）凸显出了与众不同的深意，不仅切中热点，又延展了热点新闻的时空纵深，更加利于受众产生阅读的共鸣。

新闻媒体从稿件（亦包括视觉素材）关系维度出发，通过组织版面语言来"隐性"表达新闻的深层内涵，是新闻呈现中另一种值得特别关注的现象。其包含三种主要形态：第一，组合与布局稿件——主要涉及轻重、虚实、长短、呼应、对比等关系；第二，设定情感框架——主要涉及用图片说故事的方式，处理感性与理性的关系；第三，议程的竞合——主要涉及媒体"置顶"议程与新媒体用户"热搜"议程的互动关系。

让我们来看一组版面编排的案例：

2022 年 8 月 31 日，马上就要迎来秋季学期的开学，又将有无数新同学开启崭新的求学生涯。如何通过版面设计、组织稿件，来对教育这一关涉国计民生却又"老生常谈"的话题展开具有新意的讨论？就此，《中国青年报》在其品牌专版《青年话题》中进行了专题策划。这组报道，头条文章以大字号标题加以凸显——《理想的大学 是让每个人成为自己》，既是组稿中的重头稿件，也代表了媒体编辑部在这组稿件中想要表达的核心编辑意图。

"大学之道，在明明德，在亲民，在止于至善。"大学教育的核心要义是什么？仅仅是考出好成绩，成为机械学习的"工具人"？还是拼命卷实习，让大学成为工作的"中转站"？

不断提升个体之善，亦要贡献公共之善。不仅求知，也要追求健全人格之养成。不是成为别人，而是发现自己——这是一位在读博士生给出的答案。

对刚刚告别繁重学业压力的高中生涯，即将步入大学校门的年轻学子而言，难免迷茫无措。如何保持求真求知的追梦人姿态，是亟待解答的疑问——一名 2022 级清华大学新生，给出了自己的答案。

与之相呼应，版面编辑在组稿中，也刊登了教师的声音——从教学的维度，反思如何让高等教育避免"白开水化"、提高大学教育质量水平。

然而，这样的版面安排，虽然文章多样，但仍不够全面完善。试想，其一，博士生、大学教授、清华本科新生，代表的是所谓"精英教育"群体，虽具典型性，但缺乏全面性。编辑在组稿中增加一篇职业技术大学校长的来文——《打破学历"天花板"让学生有更多选择》，平衡了版面报道；其二，考上（好）大学，是否就是教育的终点呢？显然不是，可持续的学习能力、身心平衡的综合素养，对任何一个人来说，都是毕生需要解答的教育命题。考上（好）大学不是终点，而是新的起点。一名来自心理咨询师的文章——《考上好大学 有人却得了

"空心病"》，就此给出了启人深思的忠告。

《中国青年报》，2022 年 8 月 31 日

纵观整个版面组织，无声的"版面语言"起到了凸显、强调与平衡的作用。稿件之间的有机组合，将稿件之间的并列、递进、补充与对比等多元关系表达出来，让新闻版面呈现出单篇报道无法拥有的错落景致。

除此之外，有些版面语言还能起到褒贬扬弃的"隐性"力量，让无声的版面语言变得"此处无声胜有声"。

请看以下这则新闻讽刺漫画的案例：

参考消息网 2022 年 9 月 15 日报道（原载美国政治漫画网）

漫画的文字说明为："在巨大的加拿大液化天然气储罐前，加拿大总理特鲁多拿出皮草对德国总理朔尔茨说：'今年冬天可以给你们海狸皮草。'"

俄乌冲突等在内的国际地缘政治动荡、西方国家能源政策的固有问题，使得欧洲地区 2022 年面临严重的能源短缺、能源供需矛盾加剧问题。有评论指出，2022 年，欧洲由于能源危机，即将面对一个"昂贵的冬天"。这幅漫画通过极少的文字、无声胜有声的漫画语言，暗含对西方国家从能源政策到政治政策的讽刺。联想到新闻背景，这则漫画可以说通过较为形象的可视化版面语言，表明了漫画作者在这一热点新闻上所持的态度——西方世界应当对今天的局面予以全面反思。

遇到上述的新闻呈现形式，就需要受众能够将文本与视觉元素有机结合，将精炼呈现与复杂背景相互参照，将直观表达与弦外之音形成互映。通过辩证地把握这三组关系，诠释出不拘一格的新闻形式背后新闻内核的深层意涵。

最后，在新媒体环境中，媒体（Media）、用户（Users）与平台（Platforms）共同构成了彼此互动的把关结构，决定着今日之新闻以何种面貌呈现出来。机构媒体往往通过"置顶"的方式，凸显所要强调的内容，在网络空间设置媒体议程；自媒体用户则通过用点击量"投票"、助力网络"热搜"的方式，表达阅听兴趣甚至情绪诉求，协同生产用户议程——接力传播、关系传播与情感传播，成为今日自媒体议程生成的"三驾马车"；平台借助算法推送，制造"信息茧房"。上述三者，共同构成了新媒体中从"个性化推送"到"集体化热点"（媒体设置、用户设置）新闻呈现的独特"版面语言"。从实际情况看，两者既有分化亦有重合，在持续演进中展现着复杂的竞合关系。故而，仔细分析新媒体的"版面语言"，对我们研判社会心态、纾解社会情绪、化解风险危机、做好舆情引导、增益价值共识，可谓意义重大。

第九章　新闻文本：如何讲述

透视字里行间的隐藏信息

> 新闻报道是外在呈现形态（新闻体裁）与内在文本内容（新闻文本）的有机统一。新闻文本的内容剪裁、讲述角度、话语方式、写作特征与内容组合，共同构成了一则新闻报道的"微观结构"。

古人尝谈读文章要"循环咀讽"，方可"味益深长"。以专业视角审视，"微观结构"往往对捕捉新闻报道的题中之意与言外之意至关重要。如果说新闻能够"不动声色"地表达观点，"不着痕迹"地申明态度，那么，新闻文本一定起到了关键作用。在这一章中，让我们带着专业"显微镜"，一起解剖新闻文本的微观机理，洞悉新闻文本表层形态之下"潜藏"的深层意涵，开启从"显文本"到"潜文本"的探索之旅。

一、内容的剪裁——凸显核心信息

让我们先来看两则有关教育领域的新闻报道。

第一则，是新闻标题为《中国最好学科分布哪些高校？上海 14 所高校均拥有顶尖学科，含 10 个全国第一》的案例：

从复旦的哲学、同济的土木工程到上海交大的临床医学，这些学科是各个高校引以为豪的"头牌"。那么，在我国《学位授予和人才培养学科目录》上的 96 个一级学科中，最强的"冠军学科"分布在哪些高校呢？

9 月 21 日上午，包括 484 所高校 5035 个学科点的"2022 软科中国最好学科排名"刚刚披露。以全国前 2 名或者前 2% 作为"中国顶尖学科"的标准，根据统计，共有 91 所大学的 240 个学科点入选顶尖学科榜单。其中，清华大学以 23 个中国顶尖学科位列各校之首，北京大学以 22 个顶尖学科位列全国第二，中国人民大学 10 个顶尖学科位列全国第三。

其后，复旦大学 9 个顶尖学科排第四，上海交大以 8 个排第五。①

　　从这则新闻报道聚焦的事实看，某机构对"2022 年的中国大学学科"进行了排名，其涉及的地理范围是全国的 484 所高校。姑且不论此类排名的科学性、权威性，只看新闻文本，由上海《解放日报》出品的"上观新闻"，对此则"榜单"新闻进行了重新编辑剪裁。在新闻标题、新闻导语与核心新闻事实的解释部分，都对上海本埠院校的学科建设进行了凸显。如第一个新闻小标题即为"上海 14 所高校均拥有顶尖学科"，其间还穿插了凸显上海在全国高校学科建设中领跑位置的另一核心事实——上海交通大学是"全国上榜学科数超过 50 的 7 所高校之一"。此后，报道又分别从上海本地高校的顶尖学科、上海本地非"双一流"高校的亮眼表现等方面，对榜单内容依据地域线索进行了重新聚合。纵观整篇新闻报道，处处体现出记者与编辑将全国新闻本地化的写作特征。借助剪裁事实，删繁就简，达到对核心信息的凸显，重置了新闻的意义。

　　在这则案例中我们可以看到，通过对新闻事实的剪裁，能够将需要凸显的内容"高密度"地呈现出来，这样避免了因被"稀释"在大量文字中而无法有效提炼新闻主线的问题。剪裁旁枝，方可凸显主干；抽摅菁华，方可精神眉宇。清代姚祖恩在

---

① 　徐瑞哲：《中国最好学科分布哪些高校？上海 14 所高校均拥有顶尖学科，含 10 个全国第一》，上观新闻 2022 年 9 月 21 日。

精心剪裁《史记》、编撰《史记菁华录》时说："事或纷糅，则文不能无冗蔓。"所要者，掇其精华，呈其要旨，将核心信息在芜杂的信息海洋中"拎"出来。这样才能有的放矢，有针对性地吸引目标读者阅读，在今日信息冗余的环境中，提供精准有效的信息价值。

内容剪裁还有另一个重要方面易被忽视。内容剪裁既是凸显，也是遮蔽。强化部分信息的同时，也可能造成对其他信息的遮蔽。对于新闻报道的阅听受众而言，在接受报道者设置的报道框架时，也需要理解框架之外新闻可能包含的更丰富的事实背景与更多元的解析维度。

同样是教育领域的新闻，2022年9月，在研究生报名考试即将开始之际，一则名为"逆向考研"的话题新闻引发媒体的广泛关注。所谓"逆向考研"就是特指"双一流"高校本科生"逆向"流动，考取"双非"院校研究生的情况。"太卷了"成为媒体报道这则新闻时最为凸显的内容侧面。毋庸讳言，考研热成为近些年高等教育领域一个显著的现象，在报考人数逐年增加、录取分数逐年提升的背景下，"逆向考研"无疑成为另一个侧面解读考研热的佐证材料。

但是，如果仔细分析"逆向考研"的现象，就会发现表面上的"太卷"与无奈背后，有着更加值得关注却又不易察觉的隐性原因。正如红网一篇评论指出的，"表面上看是'逆向考研'，其实是'向热门强势专业集结'"。可谓一针见血地指出了现象背后隐而不彰的关键点。

2022 年，"96 名浙大本科生报考杭州电子科技大学的研究生"[①]的新闻就曾引发热议，作为顶尖名校学生，为何选择一所"双非"院校继续深造？除了"内卷"造成的考研压力外，我们不难发现这样的一种所谓"内卷"，实则是一种内部差异化极强的"内卷"。从就业机会、薪资水平、社会美誉角度看，电子信息等专业都代表了未来从事"令人艳羡"职业的可能。院校的"逆向"选择与专业的"正向"聚集，恰恰表明了这种内卷背后的结构性矛盾。与之相比照，另一则"敦煌考古编制岗位无人问津"的话题也引发了关注。[②]带编制的岗位"零应聘"，初看不可思议的现象背后，是地理位置、待遇、专业门槛、职业要求等共同构成的"隐形门槛"，阻碍了考古人才在就业市场中的合理配置。

如果将两则"一热一冷"的新闻加以比对，就能够让我们更加看清新闻中被遮蔽的重要方面：相比"逆向流动"，"流动缺失"对社会人才优化配置的损害更加持久而隐蔽。而这，才是更加值得重视的问题。

① 钟煜豪：《太卷了？大学生开始"逆向考研"》，澎湃新闻·澎湃号·媒体 2022 年 9 月 17 日。
② 陈卿媛、李雨果：《敦煌考古编制岗位"零应聘" 文保人才困境：不缺动力 担心工资》，《成都商报》2022 年 9 月 25 日。

综上所述，内容剪裁既能凸显核心信息，又可能遮蔽关键事实。正是新闻报道的"取景框"，让新闻事实与新闻报道间形成了隐在的张力关系。

二、角度的选取——调适观察重心

让我们先来看一则案例：

你喝过一瓶包含 232 种配料的饮料吗？最近，某知名演员发布了一段视频，让这种饮料上了热搜。

视频中，该演员表示，买了一瓶饮料，发现配料表上竟标注有 200 多种配料，让人吃惊。通过视频中的画面我们看到，这瓶饮料有巴掌大小，瓶身的配料表上密密麻麻标满了大葱、韭菜、花椒、苦瓜等 200 多种配料。

如此"神奇"的配料，会不会碰撞出奇特的味道呢？该演员表示，味道像"葡萄汁"。[①]

这篇新闻报道旋即引发了公众的热烈讨论。有网友甚至调侃道："这不是泔水吗？"抛却这则"奇葩"新闻事件本身不谈，让我们一同观察这篇新闻报道的角度选取。其聚焦了一个令人惊奇、错愕又哑然失笑的典型新闻事实——一种饮料竟达

---

① 《一瓶饮料 232 种配料？神农看了都直呼内行》，澎湃新闻 2022 年 9 月 16 日。

232 种配料。新闻标题意趣丰富又充满嘲讽——神农看了都直呼内行。该篇新闻报道通过对典型案例的聚焦，展现了对此种不重品质提升、专做"噱头"营销的厂家的批评。从消费者角度看，购买这种饮料究竟是有益身体还是有损"智商"，不禁引人思考。

同样是"神农尝百草"，我们再来看看另一篇报道是如何同题新作，展开对饮料行业话题的深度观察的：

根据易观分析《中国软饮料市场洞察 2022》调查显示：中国软饮料市场正在朝口感多元化、功能化、健康化不断演进。[①]

报道称，从美容、提神、助眠到养生，今天的饮料市场可谓品类多样、名目繁多。各式功能的饮料，满足着消费者日益多元的需求。但从 200 余种配料组成的"神奇饮料"，到"灵芝、人参咖啡"与"一整根人参饮料"，究竟其助益健康的功效有多大，却需要打出一连串的问号。是确如广告宣传，还是名不副实、空有噱头？广大消费者在追求健康消费的时尚中，究竟是否被"健康"这一标签所消费？上述的新闻报道连缀起个别现象，对饮料行业进行了深度观察。由点及面、由个别现象到普遍趋势，新闻报道的视角由"聚焦"切换为"广角"。

---

① 杨一凡：《年轻人喝饮料，就像神农尝百草》，《新京报》微信公众号 2022 年 9 月 23 日。

视角的切换，不仅扩展了观察视野，也延展了思维纵深。从一种饮品到一个行业，在激烈竞争的"红海"市场里，饮料企业既要适应"味道内卷"的行业情境，又要提升饮料的功能"附加值"，但是最为重要的是，只有品质过硬，才是万变不离其宗的"金点子"。

同样是"神农尝百草"的新闻报道，前一篇聚焦个别企业制造噱头的营销行为，后一篇则从年轻消费者的消费心态出发，分析了需求端的健康消费之变。从生产端的单一视角到生产与消费端相结合的双向视角，新闻报道的观察层次更加丰富，新闻报道的分析视角更加均衡。

经由上述两个案例，我们可以看出，新闻报道的角度，既可以是对个别现象的关注，亦可以是对普遍现象的观察。报道视角，既可以是聚焦，亦可以是广角。报道"焦距"的调节，可以帮助我们切换角度，观察变动不居的新闻世界。

更进一步，角度的选择与整合，既可见"异中同"，发现个别现象蕴藏的普遍意义；又可见"同中异"，洞悉一般性与特殊性的辩证关系。这是什么意思呢？不妨让我们思接千载，去领略一段古文带给我们的启发。其在写作中通过变化角度，形成了与众不同的阅读效果：

壬戌之秋，七月既望，苏子与客泛舟游于赤壁之下。清风徐来，水波不兴。举酒属客，诵明月之诗，歌窈窕之章。

秋夜泛舟的，不是别人，正是贬职黄州的苏轼。尽管乘舟夜游，经历了心情的起伏，在行文最后，却写道：

且夫天地之间，物各有主，苟非吾之所有，虽一毫而莫取。惟江上之清风，与山间之明月，耳得之而为声，目遇之而成色，取之无禁，用之不竭，是造物者之无尽藏也，而吾与子之所共适。

襟怀阔达，一览无余。

但心境不同、观察角度不同，也会使得同样的景物变幻不同的色彩。复游赤壁，登山临水，苏轼写道：

是岁十月之望，步自雪堂，将归于临皋。二客从予，过黄泥之坂。霜露既降，木叶尽脱。人影在地，仰见明月，顾而乐之，行歌相答。

农历十月十五日，天气寒冷，夜色寂寥，风起水涌，景色肃然。作者虽内心苦闷，但依旧且行且歌：

于是携酒与鱼，复游于赤壁之下。江流有声，断岸千尺；山高月小，水落石出。曾日月之几何，而江山不可复识矣！

时序不同，心境各异。一则随遇而安，"清风明月不用一钱买"；一则苦闷彷徨，"江山不可复识"。一处景致，两篇旧文。虽是旧文，却对我们理解观察角度的变化对新闻报道的影响大有裨益。

三、话语方式的调用——转换情感关系

新闻报道追求意见与事实的区隔，但这并不意味着，新闻报道本身只是关于事实信息的"零度叙事"。通过话语风格的选择，记者、编辑，乃至媒体机构的主观意图往往嵌入其间。因而，当我们阅听新闻报道之时，准确识别新闻报道的话语方式，往往对了解新闻报道的"文心"，有着不可小觑的意义。

新闻报道中话语方式的调用，也会对新闻文本的讲述效果发生影响。新闻报道中话语方式不经意的微调，都会对新闻报道起到调节情感距离的效果。这一方面表现为不同主题的新闻，适用不同风格的语言模式——话语方式是"被动"的；另一方面表现为话语方式积极参与到新闻文本的情感表达中——话语方式是"主动"的。不论是话语方式的"被动性"还是"主动性"，都在转换新闻文本与受众之间的情感关系。

事实证明，在社交媒体时代，情感越来越多地"嵌入"了新闻报道的文本之中，"情动"（Affect）越来越成为激发受众新闻参与乃至社会参与的"隐形"利器。新闻的"情感转向"，让新闻报道不单单是事实的提供者，更是社会情感网络关系的唤起者。从微观来看，新闻文本的话语方式成为承载新闻情感性要素的最重要手段。

让我们先来看一则话语方式隐匿情感、新闻文本充溢情感的新闻报道案例：

> 据俄罗斯卫星网 24 日报道，白俄罗斯总统卢卡申科向记者们介绍说，他这辈子连一次汉堡包都没有吃过。
>
> 他强调说，从饮食的角度来讲，白俄罗斯"自己拥有一切东西，尤其是战略食品，不管是盐、糖或面包"。他建议把在本国土地上出产的普通产品当作食品来消费。①

2022 年，地缘紧张局势引发全球关注。冲突背后，是大国权力的博弈与实力的较量。"火药味"极浓的地缘冲突，一时间激发起社交媒体国际时政新闻报道话语强烈的情感色彩。然而，这篇专业媒体的新闻报道却使用了非常"平静"的话语方式，展示了地处战略要冲的白俄罗斯领导人对宏大政治议题的态度。有网友评价说，这个发言"以生活琐事阐述政治策略"，可以说一语中的。同时，"拥有一切东西""尤其是战略食品"这看似不经意的话语，从个人饮食习惯说到了国家储备安全，展示出十足的战略自信。在国际政治领域"硬碰硬"的话语体系中，这样的发言方式让人耳目一新。试想，如果发言

---

① 许海婷：《卢卡申科：我这辈子没吃过汉堡》，《参考消息》微信公众号 2022 年 9 月 24 日。

改为常规化的"白俄罗斯国家储备充足，不惧怕外部威胁"，那么其情感感染力将会逊色许多。

从另一个角度看，这番表态，从更加个人化的口吻出发，以第一人称进行讲述，转换了与采访记者、新闻受众之间的情感关系，拉近了彼此的情感距离，这番话使人们了解到该国总统的生活细节；更重要的是，在琐碎生活细节的客观讲述中蕴藏着强硬的政治信号。

除了上述的话语方式，在当今的社交媒体时代，新闻报道越来越多地直接带有情感性因素，将或幽默、或戏谑、或讽刺、或愤慨等媒介化情感置入新闻文本，进行网络化的情感扩散。

2022年7月，"张小泉菜刀""拍蒜断刀"的新闻，成为当之无愧的热点新闻事件。据报道，家住广州的王女士，用"张小泉"菜刀拍蒜导致菜刀断成两半。此后围绕一把菜刀的沟通、表态、声明、回应，令人目睹了一场"一把菜刀引发的公案"。"张小泉"屡次冲上热搜，成为万众瞩目的社会新闻、万众参与的社会谈资。从个体事件到公共情感，社交媒体时代的新闻报道，以情感关系重置了社会关系。从个体、个例的"断刀"，到集体、公共的愤慨，情感关系成为调节舆情走向的关键变量。2022年7月24日，广东《新周刊》微信公众号就此发表了专题报道——《张小泉：拍蒜不行，装蒜第一名》，分

析了从"刀断了"到"脊梁弯了"的舆情演变历程。整个舆情
演进的节点中，7月18日成为关键的转折点。当天，张小泉总
经理以前接受采访的一段视频在网络上流传开来。"为什么米其
林厨师切的肉更薄、黄瓜片更透？""中国人原来的菜刀都是方
方正正的，我们把刀前面的头变成这样……这是消费者教育"
等言论，让"张小泉"迅速从产品质量危机应对方转化为社会
公众情感的对立面。"张小泉"与社会公众，由产品质量引发的
情感隔阂转化为情感对峙。媒体报道、评论、特稿，网友点评
文本随即反复援引视频话语，聚焦公共情感议题，或是直抒胸
臆，或是间接表达，将或幽默、或戏谑、或讽刺、或愤慨等媒
介化情感直接置入文本，对公共情感进行着回应。比如，《人民
日报》数字传播微信公众号发表了署名"季卿卿"的文章——
《菜刀太软，张小泉失"蒜"了》、湖北之声微信公众号发表了
《不能拍蒜的张小泉菜刀冲上热搜，网友：难道"刀拍黄瓜"要
改名？》、时评人曹林在其个人微信公众号上发表了评论文
章——《我就买把菜刀，还要听你教育》等，都试图通过对生
动话语表达方式的调用，重置新闻事件蕴含的复杂微妙的情感
关系。

　　因此，社交媒体时代，作为新闻当事方，亟待提高社会情
感的感知能力、共情能力、回应能力与纾解能力。当然，更为
要者，是尊重社会的公共情感、遵守社会的情感规则，以真情

主动回应公众在热点事件中的情感诉求。

四、写作特征——从传递事实到提供方案

新闻是对新近发生的事实的报道。新闻的基础功能是提供新近发生的新闻事件的基础信息，呈现新闻事件的基本样貌。但是，伴随现代社会的发展，新闻事件越来越呈现出利益主体多元、事件结构复杂、影响范围广泛的特征，公众一时间难以对如此错综复杂的新闻世界做出理性的判断、给出合理的行动。因此，近些年来，新闻报道越来越从"传递事实"的基础功能，向"提供方案"的功能"升级版"转型。新闻报道不仅仅在于提供事实的关键信息，还在于对所关涉的新闻事件中的难点、堵点、隐蔽点、风险点，提供建设性解决方案。因此，这类新闻报道又被称为"建设性新闻"。

让我们来一同看看以下这则案例：

"数字化生存"的今天，当我们不经意滑动手指，随心收受移动智能手机推送的各种新闻信息、海量资讯、多元音视频内容，通过媒介感知着气象万千、变动不居的大千世界时，你可曾想过，对于视障人群而言，他们是如何使用智能手机的？是如何获取对生活至关重要的新闻资讯的？是如何应对智能化手机带来的挑战的？

"网络盲道"正是视障人群"看见"智能手机所勾勒的数字

世界的"技术之眼"，正是视障人群行走于变幻莫测的虚实交互世界的"数字盲杖"。通过读屏技术等数字手段，视障人群的智能手机使用"藩篱"正在被不断拆除，但如何不断提升视障群体的智能手机使用体验，如何在"数字化生存"的时代不断增益视障人群的生活福祉，则是一个需要我们投入更多关注的领域。

2023年5月12日，"人民日报评论"微信公众号就此议题推送了如下的新闻评论：

打开手机软件，系统自动读屏：页面上有哪些文字、哪个窗口正在打开、什么程序正在运行等，一一给出语音提示。看新闻，靠文字识别技术"读"出资讯；想购物，图片转语音"描绘"商品详情……借助信息无障碍技术，许多视障者可以在工作、生活中，自如使用互联网产品。

…………

目前，我国有超过3.2万个政务网站实现信息无障碍。交通出行、购物、娱乐等移动应用，则让视障人群靠一部手机便能更好地与世界连接。不论是阅读还是出行，有"网络盲道"的导航，视障者的生活更加丰富，融入社会的渠道更加畅通，实现自理自立更有依靠。

也要看到，当越来越多的生产生活服务信息向网络特别是移动应用端聚集，做好信息无障碍工作变得更为紧迫。目前，视障人群上网仍然有一些障碍待消除。比如，有些音频应用，播放键只是一个图标，软件在读屏时只能生硬地说出"按钮"两个字，无法说出它的具体含义，这就不利于视障者接收信息。有些软件升级频率快，开发者添加了更丰富的功能、设计了更美观的界面，但无障碍需求往往没及时跟上，于是出现了新的不便。这说明，信息无障碍建设仍有不少改进空间。[1]

据统计，"包括全盲及弱视人群在内，我国有 1700 多万视障者"。另据腾讯 QQ 与信息无障碍研究会联合发布的《视障人士在线社交报告》（2019 年 10 月）显示，我国 1700 多万视障人士中，"90% 的视障人士认为他们的生活中需要互联网"，但"最高仅有 42% 的视障人士对当前互联网不同场景的信息无障碍程度感到满意／较为满意"。由此可见，尽管技术助益视障人群的工作已经取得很大成绩，但进一步改善视障者的数字技术使用体验，进一步做好对视障者的数字关怀，进而增益视障者的"数字幸福感"与社会融入度，全社会还可以做得更多、更好、更周全。这不仅体现的是技术向善的价值取向，更彰显了一个社会数字包容的精神追求。

从铺设"网络盲道"到打通"网络盲道"的"最后一公里"，真正让"网络盲道"惠及视障人群日常生活的方方面

---

[1] 喻思南：《畅通"网络盲道"，让更多人共享便捷生活》，"人民日报评论"微信公众号 2023 年 5 月 12 日。

面，真正让"网络盲道"畅通无阻，需要源源不断的技术助力、政策加持与社会关注。

这篇评论就此提出了建设性的应对之策：

畅通"网络盲道"，需要筑牢初始设计这一根基。

畅通"网络盲道"，有赖于构建协同发力的行业生态。

畅通"网络盲道"，也离不开信息无障碍专业人才的贡献。

"网络盲道"从铺设到畅通，绝非一日之功，也不可能一蹴而就。所要者，在于全社会持续关注、行业内（间）协同配合以及在专业人才方面给予更多的政策支持、提供多元激励，久久为功，"网络盲道"就能惠及更多的视障者。

上述案例的新闻评论以"问题意识"为起点，以建设性意见为结点，它在特别提醒我们，如何有效地填平"数字失能鸿沟"（Digital Disability Divide），也是强化互联网思维的关键点之一。

五、内容的组合——搭建材料间逻辑关系的"潜在网络"

新闻文本中的内容组合，是搭建文本中事实材料间逻辑关系的重要手段。在新闻报道中，有些材料间的逻辑关系，如递进、对比、反衬等需要通过文本间材料的有机配合而间接表现出来。这样做的意义，是让受众自主体味材料间暗含的逻辑关系。如此一来，能够更好地达到新闻报道"潜移默化"的传播效果。

让我们一起看看在之前的章节中分析过的香港回归祖国的著名报道——《别了，"不列颠尼亚"》。在这篇报道中，通过内容的巧妙组合，将不同事实材料间的逻辑关系不露声色地展现出来，让人不禁感叹该篇报道高超的写作技巧。这里选取两个最具有代表性的段落加以分析。

首先，是对"港督府"的描述：

掩映在绿树丛中的港督府于 1885 年建成，在以后的近一个半世纪中，包括彭定康在内的许多港督曾对其进行过大规模改建、扩建和装修。随着末代港督的离去，这座古典风格的白色建筑成为历史的陈迹。

再来看一段对英国降旗仪式材料的运用：

7 时 45 分，广场上灯光渐暗，开始了当天港岛上的第二次降旗仪式。156 年前，一个叫爱德华·贝尔彻的英国舰长带领士兵占领了港岛，在这里升起了英国国旗；今天，另一名英国海军士兵在"威尔士亲王"军营旁的这个地方降下了米字旗。

这两个片段，在充满视觉感的文字记述中，通过反复映照，不露声色地表达了新闻素材间强烈的对比关系。与此同时，不同段落间的组合，将"港督府"成为陈迹与英国降旗间的逻辑联系精巧地连接在空间变幻、时间纵贯的时空网络之中，既在层层递进，亦在彼此呼应，共同建构了新闻文本逻辑关系的"潜在网络"。在历史现场的文字直播中，层层推进展现深沉厚重的历史变迁感；在客观冷静的文字风格中，蕴含着今昔对比的逻辑链条。总体来看，该篇新闻报道的文本，以"潜在的逻辑网络"组织了新闻报道的素材，以精心的内容编排组合，将客观事实与报道意图自然连缀起来。起承转合间，表现出主创人员精湛的专业技巧。在以时间为线索、视觉化记叙交接仪式的字里行间，揭示了青山遮不住、毕竟东流去，历史洪流滚滚向前的不尽言外之意。

六、新闻框架：新的理论和实践视角

20 世纪 80 年代开始，框架理论开始引进到新闻与传播研究领域，并由此诞生了"媒介框架"（Media Frame）和"新闻框架"（News Frame）两个学术概念。媒介框架即媒介机构信息处理的组织框架，它适用于多种类型的媒介信息生产和传播过程的研究。而将这个概念应用于新闻的选择、加工、新闻文本和意义的建构过程的研究，则称为新闻框架。

"框架"（Frame）作为考察人的认知与传播行为的学术概念，

最早见于人类学家 G. 贝特森于 1955 年发表的论文《一项关于玩耍和幻想的理论》中。不过,对新闻框架研究产生了直接影响的,是社会学家 E. 戈夫曼 1974 年出版的《框架分析》一书。在这部著作中,戈夫曼为框架做出了这样一个明确的定义:"框架指的是人们用来认识和阐释外在客观世界的认知结构,人们对于现实生活经验的归纳、结构与阐释都依赖一定的框架,框架使得人们能够定位、感知、理解、归纳众多具体信息。"

从这个定义我们可以看出框架有双重含义:第一,框架作为一定的知识体系或认知定式预存在我们的大脑中,它来自我们过去实际生活的经验;第二,我们根据既有的框架来"建构"(Framing)我们对新事物的认识。

新闻框架涉及选择什么和凸显什么,很大程度上左右了受众对于某一事件的看法。也有人认为,随着新媒体的不断发展,消解了一部分传统新闻框架的力量,以往传统新闻媒体设定的框架变得模糊,传统媒体所想要凸显和隐藏的信息在新媒体环境下变得更加困难。

新媒体较之传统媒体有着自身的特点,这使得新媒体在新闻框架的构建中发挥了自己的优势。首先是即时性。这是传统媒体所不能比拟的,新媒体上的新闻可以 24 小时不间断更新,信息随时都可以发布。其次是信息来源多元化。在新媒体环境下,掌握话语权的不再只有主流的电视、报纸等传统媒体,用户也变成信息的传播者，新媒体成为发布消息的渠道，这样就打破了以往只有新闻机构发布新闻的限制，受众拥有了更多的主导权。最后是互动性。比起报纸、电视等传统媒体，新媒体的另一大特点体现在它的互动性，受众可以畅所欲言，及时反馈信息。

在新的条件下，传统新闻框架在新媒体时代面临重构，新的新闻框架由传统媒体和新媒体共同构成，而结合年轻受众的媒介使用习惯，新媒体对他们的影响要大于传统媒体。由于传统媒体与新媒体所扮演的角色以及媒体自身定位的不同，其在新闻建构过程中针对报道事件的特殊性均采用了不同的建构模式和报道形态。传统媒体聚焦的事件是媒体想要呈现给受众的，没有被"照亮"的信息我们便不得而知。传统媒体讲求的是深度，而新媒体所秉持的是时效性。同时，新媒体上较多的新闻源的出现，也打破了传统媒体时代只有一个新闻源的情况，媒体可以根据受众对话题的热议程度来决定下一步的报道方向。

对在新媒体出现以前只能通过传统媒体获得信息的受众而言，新闻框架消解最大的好处在于他们可以更广泛地接收信息。信息的来源变得广泛，新闻的接收偏向"私人定制"，受众可以根据自己的喜好来选择，使得受众不用再接受媒体的思想，而可以自己诠释信息的含义。

但是，新媒体所带来的广泛的来源使得信息变得庞杂，使受众难以区分消息的真伪，因此会导致谣言的产生。受众逐渐习惯"抓重点"的阅读方式，这也导致媒体在发布新闻时采用贴标签的方式吸引受众。标签化的盛行，使一些较为平常的事发酵成公共事件，一些容易让人产生误解和偏见的内容被媒体选择并凸显出来最终成为一个个标签。这种由新媒体的特点而重新构建的新闻框架与传统的新闻框架相比，甚至更具"杀伤力"。这导致了今天的新闻媒体一边不自觉地充当"推手"，一边极力辟谣。

传统媒体新闻框架的消解在一定程度上有其有利的一面，但从另一角度来说，开放的信息源会产生信息量庞杂、真伪难辨等问题，没有了传统把关人的筛选，受众在直面大量信息时将极大地考验媒介素养水平。

第十章　新闻渠道：如何传播

"去中心化"的传播渠道新格局

> 新闻是对人有价值的信息，媒体是能使人
> 与人、物与物以及人与物产生联系的物质
> 实体。

当我们讨论新闻的发展阶段，从报纸时代到广播时代再到
电视时代，直至与互联网结合的无限可能性时，其实是将媒体
视为一种信息传输的渠道。一部人类的新闻传播史也是媒体渠
道变迁的发展史。

一、渠道垄断的终结

从渠道的视角来看，互联网时代，渠道所传输的信息以电子化的方式传播，大大提高了渠道的流通效率，从根本上改变了媒介生态中原有渠道结构的基本概念、运行原理、商业模式等，对新媒体主体架构及与用户的关系有着深远影响。

如果说新媒体时代，新闻渠道与以前相比有什么不同的话，最大的不同就是，从曾经渠道相对稀缺向过剩转变，并由此带来相应的变化，其中最显著的就是渠道垄断的终结。

在传播渠道短缺的时代，媒体组织不管是报纸、广播还是电视，都拥有稀缺资源，也等于拥有了市场上的"霸主"地位。然而随着科技的发展，新媒体作为一种渠道资源的势能予以释放，无论是数量规模还是传播模式都有了革命性进步，这种新媒体增长的速度是惊人的。如果以达到 5000 万用户为标准，广播用了 38 年、电视用了 13 年，而互联网只用了 4 年时间。同样是互联网媒体，也面临着后浪推前浪的冲击与挑战。微信等新兴媒介形式不断崛起，曾经风光无限的门户网站也逐渐沦为了传统媒体。优秀 App 的迭代周期约为 22 天，即便领先的互联网企业也不敢懈怠。技术发展导致渠道资源以一种不可遏止的方式释放出来，信息传播渠道的数量规模及其品种质量都有了爆发式的增长，其结果是，一切我们过去熟悉的传播影响力的产生方式以及市场赢利模式都遭遇了空前的挑战。

从新闻内容的变化角度，有人把新媒体发展历程总结为 4 个"S"。第一个阶段：门户主导——See；第二个阶段：搜索主导——Search；第三个阶段：分享时代——Share；第四个阶段：社交时代——Social。演进历程可划分为精英媒体阶段、机构媒体阶段和大众媒体阶段。

一是精英媒体阶段。由于新媒体的使用与传播需要依托一定的技术条件，因此在新媒体诞生之初相当一段时间内，仅有为数不多的群体有机会接触新媒体，并使用新媒体传播信息。这部分人多数是新闻领域的专业人士或具有较高的文化素质及技术能力的人，因此这一时期是精英媒体阶段。

早期使用新媒体的人群在媒介受众群体中属于少数派团体，他们具有前卫的新闻传播意识，也掌握着更先进、更丰富的媒介资源，是新媒体的第一批受益人群。

二是机构媒体阶段。随着新媒体继续发展，其作用日益得到体现，并对传统媒体产生一定影响时，这时候以专业媒体为主，新闻机构开始大量使用新媒体作为传播手段。一些新闻网站的出现，日益改变人们的信息获取方式，并与传统媒体分庭抗礼。与此同时，传统媒体也开始建设自己的新媒体部门，利用新的技术方式延伸自己的信息传播渠道。

具体来说，机构媒体发展又经历了几个不同时期。

第一个时期，传播信息的渠道从纸媒、电视、广播转移到互联网，信息还是那些信息，但是渠道发生了变化。这是机构媒体的初级阶段，这个阶段不管是门户网站还是传统媒体的新媒体部门，哪怕流量很可观，都无法靠新闻信息订阅或广告的模式获得盈利，而是靠游戏、微博、视频或会员等其他方式盈利。

第二个时期，转载新闻或者少量生产新闻的网络门户开始转型，推出交互化功能，推动媒体的社交化发展。一些专业的网站专注于某一个领域，让"意见领袖"和"专业人士"有了用武之地。依赖技术上的创新，挖掘碎片化的时间和信息，加快内容的传播速度，更新了传播方式，机构媒体的传播效率得以提高、传播效能得以提升。

第三个时期，信息内容逐渐产品化，采用新颖的媒体形式，对话题和内容进行策划，与产品设计和市场营销相结合。这个阶段对内容提供者的能力提出了更高要求，传播内容也不再仅限于新闻，而是有着更丰富的表达。这个阶段的媒体不仅仅是"内容为王"，更是变成了"产品为王"，内容生产者融入媒体的经营中。评判一个内容产品好坏的标准，不再是内容话题本身，还包括它是否迎合了读者的需求，是否能给媒体带来用户量的增长。这也说明，未来的机构新媒体将不再是新闻内容的整合者，而是信息内容的生产商。同时，"产品为王"还将使得内容传播通过多渠道、多平台发布，内容生产商将不只是有自己的平台，还将充当着"通讯社"的角色。

三是大众媒体阶段。当新媒体大规模发展并得到普及时，其发展就进入了大众媒体阶段。直至今日，以手机等移动媒体为主的新媒体已为广大受众所享有，利用新媒体传递知识、信息和新闻，也成为媒介传播的一种普遍常态。

由精英媒体向大众媒体发展，离不开媒介技术进步所带来的传播成本的下降，新媒体以更低廉的传播成本、更便捷的传播方式以及更丰富的信息传播内容而成为一种大众媒体，其传播的内容及形态甚至改变了人们的生活方式以及人们对媒介本质的理解。

在大众媒体阶段，以往没有占据媒体资源和平台但具备新闻传播特长的个体，开始逐渐通过新媒体手段来发表自己的言论和观点，通过微信公众号、微博、社群和短视频等平台展示给受众，这是新的媒体发展阶段的一个标志。

在传播通道规模扩张和大量堆积的大背景下，传统的传播效能会有一个平均化的递减。过去我们认为最有价值的版面和时段等都会因为其大量"过剩"而变得价值打折；从传播效果来说，无论是舆论宣传的那种"媒体联动"，还是广告投放的那种"集中轰炸"，其传播效果都在明显衰减。尤其当传播的内容与大众的需要不相适应时，人们有限的注意力更会被稀释和转移。于是，"渠道霸权"时代终结了，一个新的传播竞争时代开始了。

二、日益丰富的新闻媒体形态

互联网技术的发展，使媒体呈现出与以往不同的形态，催生出更加丰富的新媒体。其中手机媒体成为最为大众化的媒体形式。

虽然发明手机的主要目的是用来进行语音通话，但是手机与互联网的结合使其成为重要的大众传播媒体。随着通信技术、智能技术的发展与普及，手机逐渐成为具有通信功能的小型电脑。手机媒体是互联网媒体的延伸，它除了具有网络媒体的优势之外，还具有携带方便的特点。特别是智能手机出现后，可以由用户自行安装游戏、导航等第三方服务商提供的程序，通过此类程序不断对手机的功能进行扩充，并可以通过移动通信网络来实现无线网络接入。

如今，人们通过手机不仅可以通话和发信息，还可以上网阅读新闻、收发邮件、游戏娱乐、订购商品与预约服务等。可以说，手机已经成为新媒体中的新媒体，成为网络媒体的延伸与组成要素，真正跨越了地域和电脑终端的限制，能够做到信息与新闻发生同步；接受方式由静态向动态演变，受众的自主地位得到提高，可以自主选择和发布信息，信息的及时互动或暂时延宕得以自主实现；从人际传播向大众传播发展，使得人际传播与大众传播完满结合。

手机媒体目前火爆的应用是微信。手机媒体中流行的内容形式是短视频。伴随通信技术的发展，短视频在 2017 年开始迎来爆发。头部短视频平台在智能手机、4G 网络普及的机遇期迅速发展，在年轻群体和下沉市场中收获大量用户。

除了手机媒体之外，互联网新媒体还包括网络电视、博客、播客、视频、电子杂志等多种形态。此外，还有数字电视、户外新媒体等渠道形式。在媒体形态快速变化的同时，大众使用信息和消费媒介的方式也发生重大改变，这意味着要用新的内容、新的渠道构建新的场景，来满足新的需求。

所谓媒介融合迭代时代，是指媒介形态更新速度越来越快，媒介界限越来越模糊。媒介形态越多、屏幕越多，说明信息传播的渠道越多，渠道爆发式增长背后的媒介演变逻辑是"互联网＋"的模式，也就是互联网与各种传统传媒形式的融合。比如，互联网加报纸是门户网站，互联网加电视是视频网站；当互联网升级为移动互联网时，"移动互联网＋"与传统媒介相结合又滋生出新的形态。移动互联网加门户网站等于新闻客户端，移动互联网加社交功能等于微信。互联网与以往媒介发展历程中技术变革的逻辑有所不同。以前一种技术产生一类媒介，比如，印刷术催生了报纸、杂志，无线电及其设备装置的发明产生了广播电视行业，而现在则是一种介质上产生多重媒介形态，单一的媒介形态已经不能满足需求，线性的发展逻辑被打破，各种媒介形态一拥而上嫁接在互联网上。

新媒体爆发式增长，信息跨屏传播，分散了用户注意力资源，带来了传播效能递减。以往渠道霸权时代，我们以收视率、市场份额的"绝对值"来衡量一档节目传播效果的方式受到了严峻挑战，亟待需要新方法论的诞生。当传播渠道不断裂变带来规模级数增长时，掌握一个通道所能带来的市场占有率被大大摊薄，甚至衰减到几乎可以忽略不计的地步。数量增长使整个媒体生态更加趋于一种熵增状态，收视率、收听率、打开率、阅读率下滑成为一种新常态。

这种变化不仅来自外部的新媒体，也有来自内部各种信息分发渠道的影响。比如，原来一个电视台最多有十几个频道，一份报纸最多有几个子刊，现在一个媒体平台动辄是数十上百个新媒体组成的矩阵，更不用说今日头条这样的超级平台。在这种情况下，媒体之间的竞争就是无限扩张的媒体渠道与有限的受众注意力之间的竞争，那么采取的路径主要是两条，要么是努力增加流量，成为"头部"渠道，从而成为马太效应的获益者；要么突出自身特色，靠差异化取胜。从这个意义上说，在渠道唾手可得的时代，媒体竞争主要已不是渠道的竞争，而是渠道所呈现的内容竞争。

三、渠道关系的深刻变化

在传统新闻媒体向新媒体转变的过程中，新闻渠道之间存在不同的关系，以电视行业为例，主要包括四种类型。渠道独播模式，是渠道中的一方对另一方拥有所有权而产生的控制权利，如湖南卫视的节目，网络上只在芒果 TV 播出；资源垄断模式，是基于企业优势的单边权利治理机制，如央视春晚、国外大型体育赛事等，由于渠道本身品牌、网络、信息等方面的优势对渠道另一方形成压力，容易存在价格溢价的情况；节目同播模式，这种是卫视与网站之间临时性的关系，以制作方节目售卖为出发点，比如，某档音乐选秀节目在浙江卫视与腾讯同步播出，台网两个渠道在权利对等的基础上以契约的方式加以约定；战略联盟模式，这是基于权利对等的关系规范型双边治理机制，两种渠道成员在权利对等基础上形成长期双边关系。

但随着新闻传播渠道的变化与传播方式的变革互相促进，呈现出以下几方面新的特点。

第一，技术赋能的趋势日益凸显。技术催生了新媒体的诸多变化，如载体的移动性不断增强，从电脑到手机等移动终端，App 大量出现；多介质传播成为主流，音频、视频、H5、小程序等被广泛采用；实时互动性更加明显，如电商客服、网络授课、直播等层出不穷;个性化需求的满足更加受到重视,如个性定制、算法推荐等。

随着大数据、人工智能、AR等智能化技术日渐成熟,推动内容运营方式大变革,从现在的社群化运营转变为未来的智能化运营,将为新媒体的融合与转型发展提供新的契机。具体来说,大数据将带来媒体生产与服务的新模式,扩展用户定位的广度与深度,凸显用户的反馈价值,挖掘深度、预测性的内容,提升内容的呈现与解读能力,并打破所有媒体的边界,构建大融合的媒体生态;人工智能将极大地提升和扩展信息传播和信息交互的能力边界,智能采访、智能问答、智能影视、智能助理等服务的发展完善,为每位用户提供个性化的专属信息化服务,提升内容信息的价值,而且大大缩小内容获取的成本,提升传播效果。

第二,呈现个体传播、组织传播、人际传播与大众传播交织的多重传播特性。新媒体作为当今优势媒体,集聚了自我传播、人际传播、组织传播和大众传播的全方位传播能量,从内容、渠道、受众三个方面打破了传统媒体的壁垒。以微信为例,朋友圈、微信群等具有个体传播、人际传播和组织传播的性质,同时又具备向大众传播演化的趋势。

2015年,在河南省实验中学工作11年的心理学老师顾少强,把一封辞职信放在了校长的办公室内,辞职信上除了标题和落款之外，就只有一句话——"世界那么大，我想去看看"。这封信一经媒体传播出去，就引起了巨大的关注和反响，无数人在微信朋友圈中转发，其轰动效应远远超过了当事人最初的预想，顾少强也因此成为网络名人。

从顾少强在辞职信中表达个人感受并向上司提交辞呈，到众多网友引发共鸣而在社交媒体上转发，进而形成现象级的传播事件，其原因可能在于切中了某种社会情绪而引发关注。在这个过程中，个体传播、人际传播和大众传播融为一体，界限被消泯了，这正是新媒体传播的显著特点。

第三，形成 UGC、PGC、OGC 并存的生产模式。按照内容生产者来划分，对于新媒体来说，主要有几种模式：PGC（Professionally-generated Content，专业生产内容）、UGC（User-generated Content，用户生产内容）和 OGC（Occupationally-generated Content，职业生产内容）三种。这三者之间既有密切联系又有明显区别。一个新媒体平台的 PGC 和 UGC 往往有交集，表明部分专业内容生产者既是用户，也以专业身份贡献具有一定水平和质量的内容，如微博平台的意见领袖、科普作者和政务微博。PGC 和 OGC 也有交集，一部分专业内容生产者既有专业身份（资质、学识），也以提供相应内容为职业（职务），如媒体平台的记者、编辑，既有新闻的专业背景，也以写作为职业领取报酬。而 UGC 和 OGC 一般没有交集。用户和职业内容提供商总是相对的。

UGC 和 PGC 的区别，是有无专业的学识、资质，在特定内容领域是否具有一定的知识背景和工作资历。PGC 模式一般有较为完善的内容加工流程，而 UGC 更倾向于个人化、碎片化的视角。PGC 和 OGC 的区别，主要在于是否领取相应报酬，以及创作内容属于个人版权还是属于职务行为。

第四，体验化、场景化、社群化的新传播生态。体验化内容出现代表着媒体内容决定着消费升级的方向。例如，参与性新闻就是一种媒体和用户之间协作、对话的过程。新媒体提供一个话题，邀请用户参与讨论、提供建议和反馈，甚至参与内容的创造。整个过程，新媒体会随时给用户分享角度、思维方式，交换评论意见并不断对内容进行更替和丰富，形成多频次、多连接的体验式内容，让用户产生一种主导意识，逐渐与媒体形成亲密关系。

打造高交互的场景内容，逐渐成为新媒体运营的重点。高交互的场景化内容有两个界定范畴：一是基于用户精准定位之上的垂直化、专业化的细分需求。例如，专业就医、精准理财、知识解读等，这些垂直、专业化领域市场成本高昂，且优质资源稀缺、竞争者少、交互性强，如果具备优质内容持续产出的能力，往往能快速收割该领域红利做到头部。二是标签化、圈层化、有温度、带有仪式感的场景卷入。这是用户痛点

（真实需求）和情感价值的链接。例如，"逻辑思维"传递的不仅是知识，还是精英智者的场景化想象。

社群作为差异人格化的群体汇聚，完成新媒体内容参与、反馈和商业转化的过程。社群由于目标用户精准，天然具备高黏性与互动性，因而存在三大赋能：一是通过 PGC+UGC 模式，避免个体创造力衰竭、内容同一化问题。二是重新诠释内容与商业之间的关系。与传统媒体靠一则新闻、一部剧实现"一锤子买卖"不同，社群中用户关系维系需要靠持续不断的内容力来推动，社群的存在与发展也必须以商业为基础，这就迫使内容成为商品，并在每一个生产、传播节点及与用户的连接点中都能实现商业转化。三是打破"前端内容 + 后端商业"的排定顺序，创建出最短变现的商业路径。社群改变了传统媒体先内容传播后广告变现的传统商业逻辑顺序，演变出先变现后生产的定制或会员模式、边生产边变现的打赏模式等，从而最大限度地缩短商业变现路径，加大了变现的频次与总量。社群以宽渠道、自营销、高转化等特点逐渐成为内容传播的主流方式。

第五，渠道所附生的传播价值随着媒体形态的变化而发生转移。当渠道为王的时代已经过去，过去因传播渠道而附生的价值正在衰减，在万物皆为渠道、产品皆可说话的时代，单纯的渠道在社会传播当中的地位和作用极大地减弱，而内容本身的吸引力及场景化、社群化的传播价值更加凸显。新媒体竞争时代的特点在于,传播渠道的拥有和掌控能力对于媒体核心竞争力形成的贡献将越来越小,而传播内容的原创能力及内容资源的集成配置能力、对于受众的吸引聚集能力、内容变现能力以及相关产业链的发展能力却越来越成为形成竞争的关键。

百花齐放的新媒体形态,以一日千里的发展速度在成长。但是多元化的信息传输渠道带来了两大挑战,一是聚合能力,在信息渠道过剩的大背景下,如何聚拢人们的注意力资源成为关键,于是以今日头条等为代表的信息平台、新闻推荐类客户端、各种指数排名榜单等都应运而生。二是转化能力,一个事件、一个话题,在什么媒体形态上播出并快速引爆成为关注的焦点。比如,综艺节目《爸爸去哪儿》,我们能够发现播出期间每周网络上都会有一个话题点引爆,并且引爆的峰值在节目播出前一天,这就完成了一档节目的自传播和在不同媒介形态之间的转换。

就传播内容的原创能力而言,由于外部资源的社会共享程度的日益提升,独家资源、独家素材变得越来越稀缺,很难成为一家新媒体常规性的核心竞争力的支撑点。因此,如何依靠自己的内部资源将外部共享的素材资源赋予附加价值就成了未来内容竞争的重点。换言之,内容竞争的重点已经由独家的素材、独家的新闻、独家的资源的竞争转变为独家的选择、独家的制作、独家的组合、独家的视角、独家的观点等的竞争。

四、"后真相"时代的渠道竞争

近年来，"后真相"概念吸引了包括学界在内的社会各界关注，成为社会热点话题。"后真相"指"诉诸情感及个人信念，较陈述客观事实更能影响舆论的情况"。脱离预计发展轨迹、受到大众主观认知和个人情感影响的事件，被称为"后真相事件"，如英国脱欧、美国大选等。在学术界对"后真相"的研究中，有学者区分了"生产领域"与"接收领域"，并提出后者才是"后真相"关涉的议题，认为"后真相"描述了公众对于真相宣称的反应，包括信息环境中太多似是而非的科学宣称令人无所适从，专家和机构的公信力下降，对科学与其结论的怀疑等。

从这一概念出发观察近年来国内的新闻传播实践与舆论环境，人们对新闻事件中核心事实的争议成为常态。这主要表现在新闻事件中频繁出现情节、原因、责任具有较大差异的反转新闻，甚至在媒体的调查、澄清与相关责任人的回应之后，事件中的核心责任仍然难以达成共识。这在近年来发生的"医患冲突""司法冲突"等争议性新闻事件中体现得尤为明显。

在媒介化时代，新闻报道往往会塑造人们对于争议性新闻事件的认知与情感。除了新闻报道内容（新闻框架）之外，新闻渠道也会影响受众对于信息的加工与解读，特别是在信息过载、人们注意力有限的情况下，渠道本身也是影响人们对于新闻事件进行解读的线索。

传播产品的社会价值无非表现为两种基本的价值层面：提供事实判断和提供价值判断。当外部的事实性素材的社会共享程度很高时，事实报道的准确、客观、迅速、全面、平衡就会成为传播工作的一种常规，新媒体在这一层面的价值表现会越来越平均化、社会化；而价值判断的独到性和深刻性，则更加考验着新媒体的竞争能力。

第十一章　新闻价值：如何体现

新闻成其为新闻的内在素质

> 究竟什么样的文字，才具有巨大的力量？
>
> 新闻的价值如何体现？

1949 年 4 月 22 日 2 时，一则发自长江前线的、不足 200 字的消息，引发了世界瞩目。直至今天，这篇消息仍旧是新闻写作的经典范本之一。

我三十万大军胜利南渡长江

【新华社长江前线二十二日二时电】英勇的人民解放军二十一日已有大约三十万人渡过长江。渡江战斗于二十日午夜开始，地点在芜湖、安庆之间。国民党反动派经营了三个半月的长江防线，遇着人民解放军好似摧枯拉朽，军无斗志，纷纷溃退。长江风平浪静，我军万船齐放，直取对岸，不到二十四小时，三十万人民解放军即已突破敌阵，占领南岸广大地区，现正向繁昌、铜陵、青阳、荻港、鲁港诸城进去中。人民解放军正以自己的英雄式的战斗，坚决地执行毛主席朱总司令的命令。①

简短的文字背后，透露历史转折关头重要的时局讯息。

1949 年 4 月 22 日，正值解放战争取得最终胜利前的关键时刻。"中国向何处去"这一历史之问，答案即将揭晓。在人民解放军发起渡江战斗、胜利曙光在望之际，毛泽东审时度势，写了这篇题为《我三十万大军胜利南渡长江》的消息稿，以笔为武器，为解放战争的决胜进行了舆论总动员。这篇不足 200 字的消息稿，因为事关全局，题材极为重大、昭示着历史前进的方向，故而一经刊载，便举世瞩目。

从更抽象的维度看，这篇篇幅简短、文字精练的消息稿，之所以重要非凡、力量千钧，是因为它具有与众不同的新闻价值。

---

① 中华全国新闻工作者协会编：《毛泽东与新闻工作大型展览图集》，学习出版社 2004 年版，第 46 页。

那么，究竟什么是"新闻价值"？在新闻理论与新闻实践中，新闻的重要程度往往用"新闻价值"来衡量。新闻价值关涉"新闻是否值得报道"的评价标准。现实中，那些"社会的关心程度强、社会的影响程度深、对社会的贡献程度大"的新闻，才会被着重加以报道。反过来说，这样的报道，受众也更加关心与注目。传统媒体时代，报纸、广播、电视的传播容量有限，因而必须要遴选出那些最具备新闻价值的新闻加以报道；新媒体时代，受众的注意力高度稀缺，所以势必需要撷取最具有新闻价值的内容加以凸显。

回过头来分析，开篇的案例，切中时代脉搏，回答了社会最关心的大局时势问题，让时人清晰地看见了胜利的曙光，更通过舆论的力量鼓舞了士气、振奋了人心。在历史的分岔路口，坚定有力地指明了时代大潮的前进方向。历史转捩点的前夜，一文定乾坤；也让后来人借此阅读端口，好似亲历历史，体会历史重大抉择中的瞬间与永恒。

一、新闻价值的构成要素：流动的事件与"不变的价值"

明晰了什么是新闻价值，那么，新闻价值的构成要素都有哪些呢？我们将新闻价值的构成要素拆解为五个不变的成分：新鲜性、重要性、接近性、显著性与趣味性。前三个构成新闻价值的"稳定三角",后两个构成新闻价值的"灵动两翼"。

其一,新鲜性。就是新闻报道的事实具有时间上的新鲜性或内容上的新鲜性。所谓时间上的新鲜性,就是指报道与新闻发生的时间差越小,新闻就越具有时效优势。与首发新闻相比,新闻报道除非提供更多的细节信息与背景资讯,否则就是毫无价值的废话。对时间上的新鲜性的追逐,也导致了为抢速度而造成的新闻失实现象时有发生。根据新闻史记载,第一次世界大战结束的消息,就是美国的通讯社合众社最先报道的。但是,"这次报道却'抢先'得过头,提前四天'宣布'了战争结束"。这也成为新闻史上不折不扣的经典反面教材。

与事件上的新鲜性相呼应的,是内容上的新鲜性。有些新闻报道本身并不具有显著的时效性,但内容新颖,也会满足受众获得新知、增广见闻的需要。比如,2021 年底,流行歌手陈奕迅演唱的《孤勇者》创造了意想不到的"文化奇景",甚至成为在小朋友群体间人人争唱的"儿歌"。从游戏背景音乐到"破圈"成功,这背后的原因是什么?"央视新闻"微信公众号就此,于 2022 年 4 月 8 日刊载报道《〈孤勇者〉为啥成了"儿歌"?孩子们的回答没想到》。其文详述了《孤勇者》这一流行文化事件背后蕴藏的时代价值追求。正如武汉的几名小学生给出的答案:

我最喜欢的一句歌词是"谁说站在光里的才算英雄"。对啊，难道没有闪光灯，不为人知的人不算英雄吗？

即使你身处绝境，站在悬崖旁，正值低谷期，我想，这首歌也能激活，唤醒黑暗中的你。

一首原本是写给成年人的流行歌曲，却能够在小朋友中广为传唱，成为"爆款"，这背后的原因，也值得仔细体味。在困境中，如何面对挫折，这是成长中的一门必修课。

无独有偶，同样是流行文化对少年儿童的影响，另一则新闻却对此表达了忧虑。2022 年 9 月 19 日，河南许昌的一位小学教师在批改作文的时候，发现其中写着"栓 Q"（网络用语，表示"很无语"）与一段看不懂的《栓 Q 之歌》歌词。该教师直言："我当时看到，头都是晕的。"随即，这位教师将其发布在网络上。没有想到，这样一件看似无关紧要的小事，却引发了网友热烈的讨论。

讨论中，有人觉得兹事体大，有人觉得小题大做，还有人认为应当与时俱进并合理引导。姑且不论孰是孰非，"栓 Q"这一新鲜的网络流行语，成为人们重新反思网络与少年儿童语言乃至思维习惯关系的引爆点。

除此之外，新鲜性还包括一个特殊的侧面。如果说"第一"具有新意，那么"最后"同样具有新意。比如，1994 年 4 月 30 日，《人民日报》海外版刊登报道《尼克松告别人生》，记述了历史"风云人物"尼克松在人生舞台上的最后画面：

"死神选择一个春日的夜晚，悄悄带走了尼克松。"

"守护在他身旁的是两个女儿特里西娅和朱莉。"

"有一阵，尼克松被唤醒，但无法对特里西娅和朱莉说些什么。"

"他是美国的第 36 届总统，也在 1974 年连任了第 37 届，因'水门事件'他被迫在那年 8 月辞去总统职务……"

"在加州的约巴林达镇，尼克松的出生地，人们排着队，默默地祈祷着他的重回。"

这篇报道在历史与现实的交错互映中，展示了风云时代的历史人物谢幕的最后场景。"最后"，也同样具有了新闻价值。它提示我们，新鲜性在时间轴线上，分布在起点与终点的两端。

其二，重要性。就是新闻报道对公众有着重要影响。新闻事件本身的影响力越大，就越具有新闻价值。这种影响力包含时间上的影响力（影响深远）与空间上的影响力（影响面广）两重维度。

重大时政新闻的空间影响力与时间影响力自不待言，此处对重大时政新闻具有的重要性要素不再赘言。接下来，让我们来看两则案例，理解重要性在除去重大时政新闻外的另一重表现形态。

2021 年 11 月，商务部印发了《关于做好今冬明春蔬菜等生活必需品市场保供稳价工作的通知》（以下简称《通知》）。《通知》中有一句，"鼓励家庭根据需要储存一定数量的生活必需品，满足日常生活和突发情况的需要"。结合当时疫情防控形势与时事热点，此通知一出便旋即引发热议。对此，有媒体阐明了《通知》的深意：

> 通知中的这句话，主要针对疫情防控，部分小区临时封控，可能造成生活不便。从长期看，也是倡导居民提高应急管理意识，增加必要家庭商品储备。

纵观整个舆情事件，《通知》中的一句话，说其轻微，不过30余字；论其重要，影响力不仅"溢出"局部，也"溢出"当下。结合特定的时空环境，其引发社会的普遍关切，也就不足为怪了。衣食住行，百姓日用即为道。如果套用唐涯在《百姓日用即道：中国改革中的世俗理性》一文中提到的观点，整个社会不是一个封闭的静态过程，而是一个开放的集体学习的演变过程。正是这些微不足道的日常习惯改变，潜移默化地改变集体行为与社会心态。此则舆情热点，可谓既影响面广又影响深远，展示了看似"寻常"的新闻中所蕴含的重要性这一价值要素。

除了食品储备，还有食品安全。让我们再来看一则与"民以食为天"相关的热点事件：

2022 年 10 月 1 日，一则"海天味业回应酱油添加剂争议"新闻一度冲上微博热搜。随即 10 月 4 日，位于广东佛山的"中国调味料龙头老大"海天味业发布官方声明《中国品牌企业的责任、担当与呼吁》，借以回应被舆论高度聚焦的其产品国内外"双标"争议。从回应结果看，质疑的声浪反而愈加"汹涌澎湃"。

柴米油盐酱醋茶，既是人间烟火气息，又折射出民生关切。因其寻常，就容易成为被遗忘的新闻角落；因为重要，极容易滋生网络舆情啸聚。据统计，2021 年我国的酱油产量为 788.15 万吨，海天味业酱油产品的生产量占据了 265 万吨、销售量为 266 万吨。有人戏称，"谁也躲不过海天"。其产品影响范围之广、之深可见一斑。"海天""苯甲酸钠"（一种食品添加剂）舆情风波，将食品添加剂如何正确使用的话题，推到了公众面前。面对出口与内销调味料为何食品添加剂使用标准不同的争议点，"吃了好多了，希望是好的"的一句网友评论，让人看到了"小事物"发酵成大议题所具备的潜质，也让人看到了"小事物"勾连环境背景后所能激发出的能量。

其三，接近性。包括地理上的接近与心理上的接近。地缘上越接近，就越容易得到受众的关注；心理上越接近，就越容易得到受众的关切。这里着重讨论一下心理上的接近性。

2022 年，河南商丘工学院食堂的一则告示意外走红网络。

这则告示写道：

温馨提示

同学，如果你目前正遇困难，可到二楼餐厅任何一个窗口去吃饭；待经济情况好转了再付（钱——引者注）；我们餐厅二楼愿意为你排忧解难；相信一切都会好的，我们一起加油！

二楼全体员工宣

这样一则质朴无华的告示，却让很多网友深受感动。对大多数网友而言，可能从未与此校有过任何交集，但这则新闻让人重拾对大学教育本质的思考，反思陌生人之间如何建立彼此信任与守望相助的关系。谁没有经历过"至暗时刻"？扶危济困、传递爱心的道德感召，让人心在此汇聚。正如《新京报》评论所言：

"生活即教育"，这样的大学教会学生的不只是学科知识，更是如何做一个有温度、有情怀的人。[1]

心理上的接近性，让这则地点不显著、事件不重大、时效不突出的新闻，拥有了打动人心的力量。

这则新闻提示我们，新闻追寻客观的表达，但新闻也为社

---

[1] 胡欣红：《高校喊学生免费吃饭，"网红食堂"也是育人课堂》，《新京报》微信公众号 2022 年 9 月 25 日。

会输送共通的情感框架。

当然，这里亦需提醒，自媒体时代，我们在感受"情绪过山车"，沉浸"时而真实、时而虚构"的情感环境时，也需擦亮双眸，明辨真伪，将心理接近性建立在牢固的事实基础上。

以上，我们分别讨论了新闻价值中的新鲜性、重要性与接近性。除此之外，事件、人物、地点的显著性，新闻蕴含的趣味性因素，因其"自带流量"，亦构成新闻价值要素的另外两个成分。此两者含义明晰，故而不再多论。

二、新闻价值的把握原则：流动的事件与"多维的价值"

了解了新闻价值构成要素中的五个不变"成分"，下面再让我们从知识价值、经济价值、社会价值、心理价值等四个维度，透视流动变化的新闻事件中新闻价值多元的侧面。

其一，知识价值。知识不仅可以充当新闻背景，扮演"配角"，还可以增益见闻，反客为主，成为新闻的"主角"。特别是在知识经济时代，知识就是社会竞争的智力资本。供给知识，就是在提供理解变幻莫测的世界的基础逻辑。

2022年夏季，我国南方出现极端高温。正当赤日炎炎似火烧、酷热难耐之际，一则名为"今年或许是未来10年最凉爽的一年"的话题冲上热搜，吓坏了网友。

事情原来是这样的——有自媒体"引证"中国科学院大气物理研究所的"发现"称：

2022 年是我国有完整气象记录以来，最炎热的一年……但这可能只是个开始。根据中科院大气物理研究所 2020 年 6 月发表在《自然·通讯》上的论文称，未来西北太平洋副热带高压将进一步增强，这也会进一步导致极端天气的产生……同时也意味着中国东部和南部的高温热浪风险增大。而就在论文发表后不久，论文的预言就成了现实。

此文一出，恰似火上浇油，让本就燥热难安的人们直呼崩溃。然而，科学的真相是否果真如此？8 月 23 日，中国科学院旋即发文辟谣，对公众进行了科普。中国科学院官方微信公众号"中科院之声"发表了专题为"大气悟理"的科普文章——《未来十年会更热？这篇论文究竟说了什么？论文作者来告诉你答案！》

这篇科普短文解释了科学论文产生的背景、聚焦的主题以及对现实的意义。事实上，这篇论文以百年为尺度观察气象变量，故而被称为"气候预估"，而非短期的"天气预报"。该篇论文根本不涉及温度预测，而是为适应与减缓长期气候变化提供了科学的参考。由此看来，自媒体们显然"格局小了""目光短了"。如此这般，哪能纵观天地间的风云变幻、给出建设性的应对之策？

当然，在知识爆炸时代，更要注重检验"知识价值"究竟价值几何。这是观察新闻价值知识之维的反向视角：首先，鱼龙混杂的知识市场，让不少伪知识大行其道——此为知识之误；其次，良莠不齐的意见供给，极易遮蔽专家与"砖家"间的"智识""鸿沟"——此为智识之扰。

2022 年 9 月 30 日，《中国青年报》发表题为《"建议专家别建议了"？公众对专家有哪些期许》的评论文章，恰恰表达了公众对专家群体的一种期许：

> 过去一段时间，"建议专家别建议了"的话题受到网络热议。在我看来，目下，反感某些专家建议和支持某些专家建议的情形都存在着。无论是十年前还是更早前，也大体如此。作为一个颇为古老的互联网用词，"砖家"一词不是今天才造出来的，而"良心专家"的说法也早已有之。
>
> …………
>
> 在时代的进步、环境的变化中，一些专家在知识结构、知识储备等方面不仅没有进步，反而落后了；不仅落后了，还可能拖了"冰雪聪明"的网友的后腿。[1]

---

[1] 伍里川：《"建议专家别建议了"？公众对专家有哪些期许》，《中国青年报》2022 年 9 月 30 日。

以此观之，作为专家，为公众提供知识价值之时，应当谨记发言者的社会职责；作为受众，汲取知识价值之际，应当不忘甄别新闻的知识价值是否"货真价实"。

其二，经济价值。市场经济环境中，不对称的信息供给会造成信息差。在这个信息的级差中，往往天然蕴藏着巨大的经济价值。新闻报道正可以通过传播信息、填补信息沟，将这种蕴藏的经济价值激发出来。

具体看，其有两种表现形态：一是大处着眼；二是小处着手。

让我们先来看第一种表现形态方面的案例——亚洲金融风暴中的中国经济"基本盘"：

1997 年 7 月 2 日，泰铢的美元汇率暴跌，亚洲金融危机在泰国爆发，其后迅速席卷东南亚地区。回过头看，从货币危机到金融危机，再到全局性的经济危机，亚洲经济情势彼时可谓千钧一发。据报道，危机仅爆发 20 余天后，1997 年 7 月 25 日，"泰国外债余额就高达 900 亿美元，占 GDP 的 49%"。金融危机是否会冲击中国？中国如何面对外部金融形势的严峻挑战？这成为举世瞩目的焦点问题。企图做空中国者有之，妄图唱空中国者亦有之。面对异常复杂的金融形势与舆论情势，7 月 27 日，《中国日报》刊登重磅述评报道《人民币将继续坚挺中国拒绝金融风暴登陆》。报道以专访外汇专家为契机，阐明了中国与泰国的情况完全不同的基本事实判断：

"不可能会有大量外资短期内流出中国而导致人民币大幅贬值，引发金融危机。"

"中国有足够的外汇储备防范可能出现的金融危机。到上月底，中国的外汇储备已达 1209 亿美元，并将在今后继续保持增长。"①

述评报道的最后，亦通过专家之口，对未来继续做好防范次生风险提出了警示：

虽然东南亚的金融风暴不会对中国的金融业产生冲击，但可能会给中国的出口带来一些不利的影响。货币贬值将增强东南亚国家的出口竞争力，同时加大中国对这些国家出口的难度。

这则述评报道主动出击，在第一时间占据了舆论制高点，一定程度上起到了拨正舆论风向、稳定社会人心的积极作用。"信心比黄金更重要。"在危机关头，新闻报道能够助力遏制蔓延于市场中的非理性情绪，让更加充分的信息供给洁净信息短缺所造成的噪声环境。

---

① 任侃：《人民币将继续坚挺 中国拒绝金融风暴登陆》，《中国日报》1997 年 7 月 27 日。

据 2013 年获得"诺贝尔经济学奖"的罗伯特·席勒（Robert J. Shiller）的研究显示，不论是"市场波动"，抑或"非理性繁荣"，历史的"翻云覆雨手"背后，都有着公众态度、意见与道德评价等无形因素的有力影响。故而人心所向，确乎不可小觑。再综合上述案例，不难发现，原来新闻报道在历史的"分岔路口"，竟然有着这样鲜为人知的巨大经济价值。

亚洲开发银行发布的《1998 年亚洲发展展望》的统计数据指出：

"受金融危机影响，1997 年亚洲发展中国家经济增长速度从前年的 7.5% 放慢至 6.1%。"

"东南亚地区的经济增长率从前年的 7.1% 下降到 3.9%，为过去 20 年的最低点。但是，中国和亚洲的新兴工业经济的平均增长速度仍分别保持在 8.8% 和 6% 以上。"

事实证明，中国经济发展状况与人民币汇率稳定以及强大的增长信心，成为稳定亚洲经济的"压舱石"。

让我们再来看第二种表现形态方面的案例——一辆自行车背后的中国经济深度观察：

曾几何时，中国被喻为"自行车王国"。而如今，机动车成为人们通勤出游的主要载具。截至 2022 年 9 月底，全国机动车保有量达到 4.12 亿辆。但疫情以来，参与骑行的人越来越多。骑行成为"2022 年最受欢迎的运动方式之一"。有数据显示"2021 年上半年，在轻工业的全部 19 个大行业中，自行车是为数不多的增加值增速超过 30% 的行业，高于全国工业增速 18.4 个百分点"[①]。

但是，随着消费的升级，人们的自行车消费需求早已今非昔比。高端化成为自行车市场消费的主潮。一辆自行车能有多高级？能有多昂贵？市面上一款叫作"小布"（Brompton）的折叠车受到追捧，其"售价在 2 万到 10 万元不等"[②]。

据统计，2021 年，"中国的自行车产量为 7639.7 万辆"。如此庞大的产能、如此巨量的市场，本应该让中国自行车企业傲视群雄。但是，实际情况远非如此。正如有报道指出，我国自行车企业"把持全球 6 成产量，却没有自己的高端品牌"。产量高，但创新度低、附加值低，是自行车生产大国成为自行车生产强国面临的难点。产品亟待推陈出新，产业亟待转型升级，成为中国自行车制造向"高端化"迈进过程中必须正视的"难点"与"痛点"。"两个轮子"成为折射中国制造业发展的一个"晴雨表"。

---

① 参见李明子：《骑行热潮之下，国产高端自行车被"卡脖子"》，《中国新闻周刊》2022 年 8 月 22 日。
② 苏缘：《大城市工作五年，全款买不起一辆自行车》，《新周刊》微信公众号 2022 年 10 月 11 日。

"两个轮子"悄然划分了高端市场与中低端市场的界限：

"产能集中在中低端、产品利润率低，是中国自行车产业的痛点。""面对这一波汹涌的运动骑行热潮，国产品牌远远没有准备好。"

"但在这场'盛宴'中，国产品牌能分到的蛋糕并不多……荷兰、德国是自行车产业发展较成熟的市场，集中了高端骑行品牌。"

"国内市场 1000 元以上的自行车变速器，年需求量约 800 万套，95% 的份额掌握在日本禧玛诺和美国速联手中。"[1]

一辆自行车背后的故事，是新闻报道作者对中国经济转型的深度观察。见微而知著，这篇报道所蕴藏的经济价值，正在于此。

此外，不可忽视的是，新闻报道还可能对报道主体产生"负向的"经济价值。比如，前文所述及的海天味业案例，据《财经》记者的专题报道显示，"添加剂"风波让资本市值 3000 多亿元的海天味业在 10 月 10 日"接近跌停"[2]，其市值一天蒸发了 358 亿

---

[1]　李明子：《骑行热潮之下，国产高端自行车被"卡脖子"》，《中国新闻周刊》2022 年 8 月 22 日。
[2]　张云：《添加剂争议未消，海天味业股价跌超 9%》，《财经》杂志微信公众号 2022 年 10 月 10 日。

元。不言而喻，这样的情况，于危机情境中的新闻主体而言，是巨大的利益损失。但换种视角看，于社会整体而言，却可能有着重要的公共价值。

以质量为本，及时回应消费者的合理诉求，积极做出危机响应，才能避免新闻报道出现"负向的"经济价值；否则，稍有不慎，就可能引发舆情危机，招致信誉危局，甚或带来难以预料的艰危情境。

其三，社会价值。新闻报道聚焦的社会议题，往往成为观察社会发展的"风向标"。这些新闻或是涉及公共治理，或是涉及公序良俗。新闻报道的社会价值体现在推动社会"善治"与维系社会共识上。

让我们先来看一则有关公共治理的社会话题报道：

随着我国城市化进程的加快，社区治理越来越受到人们的普遍关注。社区既是共享的生活家园，也是社群矛盾容易激发的场所。从"美宅"到"宜居"，不仅需要保证实体居住空间的建筑品质，更需要社区中人与人之间和谐共处。现实生活中，社区却屡屡因为各种或大或小的利益冲突，成为社会微治理的痛点。

比如，有篇题为《魔幻业主群：骂物业、拱房价、画大饼》的专题报道，就以社区业主群为报道对象，透视了"自踏入业主群的那一刻，便进入了一个复杂且动荡的圈子"的普遍社会现象。在这个虚拟的线上群体中，现实中的各种利益、矛盾彼此交织，让人足以体会到社会微治理原来并不简单，不仅不简单，还可能是一项复杂的系统工程。

具体来说，有物业与业主之间的"恩怨情仇"——物业管理员并不容易，但是也经常会以"拖延回应"等多种方式"应付业主的诉求"。

有业主之间的"爱恨纠葛"——邻里关系"剪不断，理还乱"，甚至让人哭笑不得，欲说还休。业主之间既可能是利益共同体，也可能是包容理解的"绝缘体"。

有个段子是这样说的：如果出现邻里矛盾，双方陷入争论的时候，最管用的劝架的话是"你俩吵架影响我房价了"。

但是，如果"业主之间关系支离破碎，自治难度只会更大"。社区就是一个小型社会，哪一个环节运转不畅，都会影响机体的效能。如何提升社会微治理水平，抹平社群间的隔阂，架设共治的桥梁，确实值得深入思考。以此观之，这些看似小的问题，却具有重大的社会价值。

打通社会公共治理的微循环，需要透彻了解其背后深藏的治理密码与底层逻辑，而这些，正是新闻报道彰显社会价值的关键所在。

让我们再来看一则有关"民间良俗"的社会话题报道：

2022 年 9 月 28 日，山东省菏泽市单县"为 20 对'零彩礼''低彩礼'新人举办集体婚礼，倡议喜事新办、婚事简办"引发关注。县委书记担当证婚人，让这则新闻更加具有了与众不同之处。但是，有新闻报道（评论）也敏锐地观察到，移风易俗自是好事，但社会风俗的改变，既要与时俱进，也要防止一蹴而就。[①] 以文化人、成风化俗，尤为重要。正如该篇报道文尾引述《东方今报》的评论："有一天，没有县委书记证婚，'零彩礼''低彩礼'婚礼也能成为潮流，或许那才是婚俗改革的真正成功。"

不论是社会公序，抑或民间良俗，新闻报道可以通过"嵌入"社会的肌理，为"乡土中国""县乡中国"与"城市中国"的善治，提供从"大地中生长出来"的一手观察。

其四，心理价值。"世事洞明皆学问，人情练达即文章。"新闻报道除了具有影响有形的物质世界的上述价值，还具有影响无形的精神世界的心理价值。运用好这种心理价值，甚至可以发挥出意想不到的战略效果。

新闻史上就有这样的著名案例：

1948 年 10 月，蒋介石为了挽救东北败局，命令傅作义率重兵偷袭华北军事要冲石家庄，企图威胁中共中央和中共华北局领导机关，妄图以此"改写"战局。

---

① 参见蒋子文：《"县委书记为零彩礼新人证婚"，移风易俗不可能一蹴而就》，澎湃新闻 2022 年 10 月 1 日。

此时的情况十万火急——西柏坡附近我军主力空虚。然而，毛泽东泰然处之，一方面调集部队连夜赶往石家庄附近准备迎击敌人；一方面利用舆论宣传工具，揭露蒋介石的阴谋。当年10月，毛泽东接连为新华社写了三篇电讯稿，拆穿了蒋军的军事企图。蒋军见此，吓得不敢再轻举妄动。这三篇电讯稿堪称"新闻心理战"的典范，发挥了"一笔曾当百万师"的巨大功效。古语所言"不战而屈人之兵"，此之谓也。

在三篇电讯稿中，最著名的一篇当属10月31日发表的《评蒋傅军梦想偷袭石家庄》：

……蒋介石最近时期是住在北平，在两个星期内，由他经手送掉了范汉杰、郑洞国、廖耀湘三支大军。他的任务已经完毕，他在北平已经无事可做，昨日业已溜回南京。蒋介石不是项羽，并无"无面目见江东父老"那种羞耻心理。他还想活下去，还想弄一点花样去刺激一下已经离散的军心和人心。亏他挖空心思，想出了偷袭石家庄这样一条妙计……总之，整个蒋介石的北方战线，整个傅作义系统，大概只有几个月就要完蛋，他们却还在那里做石家庄的梦！[1]

《孙子兵法》有云："上兵伐谋，其次伐交，其次伐兵，其

---

[1]　《革命回忆录（第14辑）》，人民出版社1985年版，第176页。

下攻城。"战争既是硬实力的较量，也是人心向背与双方心力的比拼。新闻报道的心理价值，在生死决战的疆场上，得到了淋漓尽致的展现。

第十二章　新闻效果：影响了什么

告别"流量至上"思维

> 在传统的新闻传播理论中，受众是新闻效果被动的接受者，主导权掌握在新闻发布者手中，受众是被"魔弹"击中的"靶子"。网络的发展使这一理论实现了迭代和退场。

2017年，《人民日报》利用微信做了一场营销活动。"总理给我发红包""两会喊你加入群聊"两个H5，利用了红包和群聊这两个用户经常用的微信生态和互动形式，产生了裂变式的传播效应。从那以后，每逢重要节日或重大活动，《人民日报》

等主流媒体都会推出花样翻新的互动项目，主流媒体的吸引力与趣味性的游戏，让无数网民纷纷参与其中。

这是互联网时代新闻传播的典型场景，迥异于传统媒体单向度的信息传递，新媒体与生俱来的双向乃至多向"交互"与"沟通"，使新闻传播对受众产生的影响，变得更加迅捷、更加广泛，也呈现不同以往的社会效应和舆论效果。具体而言，随着新媒体平台的出现，网络可以提供多方向的交流和互动。网络用户围绕社群和部落等具有亲密属性的横向网络关系，不断发声、讨论和评价，其影响力也与日俱增，从而更彻底地践行了互联网发展的核心理念——共享与参与。

正如学者胡正荣所说："全媒体时代，每个人都可以成为自媒体，生产、发布消息，因而他们成为消费与生产的复合体，而非传统意义上的受众。"在这一过程中，生产者和消费者的界限也日渐模糊，相比 Consumer（消费者）这个词语，取而代之的是 Prosumers（新型的、主动式"专业消费者"）。

由此，新闻对受众所产生的影响和带来的社会效果，已不再是发布者说了算，而必然要将受众纳入其中。受众与新闻传播主体之间持续的、深入的互动，使自身也成为新闻传播效果的重要生产者和重要来源。因此，探讨新闻传播效果这一话题，我们需要考察以共享为主要特征的新的传播环境，并关注影响新闻效果变化的相关因素，进而分析传播效果的衡量标准及提升途径。

一、共享、共情与共识：从单向传播到深度互动

共享行为，自从人类社会形成以来就存在。互联网则是实现共享理念的绝佳载体，为公众参与生产过程提供更大的可能性。关于"共享"，拉塞尔·贝克这样定义："把属于我们的分配给他人使用，或把属于别人的东西拿来供我们使用的行为和过程。"共享理念的内在属性是"人人参与、人人尽力、人人享有"。这就决定了，共享不只是结果导向，也是过程导向；不单是权利，也是义务。从实践看，如果只强调共享，不强调参与，易导致"搭便车"思维乃至"公地悲剧"，唯有各界互动协作，创造共享价值，且避免零和博弈，各个利益攸关方才可能共享更高水准的成果。

自从互联网勃兴，越来越多的人成为网络原住民，共享精神日臻成熟，"把属于我们的分配给他人使用"蔚然成风。Prosumer 这个单词原本是阿尔文·托夫勒（Alvin Toffler）提出的概念，强调信息/网络时代的人们可自己生产内容，同时消费其内容，譬如 UCC（User Created Content）。在商业化时代，借助新媒体，人们之间通过分享（Sharing）创造出来的价值可以有效变现。互联网的共享基因，不仅仅提供了供需之间更为便捷的沟通渠道，而且建立了一套行之有效的信用制度。诚如

纽约大学学者阿鲁·萨丹拉彻在《分享经济的爆发》一书中所指出的那样："当新的商业模式与适用于旧商业形式的规则发生冲突时，事实上我们已经回到了一个将信任建立在社会共识和信誉上的模式里。"这在本章开头所述的《人民日报》所做的互动项目中体现得非常明显。

不过需要特别指出的是，在互联网上的共享活动中，人们理所当然地奉行"拿来主义"，很多人不关注信息的所有权，随手转发成为共享的常态。西南政法大学民商法学院学者黄汇认为，一篇原创博文、一条 140 字以内的微博，甚至是一张原创图片，根据著作权法规定，不需要登记授权，只要满足独创性要求，原作者都依法享有著作权，受到相关法律法规的保护。因此，普通网友和机构在转载传播他人原创内容时，要增强法律意识，必须注明来源，尤其是原作者声明禁止转载的，必须尊重原作者权利。

共享除了作为一种信息分享行为频频出现，从而加速和扩大了信息传播之外，其带来的影响还包括在广大受众当中形成情感的共鸣，即产生共情，以及带来社会观念和思想意识更趋于合意，即形成共识。我们先看共情是如何产生的。

和谐的人际关系是人类社会平稳发展的基础，而"共情"则在人际交往的过程中扮演着举足轻重的角色。研究者认为，共情的意思是"感觉代入"（Feeling Into），是人类拥有的一种从心理或精神上进入他人感受世界的能力。一般认为，心智解读、情感共鸣（Affect Matching）以及移情动机（Empathic Motivation）共同激发了共情，它意味着去感受而不只是了解他人的经历，从而产生愉悦或者痛苦的情感共鸣，这有助于个体理解和共享他人的感受，用中国人的话说就是"将心比心""设身处地""换位思考"等。

2020年席卷全球的疫情，让举世焦灼。疫情期间，来自日本的捐献物资上写着"山川异域，风月同天""青山一道同云雨，明月何曾是两乡"等赠语，让无数中国人感受到了暖意。这种暖意并非仅仅出于雪中送炭的捐助，更是出于这些赠语表现出的"empathy"。它们告诉中国人、告诉湖北人，我们同处一片天空，你们不孤单。

在传统媒体时代，新闻效果达到"共鸣"的境界，能让人从理性上认同，就已经不容易了。而在新媒体时代，一切都是扁平化的，手机等终端成为身体的延伸。清华大学新闻与传播学院教授、博导沈阳就说过，现在我们每天摸手机大概150下，每个人每天被摄像头拍500次，手机距离自己不会超过1.5米。所以从传播学的意义上来说，人类正在成为一个新的物种。新媒体传播在共鸣的基础上更追求共情的效果，让更多人对所传播的内容感同身受。

有研究显示，当人们的生活逐渐被社交媒体占据后，个人的共情体验会迅速通过社交媒体圈子"传染"给其他人，进而形成"病毒式传播"。在社交媒体上流通着的信息内容，包含文字、图片、视频、音频等可见元素，其背后还蕴含着情感、态度、情绪、观点等。当人们在自己的社交媒体圈子范围内看到他人分享的信息内容，并感受到某种情绪，就会设身处地把自己的感情也融入进去，"悲伤着你的悲伤，快乐着你的快乐"。

信息内容中隐含情绪、情感等"传染物"，一旦引发社交媒体上不同圈子人群的"共情"，就会打通社交媒体上强关系圈子和弱关系圈子的界限，并沿着社交媒体弱关系链条"传染"到更大的范围，达到无远弗届的程度。当愈来愈多的人被这样的情绪传染后，大量的分享和转发行为就产生了。最终，这些文章极有可能会成为热点中的爆款文章。

那些取得成功的内容创作者，无不是在想方设法调动人们的情绪，让人不由得产生"共情"。他们的内容不仅仅是传统意义上的媒介产品，而且道出了用户想说的话，表达了用户想抒发的欢喜、愤懑等情绪，然后以用户易于理解的、直白的方式表达出来。这种内容产品让用户"你懂我"的情愫油然而生，从而让用户产生"共情"体验并对内容创作者产生深深的认同。

如果说共情是新形势下媒体传播希望追求的直接效果，那么，新闻传播在效果上更重要的旨归，则是希望凝聚社会共识。

共识（Consensus），是指一定时空背景下不同的利益主体对某一事件或价值理念形成的公共认可或共同认识。简言之，共识就是意见一致。有学者指出，共识应当在承认社会现存差异的前提下来努力消解或弥合各阶级、各阶层的分歧。多元共识的形成其实就是这样一个过程，不同阶层和阶级的利益主体通过利益表达、利益互动、利益妥协来寻找多元价值、理念之间的平衡点。新媒体的勃兴，为不同的利益主体提供了新的协商与对话的平台，它使话语权朝着均等化方向发展，使互动更为活跃，助力多元共识的达成。

在传统媒体语境下，政府拥有绝对的话语权，社会精英拥有部分话语权，普通公众的话语权相对微弱。新媒体平台的出现，为普罗大众的利益表达提供了可能性。如果说微信朋友圈类似"私家庭院"，庭前都是自己熟识的好友，那么微博则更类似于公共广场，广场上的人都戴着有形或无形的"面具"，具有一定匿名性，这也让人们更敢于、更愿意发表意见。

新媒体平台，让每个人都拥有了麦克风，公众与政府、社会精英一样，都有了"发声"的机会。新媒体环境下，政府、社会精英、普通公众三类主体可以在同一平台进行扁平式的对话，这种对话方式不同于传统的科层制下的垂直性对话，其显著特点就是话语传递的通达性。

在新媒体平台中，存在着大量因为相同的社会地位、相近的文化背景、相似的理想信念而聚集形成的圈子，其内部成员在互动中能够遵从理性原则，理性表达，即使存在不同意见，彼此之间也能够较好地理解和包容。

举例来说，每年的打工大军里有形形色色的人，其中不乏一些有才华的人，以前很多这样的人无人知晓，他们记述个人遭际的文章更是乏人关注，如今借助于新媒体，一篇《我是范雨素》的文章刷爆了朋友圈。

我的生命是一本不忍卒读的书，命运把我装订得极为拙劣。我是湖北襄阳人，12岁那年在老家开始做乡村小学的民办教师。如果我不离开老家，一直做下去，就会转成正式教师。我不能忍受在乡下坐井观天的枯燥日子，来到了北京。我要看看大世界。那年我20岁。

这段文字摘自文章《我是范雨素》，作者范雨素是一名北漂育儿嫂，酷爱文学，在打工生涯中一直没有放弃写作和对文学的追求。这篇文章在短时间内迅速风靡网络，成为现象级的传播事件。

从传播的角度来讲，范雨素的走红，源于有着较低社会地位、过着贫苦生活的人，拥有着看似"不对等"的才华。作者的身份特殊，以前受众接触这类文学作品大都源自作家，而范雨素本身就是文章描述内容的主体，"现身说法"给人们强烈的情感冲击。而一篇小传式的文章，折射出很多社会层面的问题，如农民自身的局限性、打工子女受教育问题、农民土地问题等。从"共情"带来的情感冲击，到"共识"所引发的一些社会思考，使这篇文章给很多读者留下了深刻印象。

2018 年年底，电影宣传片《啥是佩奇》在新媒体平台开始"刷屏"。该短片讲述一个住在大山里的爷爷询问孙子过年想要什么，却仅听到"佩奇"两个字的故事。于是查字典、问乡邻，终于靠他人的描述，用鼓风机制作出一只粉红色的佩奇。这个简单的故事让很多网民看后为之"共情"，并迅速开始走红。尽管这是电影宣传片，却被当作绝佳的故事短片广泛传播。该片的成功就在于准确把握了亲情主题，引发了网友的共情，进而塑造了重视亲情、注重家庭的社会共识；抓住了"过年""团圆"的时间节点，激发了网民的情感沉浸；并通过"乡土化"的传播方式，拉近了短片与网民的距离，进而收到"刷屏"之效。

二、新闻内容供给与接受端出现的新变化

（一）新媒体在内容供给端与传统媒体的内容相比，呈现出诸多不同的特点

第一，针对目标读者采取对象化写作。新媒体写作一般都

有相对明确的读者边界，不会面向全部的公众，也不会只针对极少数人，而是会在客观分析自身和读者的基础上，自觉确定目标读者范围，针对特定年龄、特定地域、特定性别、特定价值观、特定动机、特定习惯的读者。比如，《写给中国大学生的七封信》，很明显是写给学生的；《新手妈妈必读》，一眼就能看出是写给新手妈妈的。

读者分析的目的是为了细分市场定位。过去的报纸、电视台、杂志，是希望所有人都来看的。但是新媒体的特点是细分化、窄众化。每个新媒体都有自己细分的目标市场，比如，同样是介绍电子产品，有的媒体侧重于产品测评和比价；有的侧重于介绍不同的品牌，提供试用机会；有的侧重于使用方法和应用技巧；有的侧重于深度分析和趋势介绍；还有的侧重于讲自己的心得和故事。同样都在一个领域，不同定位的新媒体会呈现截然不同的内容。

第二，在传播效果的目标导向上追求有用性，就是能给读者带来什么。这种有用性，可以是物质上的，可以是情感上的，也可以是知识上的或精神上的，总之要让读者从这儿得到有益的东西。或者我们可以把这种有用性理解为让读者愿意付出时间、精力和注意力的交换价值。有数据显示，84.2%的用户认为深度和专业是好内容的首要条件，其次是内容的及时和准确。如行业热点出来之后，第一时间的分析和解答，给用户带来一手的高质量内容非常关键。相反，很多"鸡汤"类的公众号，可能在短期内煽动大家的情绪，快速吸引很多用户和阅读量，但是围观过去之后，并不能增加媒体本身的价值。

从某种意义上说，这也是内容产品的商品化属性越来越明显的体现。进入自媒体时代，内容生产者要致力于在用户和媒体之间形成一种新的、更加相互依存的关系。内容即产品，不管是个人媒体还是媒体平台，是可以通过各种手段变现而产生收益的，媒体平台还能吸引更多的内容生产者加入新媒体创作中来，拥有更多优秀作者提供的优质内容，才能吸引更多"粉丝"（媒体的关注者、追随者）关注。媒体与"粉丝"互为资源，成为通过内容连接在一起的价值共享的利益共同体。用户逐渐学会了用眼睛投票，用钱包投票。用户对内容首次付费的驱动因素，超过一半是因为内容质量，而那些粗制滥造的低俗内容会被抛弃；只有具备质量深度、专业见识的内容，才有可能促使用户付费。

第三，用户参与形成强交互关系。高互动性、强参与感，是新媒体的一个很大特点，也是相较于之前的媒体形式最大的改进。在新媒体上，很多人看文章的乐趣在于看留言，看新闻的乐趣在于看评论，看视频的乐趣在于发弹幕消息，读者和观众越来越希望成为内容产出的合作方，而不仅仅是一个阅读者。

新媒体写作中的读者互动主要包括两部分内容：一是接受读者反馈、回答读者提问，让读者有被关注和照顾的感觉；二是根据读者的反馈调整自己的内容，提供更有价值的文章。

新媒体内容具有自传播属性并形成相应的阅读社交关系，这是与传统媒体内容的不同之处。过去大家看一篇文章，看完就完了，顶多在少数人之间传阅，不会形成大规模传播。而在新媒体上，随手就能转发，范围可以很广，链条可以很长，有时候爆款的文章可能会有几百万、几千万的阅读量。这些阅读量很多都是由转发带来的，在阅读的同时，还会带来互动、评论等，从而变成了一个社交场。

什么样的内容转发量高呢？它需要内外两种推动力。外在推动力就是有人促成转发，比如，转发给朋友，求朋友转发，或者设置转发激励，这是最常见的推动转发的方式。内在推动力就是内容自身的传播性，好的内容自带传播力，在没有外界要求或激励的情况下，大家都愿意自主转发。一般来说，内在推动力能让内容传播得更远，因为好的内容可以通过新媒体上的社交关系影响更多的人。所以，新媒体内容的自传播属性越强，产生的阅读社交就越广。

新媒体当中的人脉链传播改变了传统媒体传播模式，把每一个读者都变成了传播的载体，读者既是受众同时又是内容的传播者，这样的传播效力可以无限放大，甚至形成几何级数增长。通过人脉关系链的传播，可以在不增加任何成本的情况下增加内容的传播量和媒体的影响力。而这一切都来自内容本身的质量和传播性。

第四，呈现多元风格的调性差异。在传统媒体时代，我们评判一篇文章时，最基本的评判叫作语言通顺、文笔流畅，这意味着达到了写作的基本要求，让人看着舒服；再高一级，我们说深入浅出、扣人心弦，这意味着在叙事和语言上达到了比较好的水平，让人愿意深入了解；再进一步，我们说跌宕起伏、发人深省，这意味着至少在价值观和逻辑上更上一层楼，让人有所思考；最厉害的，我们说震撼心灵、超凡脱俗，这就意味着在各方面都有比较好的表现，已经带给读者巨大的心理冲击了。但对于新媒体来说，是否有好的传播效果，标准似乎没有那么复杂，那就是"有风格"。什么叫风格？其实就是有自己的独特性，用新媒体的语言来说，就是有自己独特的调性。

受众在接受一个新媒体的内容时，最希望获得的感觉是在与一个人产生联系、互动，谁愿意跟一个机构对话呢？风格化意味着赋予新媒体人格化特征，增强用户的印象，从而使自己更有黏性、更有活跃度。如一个微信公众号的设定是体贴温暖的暖男形象，面向的群体 80% 都是女性，那么运营者是不会忽视每一个需要安慰的女性的，至少每一条留言都会认真回复，从而树立和维护好"暖男"的人设，增加用户的信任度和黏性。

传统媒体写作就是写文字，因为内容就是文字的组合，一篇文章发挥的空间就是如何组织字、词、句，最多再加上图片，做到图文并茂。新媒体写作扩展了写作的空间，一篇文章里可以配图、配音乐、配视频、引入其他文章，进行各种排版，做动画效果等。多媒体的出现丰富了新媒体内容的表现形式，也更符合现在的读者需求。比如，以最简单的排版来说，过去的文章要么顶格，要么段首空两格，现在很多新媒体的文章喜欢居中排版，以短句子和多个段落实现文章内容的快速转折。

新媒体内容还有个很显著的特征，就是内容的时效性特别强。有一种说法，说新媒体上的文章寿命只有24小时，一篇文章发出去之后24小时，如果不能引起反响和讨论，之后也就很少有人阅读了。

什么样的内容有热度呢？一般跟新闻热点有关的内容会引起更多关注。让自己的内容结合时事新闻，以热点新闻做引子，结合自己的定位，转到叙述自己专业领域的事情上，这在新媒体写作中叫作蹭热点。

蹭热点最关键也最困难的是找热点的角度。娱乐新闻、体育赛事、重大政策、时事要闻等都可能是热点，但如何从这些热点转到自己想说的话题上去，并做到独树一帜？且蹭热点也是一把双刃剑，有时候蹭不好很有可能反成为众矢之的。

（二）在内容供给端发生种种变化的同时，阅读需求端也同样在发生着变化，影响了新闻效果的达成

一是碎片化对长逻辑的消解。新媒体内容阅读的一个很大特点就是碎片化。这种碎片化，既指内容的碎片化，也指阅读时间的碎片化。从内容角度来说，新媒体更多是资讯的传递，满足受众的即时需求，容易变成一种"浅阅读"和"快餐阅读"，这种特质会造成新媒体内容流于表面，承载的思想内容受到影响。从时间角度来说，单位时间内，读者在不同的内容间切换注意力，造成时间被分割，更难集中注意力进行深度思考和专注阅读。

传统媒体或者经典的阅读，其内容多具有一种"长逻辑"，不管是思想表达上、内容深度上还是专注性上都是如此，这样的阅读方式容易让读者对一些事物形成比较深入的观察和思考，形成完整的知识体系。而当新媒体的"碎片化阅读""浅阅读"铺天盖地包围人们时，这种"长逻辑"不断地被消解，源于"时间短""深度浅"而产生的焦虑现象越来越普遍。读者或用户明明在网上花费了大量的时间，却感觉远远没有获得自己所期待的提升。阅读的质量达不到预期，但是，

时间已经用掉了。为了缓解焦虑，读者投入更多的时间在阅读新媒体文章上，但愈发觉得短文没什么用，长篇没时间看。因此，关于碎片化阅读是否真的能帮助我们获得更多有效信息的疑问越来越多，引发的相关讨论也越来越多。

商业嗅觉敏锐的人捕捉到了这种情绪，发现了商机，针对这种普遍性的焦虑，制作了各类课程，核心卖点多是"解决你的知识焦虑"。这种模式是否有足够的效果，每个人有自己的感受，但从社会整体知识增长的角度来说，还很难得出结论。从读者阅读的角度来说，如果能意识到碎片化阅读潜在的不足，自觉用"长逻辑"的视角来构建自己的阅读和媒体使用行为，利用新媒体海量的信息和快捷的优势，帮助自己扩展信息触角，完善知识管理，但又不完全替代更加深入和沉静的阅读方式，将是更有益的，甚至还会发现，经过适当的安排，碎片化阅读还可以为传统阅读带来非常好的引流效应。

二是增值化背后的粉丝经济。随着新媒体的大量出现和竞争，拥有粉丝变得越来越重要。在新媒体模式当中充当重要角色的就是粉丝经济，一个媒体平台如果不能"聚粉"，那么这个媒体将会慢慢失去它的价值。可以说，新媒体之战其实就是粉丝之战，新媒体营销的目的就是获取高质量的粉丝，拥有了粉丝就等于拥有了影响力和变现的可能。运营新媒体的关键，也在于如何获得更多更高质量的粉丝。

在粉丝经济中，粉丝不仅是简单的内容接受者，也不仅是被动的消费者，更是为媒体增值的人群。媒体付出一定的成本吸引粉丝，目的也是为了让这些粉丝为自己创造更多的价值。创造价值的方式，除通过各种方式变现，如带货售卖、打赏、社群付费、知识分享付费等之外，媒体平台的一个很重要的商业价值指标就是粉丝所带来的，包括粉丝数量结构、阅读量、转发量、互动活跃程度等，也就是说，哪怕读者没有在某个新媒体上付出一分钱消费，他付出的阅读时间和注意力，也将成为媒体的商业价值，可以转化为广告和流量等经济指标。这就是粉丝带来增值作用的粉丝经济奥秘之所在。

要想获取更多的粉丝，需要拥有多个价值输出的渠道，这样才能保证新媒体的活跃度。对于新媒体来说，刚开始关注的粉丝往往很活跃，可是随着时间的增加，很多粉丝的活跃度就会下降，新媒体只有源源不断地增加粉丝才可以保持平台的活跃度。所以新媒体需要不断地输出内容，如"日更"，强化互动，形成生态，突出特色，在稳定原有粉丝的同时不断增加新粉丝，保持活跃度，才能具有更好的商业价值。

三是社群化带来的连接与自组织。社群 (Community) 源于拉丁语，德国社会学家滕尼斯 (Tonnies) 最先将"社群"这一词用以描述人与人之间的关系。经典的社会学理论认为，社群是基于一定的血缘、地缘、文化认同而形成的共同体。在媒体领域中，社群是指因某种共性而相互联结并且有一定边界的共同体。随着互联网传播技术的发展和普及，基于共同的价值取向，网民能够在线上聚集，形成网络时代的社群。

新媒体的火热发展离不开新媒体所特有的社群化特征，即利用社群传播模式，打造社群品牌。互联网和社会化媒体的发展为网络社群的形成提供基础和平台，基于共同的兴趣、价值取向或特定目标的用户通过社会化网络结成"部落"，这是社群的雏形，当其不断向外辐射聚集成"圈子"时，则在本质上形成"社群"。成功的品牌营销要迎合人们内心的"部落"情结，一些新媒体的社群化发展也是基于用户的共同需求、身份认同感和情感归属感。

按照社群内容可以将社群划分为产品社群、知识社群、兴趣社群和行业垂直社群等。纵观现在的新媒体，平台、创作者和用户的互动功能已经成为一种标配，这就意味着媒体的内容创作和传播已经过渡到内容与关系相结合的阶段。用户在阅读或者购买内容产品时，除了考虑该产品是否给自己带来实用性，也会考虑其能否满足与其他用户之间交流互动的需求。这就要求媒体要将社群与内容融合，满足用户的多样化需求，吸引更多的用户关注；更要求媒体运营者必须十分重视与用户们的互动，使用户对平台或媒体账号的依赖性逐步提高，并在用户间构成网状连接，为用户之间因兴趣或知识分享等而自组织的聚集创造条件。

四是分众化及其精准垂直的传播特点。在新媒体环境下，与新媒体内容供给的内容细分与聚焦相对应，在阅读上呈现分众化的特点，每个读者群体都更愿意阅读与自身兴趣、需求、特点更符合的内容，在内容的选取上更加个性化、专业化，这也意味着在媒体内容的组织和投放上需要更加精准垂直。

在新媒体中，传统的利用人口统计特征进行分类，已很难把握愈加捉摸不定的受众市场，即使是年龄、教育、收入基本相同的消费阶层内部也可能由于态度、观念的不同，呈现出逐步分化离散的"碎片化"状态，拥有相似生活形态的受众逐渐重新聚集，最终形成分众群体。

为满足受众的需求，新媒体的内容需要规避信息同质化，增强对特定群体的针对性和贴近性，即通过对信息进行分类加工，精准传播到目标人群中，充分满足受众的需要，从而实现传播效果最大化。相对于传统媒体，新媒体凭借自身特点，在分众化传播上具有更加明显的优势。传统媒体大多是批量传播，导致某一特定信息总是与其他信息混杂在一起，人们为获得这一特定信息所支付的时间成本很高，且与报偿未必成正比。新媒体的开放性、互动性、便捷性等，将更好地弥补这一不足，满足分众化传播的需求。

五是匿名化与"媒体人格"的诞生。匿名化本身是网络时代的一个很大特点，最经典的说法是"在网上，没有人知道你是一条狗"。特别是到了新媒体大发展的时代，匿名化的趋势更加突出。每个人在网络世界中都有一个或多个网络身份，而很少会以真实身份示人。这意味着在使用新媒体、消费新媒体内容时，受众的身份是隐藏的，在屏幕的后面阅读、评论、发表观点。好处在于这样能够带来发表意见的活跃，但弊端也是显而易见的，就是匿名化带来的责任意识减弱，传播虚假信息、情绪化、非理性等现象也就难以杜绝。

与此同时，新媒体与传统媒体不一样，自身也可能出现"匿名化"现象。传统媒体必须具有一定的资质、正式登记注册才能运营，而新媒体开通一个账号就能发布内容，除了平台后台知晓其真实身份，往往受众并不知道新媒体的内容提供者的真实情况。另外，新媒体受众之间也是互相匿名的，往往还在这种状态中形成社群，进行密切互动。

新媒体与受众、受众与受众之间的互为匿名现象，带来了"媒体人格"的出现，这种"媒体人格"与真实人格之间既可能是一致的，也可能是不同的，甚至同一个人在不同的媒体场景中会呈现不同的"媒体人格"。根据需要，一个人可以出现"自我推销者""意见领袖""热心人""段子手""讲故事的人""商业从业者"等多重人格。这也意味着，仅仅从媒体内容和互动关系上认识一个人是不够的。

六是柔性化与作者边界的拓展。新媒体极大改变了传统媒体信息交互和生成的主体和方式，内容生产更加柔性化，生产者与消费者之间没有泾渭分明的界限，作者边界逐步拓展，用户也可能转化成作者。

新媒体的一个重要特征就是话语权的下放和去中心化。信息的发布不再像过去一样集中在大型媒体机构手中，每个人都可以参与到信息生产中来。新媒体的出现和移动终端的不断发展使得每个人都成为自己的记者和报纸。受众从单纯的信息资源消费者变成了信息的生产者和发布者，信息的生产具有了更多可能性，更加多元化。信息的话语权不再高度集中，用户生产内容出现并伴随着社会化媒体的发展而迅速成为网络信息传播的重要方式。

微信、微博、知乎、豆瓣……越来越多的平台给予用户发声的可能，与此同时，越来越多的新媒体利用自身在粉丝群体中的强大号召力和话语权，进行话题或者有关某一主题的内容征集，收集反馈，平台进行二次筛选并整合发布，由此形成一种新的内容产出。这种内容产出多为强烈涉及个人人生经验、大众普遍关注的话题，能引起受众共鸣，常常拥有可观的受众参与度和传播效力。而这种构建场景、吸引粉丝后利用粉丝进行内容生成的信息生产方式，是用户生产内容新的表现形式：粉丝生产内容（FGC）。

七是场景化催生的用户体验。新媒体利用自身建立起来的平台，通过具有特色的图片、文字、音视频等内容，构建了一个集信息分享、阶层定位、情感维系等于一身的场景，增强用户体验，成为越来越多被采用的内容传播与营销方式。

场景化是指在某个特定场景中完成信息的传播与沟通，强调的是被传播的信息在一个相匹配的场景氛围中被传递出来。受众对场景化传播的体验是，面对一个用文字、图像等勾勒出来的场景，这个场景一定是自己生活中遇到过或者想象过的，在这些信息的激发下，当时的场景从记忆的储存中被调取出来，在这个场景中受众与潜在的对象进行沟通，受到引导，被氛围所感染，产生情绪与想法等。

场景化还意味着，生活场景媒体的价值凸现。把内容传播和品牌营销渗透到目标群体必经的生活场景，例如，电梯媒体、电影院映前广告、机场广告、车库中的广告等，从而实现对用户的"强制到达"，在媒体碎片化的时代越来越成为新媒体的首选方式。相较于主动寻找目标用户群体的形式，线下利用用户每天最日常的生活环境下的媒体消费空隙，更能实现内容高频传播和有效到达。

八是高频化导致的媒体依赖。新媒体使用的高频化，已经成为明显的现象。人人都有手机，随时可以联网，交流即时快捷，在带来种种好处的同时，也不可避免地带来了"新媒体依赖症"。这种依赖首先体现为时间依赖。据统计，全球网民在过去7年花在社交媒体上的时间增加了60%，其中中国2019年每人每天平均花在社交媒体上的时间为139分钟，比2018年增加了19分钟。但中国网民花在社交媒体上的时间跟其他国家相比并不是最多的。

其次体现为信息依赖。在新媒体时代，一切信息都来得不费吹灰之力，看似极为快捷和方便，然而问题也随之而来。过去传统的学习方式是将知识先记下来，然后再通过大脑加工。虽然这种方式在现代遭到很多人诟病，但不可否认，先记下知识，随后回顾、咀嚼，这样学习容易深入。而相反，由于现在新媒体信息量大和检索方便，省去了记忆的过程，提高效率的同时，导致很多知识来得快去得也快。过于贪图和依赖新媒体所带来的便捷，也使很多应当掌握的常识夹杂在海量的信息中转瞬即逝。信息过载带来的结果就是，无法在任何信息上停留足够的时间，并在脑中留下足够深刻的印象。不仅如此，习惯于快速和浅层的阅读，直接获得直白的信息，也会使读者忽略思考的过程，造成"有了网络就有了一切"的错觉，在纷繁庞杂的信息中"乐此不疲"，违背认知的自然规律。

在新媒体时代，过于依赖或者单纯排斥，都不是最好的选择。与新媒体本身具有的优缺点一样，对受众而言重要的也许不是如何去评价它，而是如何正确使用、有效选择，提高善用新媒体的素养。最好的效果是在新媒体中不但获取知识，也从新媒体提供的新奇内容中产生放下手机、电脑，深入生活本身去挖掘、去体验、去思考的欲望和动力。

三、衡量传播效果的标准

如何评价新闻传播效果的好坏？应该说，衡量效果有客观存在的标准，比如，占领受众心智空间的程度，对社会带来影响的深度和广度，对群体心理造成的波动强度等。但这些表征很难直观地、量化地加以呈现，所以人们在实践中往往简单地将主动获取新闻信息的人群数量作为评价效果好坏的尺度，在传播媒体时代，体现为收视（听）率、阅读率、传看率等指标，在新媒体中则体现为阅读量。一篇文章、一则短视频能否在短时间内获得 10 万＋的收看和点击量，成为发布者关注的结果，也成为大众对其评价的标准。

互联网时代，新媒体的访问量被通俗地称之为"流量"，具体包括网站页面的浏览量、新媒体账号的用户量、新媒体文章的阅读量和转发量等指标。随着流量成为移动互联网行业的红利，带来的影响就是"流量为王"成为新媒体的追求，阅读量、转发率等代表流量的数据成为新媒体内容生产者竞相追求的目标。

如前所说，流量变成衡量传播效果的表层指征。媒体追求流量本身无可厚非，毕竟影响力需要一定的覆盖面和触及率作为基础，流量本身并没有"原罪"。但是也要看到，在流量导向下，部分新媒体存在产出低俗吸睛信息、恶意蹭"热点"的内容追逐流量变现等不良倾向。需要引起思考的问题是，新闻媒体应该追求什么样的流量？用何种内容来追求流量？这里面有一个正确的目标与正确的手段相结合的问题。正确的理解应该是，追求流量是塑造影响力的手段而非目的，流量大小应该与影响力的强弱成正相关关系。

抢夺流量，不仅是影响力的厮杀，也是话语权的厮杀，是信息获取与传播速度的竞争，是对受众心智空间的争夺。尤其在社会热点事件发生时，能够最快获取并传播信息，抓住公众获取该信息的时间窗口，就能抢占先机。

例如，在2020年新冠疫情期间，前期在信息并未充分公开的情况下，市场化媒体、自媒体对信息做了有限度的披露。早在2019年12月30日，落款为武汉市卫健委医政医管处的红头文件《关于做好不明原因肺炎救治工作的紧急通知》就已经在网上流传。其间有媒体率先发表文章《独家：武汉不明原因肺炎已做好隔离，检测结果将第一时间对外公布》，报道中武汉市卫健委确认确有"不明原因肺炎"的存在，进而引发其他媒体的跟进报道。

然而由于武汉卫健委官方信息称，"尚未发现明确的人传人证据，不能排除有限人传人的可能，但持续人传人的风险较低"，官方媒体也未对此进行跟进报道，导致大部分媒体忽视了对此次肺炎的追踪。公开信息的不完善、不及时，从而导致了其他媒体、公众对疫情的误判，同时由于农历新年的到来，导致公众未能对此保持高度关注。

也因此，当疫情的严重性浮出水面时，公众一方面要求及时、准确公开信息，另一方面却对一些发布的信息保持怀疑。媒体在报道上多偏向正面报道，虽然能够在抗击疫情期间给公众以短暂的安慰，但是这种方式并不能满足公众第一时间获取第一手疫情信息的需求。与此相比，部分自媒体的表现为不少网友所称道，它们将视角定在普通民众的遭遇上，更加开放地挖掘医疗专家的资源，多元化的报道视角、正视灾难的破坏性，给普通人以心理抚慰，从而获得不少读者的青睐和信任。

不管媒体形态如何变化，渠道的丰富和表达方式的多样，并没有从根本上改变受众这个群体。在新媒体时代，受众不仅仅是传统意义上媒介传播的对象、信息接受的终端，也是内容生产的参与者、内容传播的互动者、传播行为的共同完成者。如果不了解受众，内容生产无异于闭门造车，内容传播也会异化为自说自话，那么效果也就无从谈起。

所以，要实现好的传播效果，核心还是要理解受众，与受众同呼吸共命运，只有这样才能贴近受众，得到受众的情感认同和心理认同。有了这样的基础，流量是一个水到渠成的结果。只有理解受众的传播，才能摆脱自说自话的困境，才是有效的传播。了解和把握受众的媒体需求，是追求传播效果的重要环节。受众是基于什么样的目的或者动机来使用大众传播媒体的？英国著名的传播学者丹尼斯·麦奎尔通过大量的研究调查，将受众需求归纳总结为以下四点：

第一，消愁解闷。如受众通过收看娱乐性节目、消遣性文章来逃避日常生活带来的各种制约，摆脱苦恼、消除疲劳、释放情绪等。

第二，人际关系。我们这里要说明两种人际关系，一种是拟态人际关系，就是受众会对节目中出场的主持人和嘉宾有一种熟人或者是朋友的感觉；另一种就是通过讨论节目内容，可以融洽家庭关系、建立社交圈子的现实人际关系。在这里，拟态人际关系还可以某种程度上满足受众对社会互动的心理需求。

第三，自我确认。受众可以从媒介报道的事件和矛盾冲突的解决办法中提炼出自我评价的参考框架。受众通过这种比较能够引起自身行为的反省，并以此为基础协调自己的观念和行为。如《半岛日报》就经常刊载如何处理办公室人际关系的内容。

第四，监视环境。受众通过大众传播媒介还可以获得与自己生活直接相关或间接相关的各种信息，可以及时地把握周边环境的变化，如房产信息和商业信息等。

　　具体到新闻传播实践当中，具有如下特点的传播行为，更能够得到受众的青睐：

　　一是理解受众的痛点，触达人心深处的焦虑。焦虑不外乎两种：一种是源于公共政策的不确定性，比如，网约车的规定出台后，和一个人的打车有什么关系？比如，治理拆墙打洞，和一个人的早餐有什么关系？另一种是源于公共生活的不安全感，比如，当受众看到一个大学新生被网络诈骗，会发出疑问，我会被骗吗？当受众看到魏则西搜索求医信息反而招致祸端，会产生疑虑，我上网安全吗？

　　理解受众的痛点，就需要触达人心深处的焦虑。这种焦虑，来自制度性问题，来自社会矛盾比较尖锐的问题，来自民众反应比较强烈的问题。

　　二是理解受众的利益，解读社会深层的问题。北京大学国家发展研究院经济学教授汪丁丁写过一篇文章，谈论"新闻敏感性"。他认为在当代中国，就最近和未来几年而言，我们可以列出的最重要的领域及其重要性如下：

　　经济领域——关于劳动、土地、住房、自然资源、货币、汇率、收入分配、教育及人力资本等方面的公共政策，与人力资本问题相关；公共卫生领域——关于医保、医院、医疗等关键性服务的公共政策，与经济问题相关；政治和法律——劳资谈判、政治民主、反官僚主义、反腐败、规范政府行为等；社会领域——生育、抚养、家庭问题、底层社会、文化遗产、绿色运动等；国际关系——主要由中美、中日、中俄、中欧等方面构成的博弈格局的变动，以及超越策略博弈，在人类前途与世界秩序等根本问题上的长期对外政策的具体化和清晰化。

新闻，尤其是严肃新闻，必须时刻把握住公共政策的基础问题，而不是在因果关系的浅层次上观察和报道。新闻越是重要，就越要涉及广泛社会现象，以及所决定的因果链条或因果网络的深层结构。可以说，理解受众的利益，就需要解读社会深层的问题，而社会深层的问题，必须经过"重要性"这个参数的衡量。

三是理解受众的追求，把脉个人成长的动力。从公共层面看，每个人都有对美好生活的向往和追求，具体来说，社会层面包括幼有所育、学有所教、老有所养、病有所医、壮有所用、事有所公；从个人层面看，每个人都有七情六欲，都有自己的愿望和追求、心声和期盼。特别是在社会多元化、竞争激烈的当下，更要理解受众，理解受众的追求，为受众的个人成长提供助力。

比如，自媒体"摩登中产"关注刚刚成为中产阶层或即将成为中产阶层的城市白领人群或家庭，并对此划了5个维度：年龄在28到45岁之间；家庭固定年收入在30万—200万元；对生活品质的追求是精良的，不是合格也不是奢华；对公益、理想、梦想都有追求，如朋友圈的轻松筹，他们都愿意奉献自己的爱心，但是是有限度的；有稳定伴侣或稳定家庭，会更看重教育、传承、家庭责任。这个"受众画像"，很精准地将中产阶层的个体成长作为自己的服务对象。这就为其内容规划和生产明确了范围和定位。

四、提升传播效果的途径

新闻传播正被技术、社会、经济、文化等各层面的力量推动，不断向前演进。要做好新闻传播，就必然面临解决传播效率和传播效果的问题。如何提升效率、改善效果，是媒体传播需要关注的重要问题。新媒体时代，传播离不开网络、平台、应用等技术性因素，但技术并不会决定一切。综合各种因素，善用新媒体传播，是提升传播效果的基本要求。

（一）如何提升传播效率

提升传播效率就是要解决"快"的问题，体现媒体传播的时效性。运用智能化的传播方式，是提升传播效率的重要手段。在提升传播效率方面，一方面借助大数据和算法等技术手段；另一方面就是传播主体要提升传播水平，把握传播规律。新闻人吴迪认为：媒体的"时、度、效"，关键是要在新闻热度处于最高值时提供有效供给，满足受众更深层次的阅读需求。要想做到这一点，提前量非常关键。如果媒体传播不能体现快的特征，不能先人一步，不能及时回应，则不能发挥出新媒体的优势。在现实传播场景中，有的新媒体账号，开而不用，用而不足，是新媒体传播效率不高的一个表现。

（二）如何改善传播效果

改善传播效果就是要解决"好"的问题，体现媒体传播的效果性。以微信为例，要想改善其传播效果，要有一定的粉丝基础，要有符合受众需求的内容，还要经常和粉丝保持密切及时的互动。符合这三个条件，就可以保证微信传播内容处于一个较好的传播效果水平。

新华社官方微信公众号的传播就值得关注。其主要经验有：一是做好标题。"所有的媒体都在同一时间拿到了同样的信息，这时候，媒体报道比的是什么？比的就是谁的标题更有新意、更具有长尾传播的能力。"二是贴近热点。"除了重大的快讯以及有关重要的时间节点的原创，还要紧贴社会热点，因为社会热点是当下网友最感兴趣的。"三是人格化运营。"主流媒体只要坚持树立人格，找准定位，放低姿态，结合热点，就肯定会有成功的那一天。"如果媒体账号开设之后，频繁发布和更新，但是没有粉丝，没有阅读量，没有粉丝互动，则说明该新媒体的传播效果不佳，传播运营不灵，需要反思和改进。

（三）如何提升传播精度

有观点认为，新闻舆论工作的"度"包括报道的准确度、内容的高度、分析的深度、思考的角度、逻辑的严密度等。这些都要把握尺度，不能"欠火"，但也不能"过火"。这种不同尺度的把握，体现在媒体传播方面，就要求尽可能做到精准。提升媒体传播精度，就是要解决"准"的问题。所谓的准，有几个不同的层次：一是时间准，二是平台准，三是媒介准，四是标题准，五是内容准，六是受众准。如果能够在准确的时间，利用准确的平台，通过准确的媒介，凭借准确的标题，依托准确的内容，传递给准确的受众，那么这个传播则是精准的。当然，目前的精准传播，更多的是传播平台对于受众内容分发的精准性。作为传播主体的个人要想在大型移动互联网传播平台上获得精准发布内容的赋权，则不甚容易。一种精准传播方式是自己的内容被平台推送；另外一种方式是自己根据掌握的经验，根据自己的粉丝群画像有针对性地制作内容，进行传播。

但是在解决媒体传播精准问题的同时，也要警惕信息茧房现象的形成。清华大学新闻与传播学院教授彭兰认为："信息茧房问题虽然因个性化推荐算法等技术的发展而日益成为研究热点，但它所指向的人们的选择性心理带来的信息视野狭窄以及观点、立场固化等，并非新的现象。从新媒体传播来看，人们的视野与其获取信息的路径以及相关的信息过滤机制相关，社交网络、平台、算法等都有可能在一定程度上固化人们的信息获取路径、强化人们的选择性心理，信息茧房的形成，是多种因素的共同作用。要破解信息茧房，同样需要依靠算法与平台的优化、信息供给侧的改进以及个体媒介素养提升等多方面的路径。"媒体传播是为了形成开放的世界、开放的传播，而非封闭的世界、封闭的自我，因此，对于因算法和非算法形成的信息茧房现象都要保持足够的警惕。

（四）如何把握传播频率

把握传播频率就是要解决"量"的问题。只有符合传播规律的传播才是成功的传播，其中规律之一就是要有正确的传播频率。信息匮乏的媒体是没有生命力的，而信息过载的媒体也效果不佳。如何保持既活跃又持续的传播频率，则是一个需要关注的重要问题。不同类型的媒体有着不同的传播频率，把握好各自的频率，才能回应受众的需求，并引导受众的期望和习惯。相同类型的媒体在同一时间区间有着趋同的传播节奏。这种传播节奏和受众以及平台的时间节奏具有内在的联系和内在的一致性。

以微信为例，有研究者认为：粉丝最需要的，其实是持续的优质阅读，倘若给了你三次推送权限，而你偶尔推送三次，经常偷懒只推送一次或者两次，推送的内容不注重受众需求，不对媒体内容做适合于微信端阅读的文案化、可视化改造，不注重用视频、动图、表情包等元素，不注重对用户留言的管理以及互动，这样的公众号，即便拿到更多次数的推送权限，也无济于事。如果没有优质内容做支撑，推送频次和内容的简单增加，还可能导致持续掉粉。对于微信来说，总体而言，推送频次太低，容易造成微信公众号的沉寂，粉丝不活跃；如果推送频次过于频繁，则可能造成粉丝的厌烦和取消关注。这一点对于微博的传播也是如此。只有根据粉丝特性，把握一个适度的传播频次，才能确保良好的传播效果。在日常的新媒体传播过程中，只有不断探索、把握、运用新媒体传播的客观规律，才能更好地改进新媒体传播效果。

（五）如何把握传播底线

传统媒体发展到新媒体时代，不管是自媒体还是算法推荐，把关的环节并没有消失，而是转换了把关主体。既然有内容和主体，就应该承担把握传播底线的责任。2013年8月10日举行的"网络名人社会责任论坛"，曾就承担社会责任、传播正能量、共守"七条底线"达成共识。这"七条底线"是：法律法规底线、社会主义制度底线、国家利益底线、公民合法权益底线、社会公共秩序底线、道德风尚底线和信息真实性底线。这说明在新媒体传播领域，所有传播主体的传播行为都要明确法律、伦理等边界和底线。

把握媒体传播底线，就是要牢牢把握传播的"红线、底线、高压线"的问题。对于传播主体而言，不管是政府组织、企业组织，还是个人，只要在媒体传播场域中作为传播主体存在和运营，都应该遵循传播场域的所有传播规则。百家争鸣，百花齐放，可以看作是媒体传播领域内的一大特征。但是在传播繁荣的同时，也存在着很多乱象。如何在传播方式和传播效果之间保持一种内在平衡，至为重要。在规范的基础之上创新，行之合规，传之有道，不为了谋求一定的传播效果而不择手段，不因谋求传播效果而突破道德伦理、法律法规的红线、底线、高压线，是每一个传播主体都应该做到的。

（六）如何坚持以人为本

人类传播的主体是人，人类传播是人的传播。媒体的人本特征则更为明显。进而言之，媒体传播更要围绕人，贴近人，服务人，连接人，凝聚人，关照人。习近平总书记指出，"坚持人民性，就是要把实现好、维护好、发展好最广大人民根本利益作为出发点和落脚点，坚持以民为本、以人为本。要树立以人民为中心的工作导向"[①]。中国人民大学新闻学院教授陈力丹

---

① 　《习近平谈治国理政》第一卷，外文出版社 2018 年版，第 154 页。

认为："坚持以人民为中心的工作导向，在习近平新闻思想中居于重要地位，对做好新闻舆论工作有根本指导意义。"人民日报社新媒体中心主任丁伟认为："互联网思维的核心是用户思维。新媒体时代，媒体与受众的关系从单向灌输向双向互动转变……对新媒体来说，'以人民为中心'就是以用户为中心，就是让人民参与到内容建设中来，成为内容生态的中心和主体。"也就是说，不管是在战略层面还是在战术层面，以人为本都是媒体传播的重要原则。

坚持以人为本，就是要解决媒体传播的基本原则问题。在传播技术和传播平台以及传播算法越来越重要的前提下，媒体传播如何适应新的变化，如何顺应未来趋势，是一个重要的问题。不管技术如何演进，不管平台如何强大，不管算法如何精准，从媒体传播角度来看，依然要坚持以人为本的基本原则，在人、技术和利益之间，保持一种总体的平衡。只见技术不见人的传播，只见利益不见人的传播，将是失败的传播。在人、技术和利益之间，人是核心，是第一位的。对于媒体传播而言，技术不是第一位的，利益也不是第一位的，真实的人生、真实的关切、真实的表达，才是第一位的。

第三部分

新闻与社会

第十三章 "个体新闻"的诞生

"人人都有麦克风"的利弊共生

> 新媒体的崛起，让新闻生产从职业性走向社会性。曾几何时，新闻生产是由组织化的媒体机构"垄断"的，报社、电台、电视台是新闻生产的"大本营"。

这是一个"渠道为王"的新闻传播时代。但随着自媒体的繁盛，组织化的媒体影响力逐步下降，个体作为新闻生产和消费主体则日益凸显——一个被称作"个体新闻"的时代正悄然到来。

在"个体新闻"时代的信息洪流面前，我们应当如何取舍、参与以及作出有价值的贡献？"要看银山拍天浪，开窗放入大江来。"带着这样的思索，让我们共赴"浪潮之巅"，鸟瞰"个体新闻"时代新闻传播挑战与机遇并存的奔腾景象。

一、锚定三重关键变量

2022 年 10 月，亚洲顶级传播学学术期刊《传播与社会学刊》组织了一期专刊《社群媒体时代的新样貌与新挑战》（*The New Changes and Challenges in the Social Media Era*）。其卷首语指出，在乐见社群媒体激活信息流动性的同时，也需警惕：虚假信息泛滥正污染着在线信息环境，网民观点极化则威胁了网络沟通秩序。虚假信息泛滥，向我们提出了如何取舍信息之问；网民观点极化，向我们提出了如何理性参与之思。建基于社群媒体（或称社交媒体）之上的"个体新闻"，好似一柄"双刃剑"：既让信息"永不眠"，可以 7×24 小时地"全时"涌流；也给信息甄别、信息决策带来了诸多风险与挑战。换言之，"个体新闻"不仅可能触发线上舆情啸聚，更可能激起线上线下"共振"的连结性行动。凡此种种，都成为影响现代社会能否实现有序治理的关键"变量"。这些"变量"如果处置不当，就可能演化为新闻传播领域的"流动性风险"，带来难以预料的破坏力。

在此，让我们一起聚焦三重关键变量，即虚假信息、情感转向与连结性行动。三者贯通事实之维、情感之维与行动之维，三者既"单独行动"，又"彼此交织"。我们以此三者为观察点，借以帮助我们在信息洪流面前免于随波逐流，始终保持清醒。

让我们不妨先来看一则有关虚假信息的案例：

2020年1月23日，武汉正式宣布"封城"。在不明肺炎暴发的关键节点，信息成为既稀缺又"过剩"的社会资源。说其稀缺，是因为人们极度缺乏对突如其来的疫情的科学认知；说其"过剩"，是因为信息环境中充斥了数目庞大的伴生谣言。稀缺与过剩，成为彼时信息环境的"一体两面"。当天，一则消息不胫而走，迅速通过社交媒体网络"席卷"全网，并持续数日：

今晚9时30分，央视新闻频道（13频道），白岩松主持《新型冠状病毒肺炎》专题现场直播，邀请钟南山院士介绍疫情，请届时收看。

在疫情暴发之际，公众最需要的就是及时、准确、权威的信息，借此对环境巨变做出应对。而这也为虚假信息的滋生提供了条件。许多虚假信息此刻"粉墨登场"，以迎合公众对关键信息的急迫需求心理而"病毒式"地扩散开来。

2020年1月26日，这则虚假新闻"登陆"主流媒体。当晚 6 时左右，其被某省级卫视的微博官方账号转发报道。"报道"称，26 日晚 9 时 30 分，央视 13 套将播出白岩松专访钟南山院士的节目，节目中将讲解相关科学知识。就这样，自媒体成功为主流媒体设置了虚假的报道议程。甚至当个别微博用户留言，请该卫视注意核实"新闻"的真实性与出处时，该媒体答复道："谁告诉你这个不具备真实性呢？张口就来！"未经严格的新闻把关与事实核查，虚假新闻就这样被某家主流媒体"背书"，在偏离事实的轨道上愈行愈远。有道是"假作真时真亦假，无为有处有还无"。信息环境中缺失"一锤定音"的权威信息的当口，正是虚假信息泛滥之际。这些虚假信息制造"噪声"、混淆视听，扰乱了风险情境中信息沟通的基本秩序。更甚者，耗费了宝贵的社会信任资源，使社会凝聚力受到了戕害。

在突发性重大公共卫生事件中，谣言会在信息环境中滋生与蔓延。早在 1947 年，美国心理学家 G.W. 奥尔波特与 L. 波斯特曼就合作提出了经典的"谣言"公式：$R = I \times A$。其中 R 代表谣言（Rumor），I 代表事件的重要性程度（Importance），A 代表事件的信息模糊度（Ambiguity）。也就是说，事件越重要，围绕事件的信息越模糊，就越容易产生谣言。复盘此则虚假信息的"病毒式"传播过程，不难发现，这是一则典型的"资讯流行病"（Infodemic），或称"信疫"，其滋生有着特定的诱发条件。

此则案例让人深思：如何才能行之有效地切断"信疫"？更让人反思：个别主流媒体如何卷入谣言的"洪流"，为何在谣言面前"随波逐流"？这些都是个案的普遍价值所在。

在谣言公式提出 8 年之后，一位叫作克洛斯的荷兰学者进一步完善了谣言公式。这个理论思维的"升级换代"，为我们重思案例提供了新的"分析工具"——R=I×A÷C。其中 C 代表 Critical Sense，亦即明辨式意识。明辨式意识就是在芜杂的信息环境中，比较鉴别、去粗取精、去伪存真的思维意识。我国古代智慧中就有"道听而涂说，德之弃也"的思想。本质上讲也是要提升对信息的鉴别分析能力。审问、慎思、明辨，理应成为认知复杂信息环境的思维路径。

回过头来看前文案例，明辨式意识不仅于公众而言至关重要，于承载社会权威性信息发布职责的主流媒体而言更显关键。不确定性是危机的本质之一，组织在危机中有效地管理公众的不确定感至关重要。有效管理不确定感的关键在于提供清晰准确的信息。这正是风险事件应对的基本路径。

在整个虚假信息引发谣言流散的舆情事件中，某卫视可以说非但没有发挥"谣言粉碎机"的作用，反而成为"谣言放大器"；非但没有消弭社会紧张情绪，成为不确定信息环境中的"信息压舱石"，反而无意中诱发了更大范围的群体困扰。

虚假信息在网络的流布，还有一个"推波助澜"的强化环节——也就是经常发生在新媒体传播环境中的"连锁效应"（Cascading Effect），让我们来看一则案例：

2022年9月，一则"打××新冠疫苗后出现肺结节"的网络传言登上热搜，旋即引发不少人的担忧。传言一传十、十传百，以极快的速度在互联网织就的信息网中扩散开来，负面情绪由此滋生蔓延。

事实上，根据专业医学专家解释，肺结节的发病原因主要与"病毒、细菌、支原体等有关"，"从免疫角度看，灭活疫苗与肺结节风险不存在关联"。然而，这则虚假信息还是迅速在社交媒体中扩散，"不但没有令民众学习到正确的知识，反而形成了一种'反向学习'（Reverse-learning）效应"。劣币驱逐良币，虚假信息不断挤占真实信息的领地，最后人们瞩目的只有耸人听闻的谣言，真实被抛弃在乏人问津的"荒漠"。毫无疑问，这些虚假信息影响了抗疫大局。

之所以会形成所谓的"连锁效应"，魏然教授等人在2022年的一项研究发现：因为虚假信息可以在社交媒体中"随时随地、低成本甚至无成本地分享"。虚假信息传播不受时空限制，又面临极低的"犯规"成本，因而大行其道也就不足为怪了。要防止案例中的"连锁效应"，关键在于识别并有效制止虚假信息的"超级传播者"。这些"超级传播者"，面向庞大的自媒体用户，频繁地发布虚假信息。那么如何才能阻断虚假信息的传播？一方面，及时切断他们的"传播通路"，才能有效为互联网环境"降噪"；另一方面，向社会公众提供及时权威的信息，让虚假信息彻底失去容身之地。总而言之，互联网既能让社会失序，也能为社会赋能，就看我们能不能驾驭好新技术这柄双刃剑。

观察了"个体新闻"时代新闻传播面临的第一重变量后，接下来让我们再来看看第二重变量——情感转向。所谓情感转向，是指在数字社交媒体的"个体新闻"时代，新闻文本与视觉作品中，越来越多地"嵌入"了情感化因素。以往机构新闻所秉持的专业原则"客观性"，越来越受到情感因素的影响——新闻变得更加注重"情商"了。

具体来看，情感转向指涉两个层面：其一，情绪先行、预设立场、盲目从众，导致"反转新闻"的数量激增；其二，情绪对峙、导致"观点极化"的舆情事件频发。

我们先来看第一种情形：

2022年9月18日，山东某市作协公布的"廉洁文化主题文学作品征文获奖名单"中，一篇获得一等奖的征文引发舆情关注。引发舆情的原因是，该征文的题目《我的县长父亲》因与电影《夏洛特烦恼》中电影角色袁华所写的《我的区长父亲》相似，而引发了网友围观吐槽，甚至质疑评奖公正性。在情绪感染作用下，质疑、戏谑、调侃纷至沓来。网友的评论仿佛如潮水一般，迅速淹没了理性的堤坝。听取"吃瓜声"一片，成了彼时的写照。有网友调侃说："这下夏洛特烦恼了。"在真相混沌、情绪澎湃中，该市作协选择将获奖信息删除。但登顶热搜第一的新闻事件，并未因此而离开公众的视野，反而引发了更大的质疑声浪。部分网友坚信，此中必有疑点等待揭开。

但新闻很快发生了反转。当人们抽离从众的浪潮、狂欢的"道德高地"，重新检视事实真相时，却发现了完全不同的景象：原来，这篇征文是一篇作者怀念父辈奉献精神的回忆文章。该文作者于忠东在文中记述道：

我的父亲是新中国成立后禹城首任人民选举的县长。1958年，父亲因坚持实事求是、反对浮夸，被降职降薪，1962年，甄别平反后再任禹城县县长。刘少奇主席来禹城时，是他介绍给我们县的三级干部。在他五十九载的人生旅途中，当过县长，做过饮食员，干过掏粪工，一生几起几落，没给我们子女留下任何物质财富……

真相与谬误的距离，只差点开链接、阅读原文这样一个再简单不过的动作。但真相与谬误的距离，也恰如没被点开的链接一样，永远被"无知之幕"所遮盖。人民网舆情数据中心撰文称,"《我的县长父亲》的乌龙舆情,起源于网民未看文章内容,仅看标题就联想、玩梗,形成了负面舆情"。

在"第一波"质疑浪潮过后,人们发现,原来这是一位值得被称赞的好公仆、好父亲。但是,事情并未就此结束。一波未平,一波又起。"第二波"质疑浪潮又起。部分网友认为,既然是记述好官、好父亲的文章,那为何要被删除呢?难不成这篇文章另有问题?仿佛一出"罗生门"事件,就此上演。从戏谑玩梗,到质疑真假,再到揣测动机,舆情事件在不断的事实反转中经受着网友的"灵魂拷问"。事实如同"烙大饼"——翻来覆去;情感如同"过山车"——起起伏伏。当我们复盘整个舆情事件时,不难发现,利用甚至煽动观点极化,已经成为今日互联网生态中个别自媒体为了赚取流量的"典型"操作。因而,"三思而后信""三思而后言""三思而后行"在这样一个"快时代"中显得尤为宝贵。一方面,当"无良"自媒体沦为"炒作机器"后,就足以掀起舆情的惊涛骇浪。而社会情绪也足以成为翻转事实的关键力量。另一方面,如果说你方唱罢我登场的舆情事件,宛如时代中的"快变量",那么有效控制反转新闻"反复发作",有赖于对社会慢变量的敏锐感知。这提示我们,理解社会的基本情感逻辑这一关键的慢变量,才足以为舆情管理的顶层设计提供牢固的基础。

我们再来看第二种情形:

2022年9月，电商主播辛某在直播间公开质疑某直播商销售的玉米"6元一根"是在"欺骗老百姓"，旋即引发一场激烈的舆论场对战。辛某在直播中称："某些直播间卖高价产品还标榜谷贱伤农，这纯属是在欺骗老百姓。一盒玉米能卖到50块钱，地里出来就七毛钱一穗，到最后价格加到6块钱，自己公司利润能占到40%。""他们太虚伪了"。此言一出，双方旋即开始了一场"玉米论战"。

被辛某公开质疑的电商"主播"董某在直播中回应了辛某的质疑，称：

第一，大部分的玉米不是用来人吃的，是用来养牲口的。那种玉米确实是四五毛钱一根。第二，我们找的这种生食的玉米是从东北来的，东北的一些好的产地的玉米，它的成本本来就很高。从地里收来这一根都两块了。第三，它跟普通玉米不一样，你吃一遍就知道，你别张嘴就胡说。

解释了玉米缘何6元一根的三个原因后，董某又进一步"回怼"了辛某的质疑，称，"鲁迅有过一句非常经典的话，'怀疑是对的，但是一直怀疑又不给结论'，'那是怪病'"。

如果一根玉米售价6块，"我恨不得让农民挣5块9"。但是"如果没有中间商挣钱，谁去收购这个玉米？没有厂商去包装,去做运输、去做售后,谁把这个玉米卖出去"?

董某接着说,只有这样一系列环节的配合,才能防止农产品无人问津,直至烂到地里。销路问题才是关键。

随着两人"论战"的升温,网友"云集响应",纷纷加入到这场"一根玉米引发的论战"中,成为"个体新闻"时代网民观点极化的一个缩影。

围绕双方言论,各自的激烈反对者有之,强烈赞同者亦有之。支持双方的"两派"网友在网络空间展开了言辞激烈的"对决",情绪化的激烈表达,让人"叹为观止"。舆情事件最终从对事实的追问转移到观点乃至情感的撕扯。

一方面,网友各自站队,彼此针锋相对,观点极化现象异常显著:

"暴利助农,你的良心何在?"

"你一点都不助农,你祖上蒙羞!"

"严查××××(指此次玉米销售电商——引者注)"

"还不封杀辛某!"

另一方面,网友围绕核心事件,开始了周边话题的"激战":

"搞教育的都是忽悠专家。"

"支持辛某卖糖水燕窝？"

互撕、回怼、甚至"引战"，俨然成为"个体新闻"时代的交际语。匿名的键盘侠有之，蹭流量的营销号有之，共同在荒芜的事实沙漠中"逐鹿中原"。如果抛去表面，看似单纯的语言现象，实则在慢慢侵蚀社会观点"最大同心圆"的半径。在一次次的舆论狂欢背后，社会观点日趋向着水火不容的两个极端演进。长此以往，将会给社会信任带来不小的威胁。从更为普遍的视角看，环顾"个体新闻"的舆论场，情感超越理性、情绪遮蔽真相，成为显著的趋向。事实与情感彼此"纠缠"，让我们常常在情理之辨中迷失航向。

有鉴于此，就需要我们拨去情感的"迷雾"，直击事实的内核，探究热点新闻事件中事实与情感的边界究竟在哪儿。事实的真相核查远胜于隔空的"口水仗"。让事实说话，才是化解争论、寻求共识、解决问题的最佳方法。

分析了"个体新闻"时代新闻传播面临的第二重变量后，接下来让我们再来看看第三重变量——连结性行动。如果说前两者还主要发生在线上环节，那么，连结性行动恰恰与之呼应，将"个体新闻"从线上延展至线下，将言语引致为行动。如若处置不当，对现实社会的秩序将会产生强烈的冲击乃至破坏。

所谓连结性行动（Connective Action），是由美国学者兰斯·班尼特与合作者首次提出。意指：由于网络的便捷联结性，一种陌生人间的弱联结关系，极有可能由于特定事件的"点燃"，迅速形成"集体性认同"，甚或动员起极具"杀伤力"的"集体性行动"。在所谓的"风险社会"中，其成为引发社会失序的关键变量，故而成为政治传播中极为重要的议题。

从诱发社会失序的视角看：2009年9月至12月，围绕垃圾焚烧发电厂的选址与兴建问题，广州市番禺区会江村地区部分市民与地方政府机构之间发生了争执，此事被称为"番禺垃圾焚烧发电厂事件"。彼时，原有的业主论坛、QQ群成为连结性行动的"连结点"，线上的"弱连接"引致线下的"强动员"，故而成为一例典型的"连结性行动"。事件起因复杂，处置稍有不当，便会从环境事件"裂变"为社会风险事件，破坏宝贵的社会信任，引发严重的社会失序，造成重大的社会影响。这则案例对"个体新闻"时代地方政府的社会治理能力提出了新的挑战。

区别于集体性行动（Collective Action），连结性行动以"自发性分享"为起点，将社会中无数"孤岛"一般的个体通过数字媒介，跨越时空阻碍"整合"在一起。一部部移动手机，可能瞬间转化为动员社会行动的"发动机"。无形的通信网络，使得"个体新闻"时代的社会治理面临真假莫辨的信息环境、情感极化的舆论生态，很有可能促发极难处置的连结性行动。

这提醒我们，"个体新闻"时代，要防范技术"连接"可能导致的风险"连结"。在舆情治理中，特别要注意那些"风起于青萍之末"的倾向性问题。防患于未然，在社会风险初露"苗头"时，就及时回应，妥善加以解决。与此同时，也应看到连结性行动的初期阶段，往往伴随着信息沟通不畅而引发的虚假信息泛滥、社会情绪"淤塞"，稍有外部刺激，便引致强大的社会情感动员"浪潮"。在关键事件上，虚假信息、情感极化与连结性行动极易"合流"，社会风险故而暗流涌动。

二、掌握三类应对策略

"个体新闻"时代，既要充分利用丰盈信息之利，更要防范芜杂信息之害。若想趋利避害，就需要我们掌握三类应对策略：其一，聚焦把关人，衡量可信度；其二，校准情感标尺，规避情绪偏向；其三，强化信息鉴别敏锐度，斩断连结性风险。

让我们先来看一则聚焦把关人衡量可信度的案例：

2021年东京奥运会上，中国女排姑娘表现不佳，小组赛就被淘汰。主力朱婷因手腕旧伤复发，在前三场比赛表现一般，之后教练组没有安排其登场参赛。然而，中国女排被淘汰后，网上开始流传各种虚假信息：

"朱婷获取千万级商业代言惹怒队友被孤立。"

"朱婷已和恩师郎平反目。"

此起彼伏的流言蜚语、漫天横飞的谣言,让朱婷倍感困扰。同年8月,女排队长朱婷在个人社交媒体发布《上海市公安局案(事)件接报回执》,并配文称:"已公证,固定证据。已报案,请求追究刑事责任。下一站,人民法院。"[1]

仔细拆解虚假信息传播的路径,就会发现,其"肇始"之源在于一些缺乏严格事实核查与把关机制的自媒体平台。比如,××头条就在7月19日推送了某"优质体育领域创作者"的文章,其中称:某手机品牌宣传海报本来有龚翔宇出镜,朱婷说要让姚迪换掉龚翔宇,不然就罢拍。还有某微信群中,流传着"商业代言费分配不均,朱婷私接代言,国家队阻拦,朱婷直接罢训"等虚假信息。

综合上述案例,"个体新闻"时代,信息把关人既包含传统的大众媒体机构,也包含社交媒体用户,更包含影响力巨大的社交媒体平台。三者互动,形成了今日复杂的把关系统。

从整体上看,审慎评估社交媒体用户与社交媒体平台两个新兴把关主体的"不确定性",对降低虚假信息的传播风险至为关键。从具体上看,需特别关注社交媒体"小编"(Social

---

[1] 陈华、毛鸿仁:《朱婷在上海报案!是什么激怒了中国女排队长?央媒力挺:法律是讨回公道的最好手段》,上观新闻2021年8月12日。

Media Editors）。其看似"微小"，却能发挥异常关键的新闻信息"眉批"效能。毫不起眼的"小编"，实则是大众媒体机构、社交媒体用户与社交媒体平台的"连接者"。有研究发现，通过重新"框定"新闻的重点，重新选择新闻表达的语言特征，"小编"的"眉批"足以将严肃的新闻报道引导至"情绪化"与"个人化"的方向上。因此，主动识别社交媒体新闻信息背后的语言逻辑，避免被"带节奏"、防止被"带跑偏"，就显得非常必要。

让我们再来看一则校准情感标尺，规避情绪偏向的案例：

2022年10月，青海省西宁市疫情期间的菜价引发了网络舆情。一时间，"一颗紫白菜价格46.85元""一朵青梗菜花22.86元"的消息，掀起网络反对哄抬物价、惩治无良商家的情绪浪潮。但经青海省市场监管局核查，紫白菜属于稀有蔬菜，疫情前该超市售价为25元/斤，疫情期间为18.8元/斤，不存在哄抬价格的情况；青梗菜花（有机菜花）疫情前售价为5—6元/斤，此次的售价为5.99元/斤。两种蔬菜价格，一样民生关切。在突发公共卫生事件的特殊情境下，关切可能演化为急切，事实可能让位于情绪。一旦突破临界点，真相的天平，便不能承受情绪偏向之重。

综合上述案例，"个体新闻"时代，需要校准情感标尺，规避情绪偏向。从整体来看，要让事实判断优先于价值判断与情感卷入,这样才能让我们在纷纭的世相中始终立定脚跟。从具体上看,有研究发现,"硬事实"所造就的硬新闻(指关系到国计民生与公众切身利益的新闻),在今天的"个体新闻"时代中更易被"填充"更加情绪化的词汇,进而引发舆情啸聚。以此看来,越是挑动社会神经的新闻报道,越是需要冷静清醒的阅听"姿态"。

最后让我们来讨论如何强化信息鉴别敏锐度,斩断连结性风险。连结性行动给社会带来的潜在风险巨大,因而必须强化信息鉴别敏锐度,斩断连结性风险。从整体上看,务必在第一时间识别带有社会风险性的信息框架、带有社会危害性的情感动员、带有社会破坏性的"媒介互激"。从具体上看,"个体新闻"时代,除了传统的文本内容,由视频、短视频等组成的视觉内容亦需引起高度重视。

第十四章　有话好好说

公共表达与沟通是门"技术活"

在新媒体高度发达的今天，发声的渠道相比以前大大增加，只要有一台连接网络的电子终端，就可以在网络上发言和"露脸"。

当今时代，普通人在热点新闻事件当中的发言，一不小心就可能因为某些偶然因素引来众多关注，更不用说公众人物和公权力部门，他们的一言一语都备受瞩目，甚至被推上风口浪尖，在无数网民的关注下无处遁形。

从这个意义上说，网络及其带来的超级传播力是一柄"双刀剑", 一方面, 破除了渠道垄断, 提供了更多的发声机会, 能够借助其增加发言频率, 从而提升影响力; 另一方面, 如果把握不好其中的诀窍和要领, 一旦使用不当, 就有可能伤及自身。

所以, 想用好新媒体, 就要趋利避害。一是练好"内功", 提升自身底蕴, 形成有质量的输出; 二是把握规律, 了解网络传播特点与受众心理, 善于引导和发声, 取得好的传播效果。

做到了这两点, 就能既"有话", 也能"好好说"。具体而言, 要谨防能力不足和价值观偏差两个陷阱, 避免马失前蹄, 并把握好时效、事实和需求三个导向, 形成良好互动。

一、谨防"两个陷阱"

(一) 能力陷阱

就是发声当中反映出来的对事物认识能力不到位或者语言表达能力缺乏等问题。

我们看看某知名女星道歉信的例子。

2018 年 10 月 3 日, 国内某一线女明星在微博上就逃税问题发出"致歉信", 虽是以个人名义发出, 但操刀的自然是其工作室。从其信中, 公众能够感受到她一改前非的诚意, 知错能改，善莫大焉，这一行为值得鼓励。

但是，这封信的文法、语言表达、字词和标点使用等方面存在诸多问题，有些错误还十分典型，所以刚一发出就受到众多指摘，大多数人在指出问题的同时，一般辅以"明星受教育少，文化水平不高"等评论，也有人发出明星在语言能力上明显不足、对青少年产生负面示范的担心。

随即，杭州一位老师将这封《致歉信》作为错题案例，教高中学生如何修改病句，该名老师称："这封信里的语病实在太多了，遭到很多网友吐槽。我正好在给高三学生复习基础知识，对标点、语病等比较敏感，于是就决定利用这封信，给学生普及一下语法和标点的基础知识。"

老师说，自己一眼看出信中10处错误，于是把这封信作为一道改错题带到课堂中，让学生们来挑"骨头"。他一亮出题目，学生们起先有点意外，然后立刻兴奋了，因为大家都知道这封信。没花几分钟，老师事先发现的10处错误就都被学生们找了出来，还有些学生提出了一些他也没有发现的错误。

我们来看看这位老师和学生们拟的修改稿（括号中是修改意见）。

致歉信（修改稿）

最近一段时间，我经历了从未有过的痛苦、煎熬，进行了深刻的反思、反省（修改 1：既然是"致歉信"，删去"反思"，保留"反省"即可），我对自己的所作所为深感羞愧、内疚，在这里我向大家诚恳道歉！

长期以来，由于自己没有摆正国家利益、社会利益和个人利益的关系（修改 2："摆正……关系"搭配不妥，改为"处理好……关系"），在影片《大轰炸》和其他一些合同中（修改 3："《大轰炸》和其他一些合同"并列不当，改为"在《大轰炸》等影视作品的合同中"）出现利用"拆分合同"等逃税问题（修改 4：搭配不当，改为"出现利用'拆分合同'等方式来逃税的问题"），我深感羞愧。这些天在配合税务机关对我及我公司的税务检查中，我一直深刻反省：作为一个公众人物，应该遵纪守法，起到社会和行业（修改 5：语序不当，改为"行业和社会"）的模范带头作用，不应在经济利益面前，丧失自我约束（修改 6：缺少宾语中心语，改为"丧失自我约束的能力"），放松管理，以致违法失守。在此，我诚恳地向社会、向爱护关心我的朋友，以及大众，向国家税务机关道歉（修改 7：逻辑关系混乱，改为"我诚恳地向国家税务机关道歉，也向关心爱护我的朋友以及社会大众道歉。"）。

对税务机关调查后，（修改 8：标点使用不妥，去掉"，"）依法作出的一系列处罚决定，我完全接受，（修改 9：标点使用不妥，"，"最好改为"。"）我将按照税务部门的最终处罚决定，尽全力克服一切困难，筹措资金、补缴税款、（修改 10：标点使用不妥，两个"、"改为"，"）缴纳罚款。

我从小喜欢艺术，又赶上了影视业蓬勃发展的好时机，在诸多前辈的提携和观众朋友的爱护下，加之自己的不断努力，这才在演艺方面取得了一点成绩。作为一个演员，我常为自己能在世界舞台上展示我国文化而自豪，并不遗余力为此冲锋。可以说，我每一点成绩的取得，都离不开国家和人民群众的支持。没有党和国家的好政策，没有人民群众的爱护，就没有×××（修改 11：不合逻辑，改为"就没有今天的×××"）。

今天，我对自己的过错深感惶恐不安！我辜负了国家对我的培养，辜负了社会对我的信任，也辜负了影迷对我的喜爱（修改 12：语序不当，改为"辜负了影迷对我的喜爱，辜负了社会对我的信任，也辜负了国家对我的培养"）！在此，我再次向大家诚恳道歉！请大家原谅！

我相信，经过这次整顿，我会讲规矩、遵秩序、重责任（修改 13：标点使用不妥，两个"、"改为"，"），在把好的作品献给大家的同时，也要监督公司管理，守法经营，诚实守信，争做富有文化内涵的好公司（修改 14：暗换主语，改为"使公司成为富有文化内涵的好公司"），为全社会传播正能量!

再次向社会,向一直支持我的影迷,向关爱我的朋友家人(修改 15:"朋友家人"有歧义,可以理解为"朋友的家人"和"朋友和家人",应改为"家人和朋友"),真诚的(修改 16:"的"改为"地")说一句,对不起!

×××

2018 年 10 月 3 日

"改错事件"被传到网上后,迅速火遍网络,甚至上了微博热搜榜。一些网友在此基础上继续挑错,帮其"润色"和"完善",给该明星上了一堂扎扎实实的"语文课"。

同时,这件事在网上也引起了新的讨论。一部分人认为,语言就是为了表达,如果一个人说的话或写的文字可以表达出心中所思所想,那么表达中存在一些病句也无可厚非。而且社会分工不同,明星毕竟不是专业文字工作者,这样严苛地"挑刺",显得有些吹毛求疵。

但包括这位高中语文老师在内的更多网友则认为,病句在日常口语中存在的确没有太大问题,可如果出现在正式场合就不合适。这位老师表示,他想借此事告诉学生们,学好语文很重要。

汉语本来是很典雅庄重的语言，但在网络的冲击下，出现了泥沙俱下的乱象，很多人不再严格按照语法和逻辑组织语言，也不在乎语言表达是否规范严谨，失去了对母语应有的尊重和敬意。这对于社会的文明传承和文化建设，无论如何算不上一件好事。娱乐明星获取了更多社会资源，对青少年影响大，本应在匡正不良现象上起到表率作用，做正确运用祖国语言文字的榜样，所以更不能在这个问题上等闲视之。

从这个意义上说，一部分人在网络时代依然有"文字洁癖"，坚持咬文嚼字，做网络文字的啄木鸟，本身就是维护汉语尊严的一种努力，是值得鼓励的。而这些力量的存在，对于轻视语言文字表达规范性的公众人物是一种制约和矫正。这些事情也在告诫那些远离书本的明星们：学习很重要啊。

（二）价值观陷阱

一些网络声音有悖于社会公序良俗，不符合社会主义核心价值观，存在思想观念上的偏差，容易给社会带来不良影响。这对于公众人物来说是尤其需要避免的。

这方面也有一个很典型的例子，就是某位知名培训机构创始人、明星企业家的言论曾经引起的争议。

事情的原委是这样的。2018 年 11 月 18 日下午，某企业家在一个主题演讲中提到如何改变教育方向时，举例说："如果中国所有女生找男人的标准，都是这个男人必须会背唐诗宋词，那全中国的所有男人都会把唐诗宋词背得滚瓜烂熟；如果所有的女生都说中国男人就是要他赚钱，至于说他良心好不好，我不管，那所有中国男人都会变成良心不好但是赚钱很多的男人，这正是现在中国女生挑选男人的标准。"

随后他还称，"所以，实际上一个国家到底好不好，我们常常说在女性，就是这个原因，现在中国是因为女性的堕落导致整个国家的堕落"。

这样的言论一出，引起舆论广泛争议。迫于压力，当晚该企业家在微博致歉，称自己想表达的真正意思是：一个国家的女性的水平，就代表了国家的水平。女性素质高，母亲素质高，就能够教育出高素质的孩子。男性也被女性的价值观所引导，女性如果追求知性生活，男性一定会变得更智慧；女性如果眼里只有钱，男性就会拼命去挣钱，忽视了精神的修炼。女性强则男人强，则国家强。

然而，这段道歉网友并不买账，被认为"越描越黑"。

针对这些有关女性的错误言论，除一些名人和广大网友纷纷指责外，全国妇联、北京市妇联等都发声予以批驳。同年11月20日，该企业家专程来到全国妇联机关，向广大女同胞诚恳道歉，原文如下：

道歉信

各位朋友好!

这两天，我看到听到大家的批评意见，深感不安和自责。特别是在全国妇联有关负责同志的批评帮助下，我深刻认识到，前几天在某个论坛上针对女性的不当言论是极其错误的，反映了我性别观念上的问题，对女性不够尊重，没有认识到男女两性都应该在家庭和社会中承担责任和义务。事实上，绝大多数女性都在勤勤恳恳、兢兢业业地努力奋斗，为家庭的幸福、国家的发展作出了重要贡献。在此，借中国妇女网，向广大女同胞再次表示深深的歉意。我一定汲取教训，加强对两性平等思想的学习，在×××内部积极营造男女平等的企业文化。同时，我将借助×××教育平台，大力宣传以男女平等为核心的先进性别文化，宣传女性在经济社会发展中的重要作用，为中国的男女平等事业，为实现中华民族伟大复兴的中国梦贡献自己的一份力量。

客观地说，作为一个受过高等教育的知名人士，这位企业家可能并不是大家认为的那样不尊重女性、大男子主义，他的那番话因为触及了社会敏感点被过度解读了。这次遇到舆论危机，他作为公众人物能马上道歉，相比很多人的鸵鸟做派，已是难能可贵了。

但是，这位一向以口才好著称的企业家，这次确实是栽在自己这张嘴上。分析一下，有两个方面的问题：

第一，他的思维方式有一些缺陷。从他那番话来看，本来说的是教育方向，突然转到女性对男人的影响，在二者之间进行类比，并得出一个惊世骇俗的结论。这其实是一种典型的直觉式思维方式，就是重感悟，以形象、类比为特征，更多的看事物的整体，而不是分析事物的构成和逻辑关系，看相关关系而不是因果关系，具体表现就是动辄用一个事物譬喻另一个事物，只看表面的形似，而不管内在有多少本质的差异，这种思维的跳跃、散漫，必然带来逻辑上的不严谨、不周延。

这种思维方式其实很有代表性。引以为鉴的是，如果要做一个逻辑清晰、表述严密的人，就要尽量克服这种思维方式的影响，有意识地训练自己思维的逻辑性，只有思维正确了，说话才能条理清晰、严谨、说服力强。

第二，他的表达方式有问题，或者说他没能很好地在公众场域中用正确的方式进行表达。单就这封道歉信来说，让人在读这封信的时候，最大的感觉是"隔"。

隔，是引用国学大师王国维的用语。他在《人间词话》中提出，文学作品有"隔"与"不隔"的区别。"隔"如"雾里看花"，形象不清晰鲜明；"不隔"如"豁入耳目"，"语语都在眼前"，形象鲜明生动。王国维说的是文学作品，其实对于道歉信这种应用文来说，也有一个"隔"与"不隔"的问题，而且，因为应用文面对的是特定受众，在更短的时间里进行互动，谈论的是具象的事物，理应更加做到"不隔"。

在现实中，我们也容易发现这种对比，"不隔"的文字，能吸引人、打动人，大家愿意读、愿意听；"隔"的文章，让人味同嚼蜡，觉得面目可憎，敬而远之。"隔"与"不隔"的关键，就在于是否考虑和把握了对象的接受心理，是否能与接受者产生思想与情感的互动与共鸣。

任何一篇文章，都一定会和人产生关联。我们评价一个人说他"会做人"，并不是说这个人多世故、多油滑，而是说这个人会接人待物，懂得礼仪，与人相处让人愉悦，情商高。写文章同样也需要"情商"，就是话语和口吻、表达和论述，都要符合使用者的身份，要考虑对象的接受程度和需求，具有良好的表达效果。如果做不到这点，可能就会显得高高在上、让人难以接近，或者一副书生腔，不接地气。

具体到这封道歉信上，"隔"的感觉是很明显的，读者特别是女性朋友，从中看不到自己想看的东西。大家想看到的和想知道的是，作者并不是一个不尊重女性的人，他只是表达不到位，或者一时口误。那么，他在信里，完全可以从真切的生活感受方面，谈自己对女性美好品质的体会和认识；可以从自己东西方文化的体验方面，谈男女平等的积极意义；可以谈自己在公司中，为女性员工所做的努力，以及对女性美好的愿望；可以谈自己这次口误后引发的内心触动等，可是信中并没有这些。

从发表不当言论，到一封不得体的道歉信，这位企业家的形象多少受到一些贬损，不管他在其他地方表现如何亮眼、受人夸赞，但至少在这件事上栽了个小的跟头。

这也警醒更多的人，特别是知名人士，对于一些公众话题，在公众场合必须出言谨慎，如果说出明显与大众的正确认知相违背的观点，则是不恰当的。谨言慎行是公众人物应有的修为。如果草率地发表一些未经深思熟虑的言论，甚至以为自己有话语权就信口开河，说不定什么时候就会遇到这样的尴尬时刻。

二、把握"三个导向"

能力陷阱和价值观陷阱，可以说是公众表达时的主要"负面清单"。而要正确表达，除了规避这两个陷阱，还应该把握好"三个导向"，及时、准确、高效、有诚意地与受众沟通和互动。

（一）时效导向

网络传播速度快，热点事件常常在极短的时间内传得尽人皆知，要应对这种情况，传播主体必须把握时效性原则，及时快捷地对热点舆论予以回应，响应公众的关切，把握舆论的发展方向。

与事件密切相关的当事人，无论是公众人物，还是政府等公众部门，需要把时效放在更加重要的位置，在尽可能短的时间内释放正确声音，哪怕是情况来不及全部了解，也可以分阶段释放掌握的信息，用好“快”字诀。绝不能一遇到事情就惊慌失措，像鸵鸟一样把头埋起来；或者迁延时日，被动等待舆情发酵；或者自以为等下一个新闻热点出来，能够替代和覆盖此次事件。这些都是不负责任的做法，最终也会事与愿违。

（二）事实导向

有一句话说得好，“没有什么能轻易把人打动，只有真实”。公众无论是出于对真相的渴求，还是出于对自身直接或间接利益的关切，都对热点事件的来龙去脉、是非曲直有着强烈了解的渴望。传播主体要始终坚持实事求是的原则，传递事实、发布事实，不遮掩、不虚美。

不论出于什么样的目的，刻意“捂盖子”，隐瞒和捏造事实都会导致被动。一来，网络社会信息传播渠道多、速度快，很多事情不是想不想公开的问题，而是没法不公开，如果捏造一个谎言，后面需要用更多的谎言去掩盖。与其后面被动呈现事实，不如一开始就实话实说。

二来，如果一开始的信息就是虚假的并被公众拆穿，就破坏了自己的可信度，也切断了与公众建立信任的纽带，导致后面说什么别人都不信，哪怕说实话都会被怀疑，从而陷入塔西佗陷阱。而且，一旦事实的传递受到阻碍，真相无法大白，谣言就会四起。只有事实才是最好的澄清剂，让谣言止于公开。

（三）需求导向

每一次传播和表达，都是有特定的受众群体的。那么，充分了解和准确把握受众需求，以此为导向，有针对性地加以沟通，无疑是成功传播的题中应有之义。只有按需传播，才是高效率的，才是有诚意的，才能接地气，说到对方的心坎上。反之，如果置受众的需求于不顾，自说自话，哪怕说得再天花乱坠，也是失败的。

我们看一则 2020 年春天新冠疫情出现之初一则河南的防疫通告，看看它是如何体现这三个导向的。

河南防疫通告

这个春节莫瞎串，冠状病毒藏武汉。

疫情还没控制住，目前无法查病源。

传染途径已扩散，治疗方法有点难。

春节在家发微信，情到意到人安全。

人人做到早防范，野生动物莫嘴馋。

家庭保持通风好，讲究卫生好习惯。

多消毒来勤洗手，杀死病毒没后患。

出门就把口罩戴，切莫随意乱吐痰。

发热症状及早看，自行隔离不传染。

心态也要保持好，莫听谣言胆就颤。

国家全面布防控，卫健部门冲在前。

权威专家钟南山，八十高龄在一线。

临危不惧医护员，救死扶伤保平安。

坚决打赢防疫战，天佑中华渡难关。

这段防疫顺口溜，是在宣传贯彻河南省委省政府对群众疫情防控的普遍性要求，对象是基层的社区和农村居民。从文体上说，可归入"告知性公文"，类似于 15 种法定公文中的"通告"，即在一定范围内，公布应当遵守或需要周知的事项。

某知名公众号对这份通告进行了分析解读，特加以引用。首先，这份防疫通告好在哪里？

第一，受众准确。写文章首先要解决写给谁看的问题，是报给上级，发给下级，还是送给平级？是写给特定单位，还是面向全社会？显然，这份通告是写给对疫情还不了解的广大群众，特别是居住在农村、信息渠道不够畅通、科学知识还不丰富的群众的。

第二，语言鲜活。写给这样的广大受众，不能满篇都是标准公文用语，什么"根据""传达""贯彻""落实""指示""要求"等，这样没人看得下去。这份通告则通篇合辙押韵，朗朗上口，适合大声朗读，便于口头传播。

第三，要点全部涵盖，表态得当得体，做到了不隐瞒、不夸大，有规劝、有警示，既不会造成大的恐慌，又说明了当前形势的严峻，还表达了战胜疫情的信心。

这三点分析，对需求导向和事实导向都予以指出，而在疫情大面积快速传播的春节期间，加大对基层老百姓的宣传，也体现了时效导向。正因为如此，河南在紧邻当时最大的疫情发生地湖北省的严峻挑战下，取得了良好的抗疫成绩，成为被其他省份"抄作业"的标杆。

在瞬息万变的网络信息社会，面对复杂的时代与社会互动关系，随着公众权益意识的猛涨与对热点事件关切程度的日增，对一些大家普遍关心、形成焦点的事件，以往简单的公文披露已远远不够，这就对公共部门的沟通表达能力提出了更高要求。

近年来，一些地方政府在这方面表现突出，如 2018 年 8 月发生在江苏昆山的"反杀案"的警方通报，2018 年 10 月发生在北京丰台一商场的"抢孩子事件"的警方通报，都得到了公众的广泛点赞。这里以后一起事件为例加以说明。

2018 年 10 月 2 日国庆期间，发生在北京市丰台区的"商场里抢孩子"事件，披露于网络之后迅速引起广泛关注。光天化日，众目睽睽之下，居然有人敢明目张胆地抢夺别人家的孩子，这是何等的狂妄嚣张？更何况，发生在首都北京市，发生在国庆节假期，更加刺激了公众的神经：难道首都的治安乱成了这个样子？

10 月 6 号下午，北京市警方通报了这起案件的来龙去脉，案情水落石出，原来是几位大妈认错人了。北京市的治安根本不差，差的是老太太们的眼神儿。据通报，10 月 2 号上午，事主张女士携带 11 个月大的儿子在北京市丰台区大红门某商场内购物时，遇到 3 名女子抢夺孩子，商场工作人员制止了这 3 名女子的行为，并将孩子交还给张女士，3 名女子随即离开现场。

张女士报警之后，民警迅速出警，开展查找涉案人员、询问证人、调取监控录像等工作。在此期间，参与抢夺孩子的涉案人员两次到商场营运部，称商场工作人员抢走了自家的孩子并要求归还，被民警发现之后控制，带回派出所审查。

原来，老太太李某某的儿子儿媳感情不和，儿媳不肯让李某某见孙子。李某某在从事销售工作和外出旅游时结识了几位朋友，朋友在得知她的遭遇之后，出于对老太太的同情，准备帮助老太太抢回孩子。结果，事主张女士推着婴儿车从小区走出，被李某某误认成自己的儿媳，于是，一场远近轰动的抢孩子事件就在误会之中发生了。

10月3号，丰台区公安分局在了解了事情的前因后果之后，做出了不予立案的决定，对参与此事的李某某等4人做出行政拘留处分，其中一人因患心脏病等多种疾病被停止执行拘留。10月6日，北京市公安局的官方微博@平安北京又专门发布通报，将此事的原委向公众进行了详细通报。

对于事主张女士而言，无论抢夺孩子的人是认错人还是没认错人，她和孩子受到的惊吓是一样的。但是，在警方看来，虽然做奶奶的并没有监护权，但主观恶意少了很多，潜在的危险也少了很多。所以，在调查清楚事情的原委之后，对参与抢夺孩子的4个人免于立案，只给予了行政拘留的处分，既在情理之中，也符合法律法规。

在这起案件的处理过程中，北京警方表现出色，有两点值得肯定：其一，出警非常迅速，使得参与抢夺孩子的人迅速被控制，为快速查清案件打下了基础；其二，在案件处理过程中，及时通过官方微博通报情况，使关注此案的公众了解到事件的进展和原委，避免了种种猜疑和谣言。

以往在网络上出现种种谣言，往往是因为权威部门没有及时回应公众的关切，没有尽早披露事件的进展信息，导致公众没有准确的信息来源，于是乎，一些想象、猜测和演绎纷纷出炉。凭借着片面的信息，即使进行合情合理的推理和揣测，也未必能够准确地揭示出事情的真相，更何况还有人心怀叵测、借题发挥呢？

所以，避免谣言横飞的局面出现，最好的办法就是及时回应公众的关切，及时披露事件的相关信息。权威部门早发声，就如同铲除了谣言生长的土壤，即便有人想混淆视听，有权威信息做参照，谣言也难以流传。

在北京警方的努力下，一桩听起来颇有些吓人的新闻很快就还原了真相——一桩源于家庭纠纷的误会，相对于一起真正的抢夺拐卖儿童犯罪，此次事件对舆论的震动就轻微得多了，对公众心理上的影响也小了很多。

倘若北京警方因为事发在国庆节假期，处理起来不紧不慢，也不及时披露进展信息，任凭各方人士揣测议论，舆论就不知道会发酵成什么样子了。北京警方在处理此案时快查、快办、快通报，较好地回应了社会关切，很快就抚平了躁动的舆论，其效果远比事后澄清与辟谣要好得多，值得点赞。

对应前述的三个导向来看，在时效导向上，行动迅速，披露及时。从舆论发酵到最终发布通告，用了不到 4 天的时间。在事实导向上，披露的内容较为详尽，逻辑链也相对完整；在需求导向上，公众之所以对这一事件十分关注，在于它切中了生活的痛点与无奈，诸如日渐稀缺的代际交流，隔代之间亲情的阻隔，特别是在拐卖儿童行为仍未完全绝迹的语境下，任何

"抢孩子"的新闻都会引发社会的高度关注。正因如此，不能孤立地理解"商场抢孩子事件"，而是要充分考虑到新闻背后的现实与情绪，及时纾解公众的担心，回应社会关切的需求。而这次警方的处置和通告较好地做到了这一点。

与前面的良好实践案例相对应，也出现了不少在热点事件上罔顾公众关切、处置延迟、刻意隐瞒、事实不清的情况，影响了政府形象和公信力。比如，广受关注的"丰县铁链女"事件，当地政府先后发布的 5 份通告，自说自话，前后矛盾，左支右绌，缺乏诚意，导致公众的强烈不满。

正反案例告诉我们，复杂时代，纷纭世事，有关部门应该多一些处置复杂事件的思维能力，释放出更大的诚意。当舆情沸沸扬扬的时候，唯有以更及时的回应、更公开的信息披露，才能彻底消弭公众疑虑。

第十五章　舆情与危机处置

危机当前如何"釜底抽薪"

重视舆情在我国历史悠久。据《旧唐书》记载，唐昭宗于乾宁四年（897 年）在一封诏书中称："朕采于群议，询彼舆情，有冀小康，遂登大用。"这应该是"舆情"用于国家和社会治理最早的记载。随着新闻事业的发展，舆情也日益受到各方的重视和关注。

当今时代，互联网已经覆盖人民群众生活工作的方方面面，网络传播已经成为现代社会的主要传播方式，网络舆论无疑是舆论的主要组成部分，成为社会上各种组织了解舆论动向、更好回应社会诉求的风向标，也成为党和政府密切联系群众、服务群众的重要桥梁纽带。国务院曾下发多个文件，要求各级政府高度重视舆情工作，做好政务舆情回应。与此同时，因突发舆情导致企业遭遇重大经营危机、地方政府陷入困境的事件，近几年也屡见不鲜。

习近平总书记强调："群众在哪儿，我们的领导干部就要到哪儿去，不然怎么联系群众呢？各级党政机关和领导干部要学会通过网络走群众路线，经常上网看看，潜潜水、聊聊天、发发声，了解群众所思所愿，收集好想法好建议，积极回应网民关切、解疑释惑。"[1] 可以说，互联网时代，领导干部过不了网络关，就过不了时代关。这就需要增强互联网思维和意识，了解网络舆情的特点和规律，学会应对重大复杂网络舆情和突发事件的方法和技巧，不断完善网上舆情发现、研判、处置、回应机制，提高处理网络热点和公共事件的能力。在当今时代，这几乎已经成为每一名领导干部和管理者的必备能力。

一、舆情的特点和规律

网络舆论是指大众以网络为平台，对某些公共事务或焦点

---

[1] 中共中央党史和文献研究院编：《习近平关于网络强国论述摘编》，中央文献出版社 2021 年版，第 4 页。

问题所表现出的意见的总和。舆情，从字面理解是"（关于某事的）舆论的情况"，这固然不错，但还可以将其理解为"舆论和情绪"或者"舆论中的情绪"。这是因为，情绪作为一种潜舆论，其内容本身即是舆论的重要组成部分；同时，网络舆论的演化和网民情绪的传播几乎是同向同频，网络情绪还是舆论发展的风向标。

换而言之，围绕特定个体和组织所形成的网络舆论，即一定程度地代表大众对其的看法。综合情况下，这些舆论中的情绪反映着被评价对象口碑的好坏；而在特定情况下，舆论情绪的突然变化，还可预示大事件的发生。透过舆论情绪，个人和组织可以更客观地看到大众眼中的自己。理解舆论情绪，则有助于同大众构建良好的公关关系，获得舆情风险预警与应对指导。"识微看舆情"，下面通过几个传播学理论分析舆论情绪的主要特点。

（一）情绪传染效应

情绪是具有传染力的，一个人或群体通过情感状态和行为态度可对另一个人或群体产生诱导影响。社会心理学家古斯塔夫·勒庞在《乌合之众》中说道："每种感情和行动都具有传染性。群体事件中，人们有意识的人格已经消失，情绪和观念的感染、暗示的影响会使集群心理朝某一方向发展，并使暗示的观点立即转变成行动的倾向。"这种机制在网络中更加明显。

在对某一事件进行讨论时，网民的表达普遍夹杂着个人情绪，随着这些内容传播开去，会逐渐形成群体情绪感染。在这种机制的影响下，正面信息的呈现量越少，负面信息的呈现量越多。累积信息的性质，决定其唤醒情绪的性质。这一传染机制值得警醒的是，吐槽、抱怨等负面情绪在长久的积累下，具有发酵为大规模危机的可能。所以要正视相关的舆论情绪，对其态势进行评估与把握，警惕因负面情绪过高形成的恶性传染。同样，情感传染的影响是把"双刃剑"。通过加强正面信息的传播与引导，对相关的舆论情绪态势进行优化，发挥正面情绪的"传染"作用，也能从中收获正面影响。

"万人请辞哈利波特魔法觉醒策划"便是一次负面情绪发酵导致舆情的典型事例。2022 年 1 月 19 日，网易手游《哈利波特：魔法觉醒》上线新春活动，陆续遭遇玩家吐槽——"又氪又肝""阴间"。在"积怨已久"的情况下，针对游戏策划的负面情绪愈演愈烈。19 日 20 点左右，有玩家在微博开始刷 # 万人请辞哈利波特手游策划 # 的词条，吸引了其他网民的跟随，维权声量渐起并引发媒体关注。20 日早间，一些游戏大 V 的转载扩大了事件传播，更多网民加入并发声。直至中午，@ 哈利波特魔法觉醒官方账号发文致歉，并表示将在本日内公布具体优化方案，舆论声浪才得以平复。

（二）信息唤醒效应

这一效应指的是一些平时关注度和使用率都很低、差不多快被遗忘的"沉睡"信息，经某一个机制突然触发，被再次"唤醒"，进而产生的情绪、态度和行为的变化。而过高的信息唤醒，会使一个事件的传播更为疯狂，甚至让舆论走向失控。

例如，2022 年 7 月 26 日，湖南永州一女子称自己购买的卫生巾使用仅剩 3 包后，发现其中一包里有一只被压扁、干掉的虫子。这不是卫生巾行业第一次曝出卫生问题。在多起异物事件的曝光下，网民的怀疑、焦虑、不满等情绪被一次次唤醒，陷入更大的负面情绪中，对行业卫生生产状况的质疑成为主流舆论，事件相关话题下的负面表达更趋激烈。这意味着，企业承受的舆论压力与公关难度将更大。

同处一个行业中，当竞品被曝负面事件时，仅隔岸观火也是有风险的，企业难保这场危机的余威不会波及自身，因而同样需要提高警惕，做好自身风险防护。慎重考虑，若自己品牌的负面事件的澄清、善后完成程度不高，当危机再次来临时，即使是谣言，在信息唤醒效应的影响下，网民也更容易被挑起不良情绪，轻易地相信、站队，加大企业应对难度。

（三）"禁果"效应

这一效应也被称之为逆反心理，是网络舆论应对与引导中常见的现象。在一些负面事件中，过分限制某些信息的传播，反而会激起更多人们传播这些信息的欲望。越是禁止，人们越是好奇，好奇心会激发逆反心理，让网民同危机主体进行对抗，这不但不利于事件的解决，还可能招致主体公信力、形象的下滑。

当下一些企业、个人在面对负面信息时，会选择强势的压制措施，诸如删帖等行为，而这恰恰易触发"禁果"效应。据心理学家研究，决定人行动的有时是喜好，而非知识。在信息爆炸的互联网时代，传播力和影响力常常并不在于事实和逻辑的传递，而在于态度和情感的传递。因而在应对舆情时，正视这种情感传播，展现真诚负责的态度，而不是一味压制和封堵，其重要性并不亚于事实本身。

（四）乞丐效应

这是源于心理学的一个理论，体现的是"示弱"的力量，它在舆论情感中同样生效，主体通过展现相对弱势或感性的一面，可获得舆论关注与同情的效应。这种效应能够让企业等主体面临公关危机时，获得一定的同情和话语权，甚至带来舆论反转，扭转不利局面。

以这一效应获得成功的经典案例之一是"钉钉被打低分"事件。2020年2月，钉钉在遭遇网课群体大批刷1分的险情下，应用商店评分从4.7一度下降到1.3。2月16日晚上 8 点，"钉钉 DingTalk"在哔哩哔哩弹幕网发布了一个名为《钉钉本钉，在线求饶》的视频作品，对着各位"少侠"喊"爸爸"，向对钉钉恶意刷一星的用户跪求好评。这一波突如其来的"示弱"有效地缓解了局势，在求饶视频发布后的两天内，应用评分虽然仍处于低分段，但好歹是刹住了车，并逐步从 1.3 分回升至 2.6 分。钉钉以这一反套路成功消解了舆情危机，用主动自黑的手段"示弱"，降低对话层级，反转局势，甚至为自己赢得了一波正面关注。可见，在某些危机时刻，有时以强势手段彰显出的"力量"，还不如巧妙"示弱"来得更有效。

（五）共情效应

让大众成为"自己人"。本书前面在分析传播效果时提到过共情，这一由人本主义创始人罗杰斯提出的概念，指深入他人主观世界、了解他人感受的能力，是人与人情感联系的纽带。当下许多舆情热点的出现，便是因为大众的同理心触发共鸣，从而形成浩大的舆论声势。特别是在负面事件中，人们出于情感、利益和价值的感同身受，在共情效应下不自觉代入自己，产生不满、同情、激动等心理情感，从而走向联合，表达共同诉求，宣泄共同情感。

在处理危机事件中，提高共情能力是不可或缺的课程。以共情的角度向大众叙事，用人们能够听得懂、听得进的语言，拉近与受众的关系，从而带来一种自己人效应，使对方更容易接受传播方的某些观点、立场，甚至与其站在一起，共同面对危机、战胜危机。

近年来，国内民族品牌高支持率便能体现这点。2022 年 8 月初，面食品牌白象被曝面饼出现大量蚂蚁。"白象食品"对此发布声明：经核查，此事绝非本公司生产过程中出现的品质问题，白象所有生产工艺及生产环境均按照国家和行业标准严格执行。受暴雨捐款、避开"酸菜坑"、拒绝"日资"、支持残疾人就业等事项的影响，网民对白象持有较高的品牌好感度。因此，在此次事件中，白象同样获得了多数人的信任，主流观点倾向于白象成为网红品牌后就被眼红了，此事或是遭遇"黑公关"了，在占比 73% 的负面表达中，多是帮白象斥责"幕后黑手"的。

除了对舆论负面情绪的警惕与应对外，正面情绪内容的高效传播也值得重视和追求。在某些时候，甚至不需要借助大众媒体或其他主流媒体，通过人际传播，在短时间内就使信息传播呈几何式增长，达到良好的推广营销等目的。这往往被称为"病毒式传播"。之所以能生效，是因为它触动了人们的情绪，从而挑起传播热情。

宾夕法尼亚大学沃顿商学院的乔纳·伯杰教授在《疯传》

中将这些情绪因素拆解总结为 6 项：社交货币、诱因、情绪、公共性、实用价值、故事。通常来说，这 6 项因素相互独立，一旦其中某一个或几个发挥作用就能引爆流行。

二、舆情处理的基本原则

没有一个管理者对组织安全问题无动于衷，同样没有一个管理者能够打包票，自己的组织不会突发事故。加之社会进入大众传播时代，媒体报道涉及生活的方方面面，事件一旦出现，极有可能立马成为媒体报道热点。这时相关部门要在第一时间了解事情的真相并站出来发布声明，尽快防止舆论的进一步发酵和组织形象的损害，然后主动道歉并承担责任，表明决心和诚意，不断与大众保持真诚沟通，平息大众的不满。如果当事组织在媒体应对上失策，事件很快就会演变成一场真正的危机，使当事组织遭受重创。

危机应对之策，应该成为一个组织的战略储备，就如同武器库中储备的兵器，危机一来，拿起兵器就能战斗，如果没有兵器，就只能临阵磨枪了，失败在所难免。危机处理专家们在实际处理危机的过程中，总结出了各种有用的知识，它们涵盖从原则到策略、从策略到行为的一整套方法。

一般来说，成功的危机公关都做对了一些相同的事情，如危机公关中的 5S 原则，承担责任原则、真诚沟通原则、速度第一原则、系统运行原则、权威证实原则，这些已被证实为行之有效的方法和原则。比如，中国国际公共关系协会理事、闻远达诚管理咨询创始人李国威总结的"六度法则"，分别为：

态度，是否足够诚恳，认真反思了自身问题；速度，是否足够快速回答了公众最关心的问题；高度，摆脱自我中心和自我保护意识，从行业、社会、公众的高度认识问题，努力解决实质问题；气度，对批评开放大度，对误解不计较；尺度，承诺是否可以满足，是否会引发无限责任；温度，对于非自身责任的事件，仍对当事人表达感激、问候和物质馈赠。

我们以海底捞遇到的一次危机事件来看"六度法则"是如何体现的。餐饮行业的顾客基数大，食材不能完全标准化处理，加上海底捞较高的品牌知名度，关于产品质量的投诉经常进入公众视野。2020 年 7 月 12 日，济南市民郑女士和男友张先生去海底捞连城广场店用餐，在乌鸡卷里吃到了硬硬的东西，开始以为是脆骨，后来却发现是一种疑似塑料片的东西，向店员反映后，店员建议"不要再吃"，拿走了剩下的乌鸡卷，并提出免单和补偿 500 元的火锅券，但郑女士拒绝了这样的赔偿方案。

第二天，郑女士和张先生均出现胃部痉挛和便血，检查诊断为肠道出血，但不确定病因是否与前一天饮食有关。7 月 20 日晚，海底捞在官方微博发布"道歉启事"：

对于 7 月 12 日晚上，有顾客在海底捞济南连城广场店所点菜品乌鸡卷中出现塑料一事，我们表示非常抱歉。

经过对乌鸡卷产品供应商工厂进行的全面排查，已确定事件是因为在工厂灌装环节员工操作不规范，导致产品标签掉落到产品中。门店在分切、摆盘产品时失察，没有发现该缺陷。消费者在海底捞餐厅遇到的任何产品问题，我们都负有全部的责任。在此我们向顾客和广大消费者表示诚挚的歉意，支持顾客维护自身权益，并会积极配合相关部门的检查，承担经济和法律上的相应责任。

我们会深刻反省自身管理上的疏漏，无论是门店还是供应商环节，严格加强内部的生产流程规范和核查力度，并在门店端加强对员工的培训，严格按照规范操作，避免发生此类事件。

李国威按照 6 个"度"的标准对这篇声明进行了分析。从态度上说，非常抱歉，诚挚歉意；从速度上说，事件发生 8 天后，虽然针对个别事件，但仍然有些迟，速度的不足需要从其他"度"上加以更多的弥补；从高度上说，支持顾客维护自身权益，有一定的高度；从气度上说，不居高临下，不回避问题；从尺度上说，声明会积极配合相关部门的检查，承担经济和法律上的相应责任；从温度上说，体现得不够充分。尽管这篇声明没有达到完美的境地，但应该说它基本符合危机管理的原则。从某种意义上说，"海底捞式道歉"成了危机公关的某种典范，也让它度过了多次危机。

按照这样的标准来衡量，我们也能看到一些反例。

2017年11月8日，有家长在新浪微博上发帖称某品牌亲子园虐童，随即，亲子园虐童视频从新浪微博大规模传播开来。事件从8日下午到9日上午，一直出现在微博热搜榜。危机爆发后，该公司发布内部信道歉，在应对中避谈问责问题，甚至躲避公众关注焦点。这就是一个公关处置的反例，倘若在微博出现虐童视频初期，就监测到并第一时间回应公众关切，品牌形象所受的冲击不会如此大。

另一起事件是，2017年9月，国内独立测评机构蓝莓评测发布测评称，北京5家顶级五星级酒店存在客房卫生乱象，并将测评视频发布网络。事件被曝光后，涉事酒店居然没有一家主动回应此事，任舆论自由发酵。在媒体的追问下，几家酒店均表示：无法确认视频真实性。这也是一个反例，事件的发生反映出涉事企业舆情监测工作的不足，倘若在测评视频上传的第一时间监测到，在其还未大范围扩散之前进行合理处置，就不会导致品牌被推上舆论的风口浪尖。

在移动互联网时代，危机其实潜藏在各个方面，发生的概率大大增加，如果相关组织的意识和能力跟不上，很可能被不知来自何方的舆情所裹挟，受到意想不到的冲击。

2022 年 1 月 11 日，屈臣氏在美团上线一个"1 分钱面膜"的抢购活动，引发了不少"羊毛党"前去"薅羊毛"，消费者拿着抢到的订单去线下门店兑换，却吃了闭门羹，被告知没货了。根据一段网传 20 多秒的视频，某位屈臣氏直播间的女主播指责消费者："为了 1 分钱的东西，想要薅到，就像疯狗一样咬人。"引起很多人的反感。1 月 14 日 23 点 59 分，也就是直播间舆情爆发当晚，屈臣氏在其官方微博上致歉。

屈臣氏绝对不是最后一个在直播间出事的品牌。这再次印证了一个理论：当直播间成为"舆论场"，品牌直播间就相当于每天开一场发布会。那么，如何应对来自直播间的舆情呢？这不仅仅是代运营机构和主播的事，甲方内部也需要打通，形成一套关于应对直播间突发舆情和防止直播制造舆情的机制。比如，提前培训好员工，公关部和客服需要介入直播间，公关把控口径，客服解决产品投诉；同时，对品牌直播间及其带货直播考核的 KPI 不能只重销量，更要重声誉。

2022 年 3 月，某网红脱毛仪品牌在深圳多个小区电梯里投放的广告，出现"没有蓝宝石，我不脱"的广告语，被公众质疑"打擦边球""低俗"。7 月 21 日，其关联公司因发布的广告内容低俗，被市场监督管理机构处以罚款。

该品牌不止一次在广告宣传上"翻车"。2021 年，该品牌脱毛仪打出"高级女人用高级的"口号，不少消费者认为，这种口号涉嫌物化女性。"物化女性""低俗营销"是品牌翻车的常见问题，但为何屡禁不止呢？究其本质还是为了搏出位和吸引眼球，愿意以损害声誉为代价，"先出名，后道歉"。从根本上说，这是企业价值观的问题，如果在"道"上出现了偏差，无论怎样高明的"术"都是无用的。

三、舆情危机处置的常见方法

一般来说，在遇到舆情危机事件时，当事方常采用的方法主要有以下几种。

第一种是切割。就是在经过利弊权衡后，将出现问题的部分从体系中切除出去，使其不影响到整体，达到"丢卒保帅"的目的。切割有积极和消极之分，积极的切割有助于建立有效的"防火墙"，在一定的范围和限度内处置危机，提高处置的成效，避免其迁延广众，造成不必要的损失。而消极的切割只是为了逃避责任，迫不及待地抛出"替罪羊"和甩锅，避免殃及自身。我们常常看到的出了事之后让"临时工"顶锅就属于这一种。

第二种是淡化处理。在被突然波及而又没有特别好的处理办法，特别当有些事情不便公开言明时，或者面临不正确的指控、掉入越描越黑的困境时，当事方有时会对事件淡化处理，秉持"清者自清"的态度，希望谣言止于智者。互联网时代，热点众多，往往一个事件只有几天的热度，当事方在采取静默态度时，一般希望能有新的热点出来引发公众的关注，覆盖旧的事件。

第三种是对冲，就是用正面新闻和积极信息来对冲负面舆情的影响。一般来说，方式有两种：一种是常态化地在媒体投放正面信息，潜移默化地影响受众的感知，树立良好形象，一旦发生负面舆情时，受众会因为平时建构的良好印象而减少对当事方的苛责；另一种是当负面舆情来临时，在处理的同时，有计划地向受众输入正面信息，通过广告、新闻稿等方式，讲述关于自己的故事，塑造自己的形象，改变公众的认知。一般当事方会在事件发生并得到初步处理后采用第二种方法，适当有一点时间的延宕，运用得好甚至有"浪子回头"的效果；但如果时机和方式掌握不当，也会引起公众的反感，被认为是"洗白"，所以要周全考虑、慎重运用。

第四种是诉诸权威。当自己不便于出来说什么时，当事方有时也会通过第三方他证的方式来为自己辩解。比如，请相关行业专家或意见领袖出来发表意见，他们的观点通常被认为比当事方更客观公正，更少受利益和立场的影响。有时也可以请上级机构和主管部门出来加以澄清。比如，某央企负责人被质疑领取天价年薪，其实媒体只报道了表象，而没有看到背后的真实情况，企业在此时无论怎么说都可能被过度解读，所以请上级机构和主管部门出来发言澄清事实，就起到了很好的效果。

第五种是消除内部影响。一个负面舆情事件的发生，除了在组织之外产生巨大影响外，也会在组织内部带来情绪波动和各种压力，甚至产生矛盾，当事方需要敏感地察觉局势和内部成员的心理变化，采取适当的措施，对内部加以解释、说明、安抚，减少猜疑和压力，也减少处理问题的阻力，从而起到稳定军心、众志成城的作用。如果处置得好，危机事件不仅不会影响到组织的战斗力和团结，反而会使内部达成共识和提高凝聚力；但如果不重视或者处置不当，也可能导致组织内耗甚至崩溃。

我们看一看海底捞处理的另一起舆情危机事件。2017 年 8 月 25 日上午，《法制晚报》下属的"看法新闻"发表了一篇标题为《记者历时 4 个月暗访海底捞：老鼠爬进食品柜 火锅漏勺掏下水道》。文章中，记者卧底了北京海底捞劲松店和太阳宫店，发现两家店的厨房都出现了不良现象。其中在劲松店后厨发现有老鼠爬进装食品的柜子，工作人员将扫帚、簸箕、抹布与餐具一同清洗。而在太阳宫店，记者发现火锅漏勺用作掏下水道垃圾的工具。

遭遇"老鼠门"危机之后，海底捞这次的危机公关被业内人士称为"教科书般的操作"。在事件爆发三个小时左右，海底捞迅速做出了两份回应，一份对内，一份对外。在既有负面事件不变的情况下，将舆论导向迅速反转。

8 月 25 日 14 点 46 分，海底捞在其官方微博和官网发布致歉信（对外）。其内容包含：首先承认了曝光内容属实；提供过往处理类似事件的查询通道；感谢媒体和公众的监督，表示愿意承担相关的经济和法律责任；承诺在所有门店进行整改，后续将公开发出整改方案。

8 月 25 日 17 点 16 分，海底捞在其官方微博和官方发布处理通报（对内）。内容包括对涉事门店的停业整改处理，所有门店开启卫生排查，接受公众、媒体的监督，安抚涉事门店的员工，董事会主动揽责。

8 月 27 日 15 点 04 分，海底捞在其官方微博发布《关于积极落实整改，主动接受社会监督的声明》。内容上，海底捞除了表明加强员工培训、落实整改措施，还承诺将在全国门店实现后厨操作可视化。

有人将海底捞的危机公关策略概括为：锅我背、错我改、员工我养。在海底捞发布了致歉信和处理通报之后，因为反应迅速、道歉态度诚恳而平息了不少消费者的怒火。致歉信发布之后，大众的关注点集中在海底捞这次"危机公关的成功"，整个事件的讨论角度被成功转移。

根据之后的报道，海底捞在全国门店完成了整改内容，其中全国 60 多家老店是改造重点，单店平均花 5 万元升级监控。

此外，海底捞增加后厨展示区域，北京所有门店后厨实时直播，并且海底捞在门店设置参观卡，消费者可申请参观后厨。

对于海底捞"老鼠门"事件危机公关的成功之处，有过不少分析讲解，比如，反应迅速，4小时内做出反馈、有完整的危机处理方案、管理层主动揽责、安抚员工、引入权威机构等，特别值得一说的是处理过程的透明度，挽回了客户的信任，尤其是给出了每个整改措施的具体负责人，让公众产生了真实感。从中可以看出，当遇到负面舆情时，直面问题、勇于承担责任才是应有的姿态。

海底捞"老鼠门"这一"教科书式的危机处理"，确实提供了值得借鉴的应对方法及注意事项。

首先，其做法遵循了危机公关两大原则：黄金四小时法则，重建信任原则。

其次，采取的5种做法是有效的。一是敢于认错。事发4小时即公告认错，致歉、表愧疚、道谢、承诺俱在。二是诚心赔偿和承担损失。首个公告中即表示"愿意承担相应的经济责任和法律责任"。三是突出优点。"每个月我公司都会处理类似事件，处理结果也公之于众"，展示公司网站确实存在的先前相关内容，其对展现好的认错态度很有帮助。四是纠正过失。对涉事门店及时主动停业，承诺整改，并迅速拿出体现高度重视的行动计划，与政府主管部门顺畅对接，接受意见。五是号召行动。"将积极参与北京市正在倡导推行的阳光餐饮工程，主动将门店实施后厨操作可视化"等。

最后，在危机公关的信息披露上符合"五报"的要求。快报事实，事发 4 小时即公告认定事实，减少节外生枝和谣传可能；诚报态度，通过诚挚的致歉、致谢、承诺等，配合迅速拿出极为重视的改善方案，体现了诚意；慎报原因，海底捞给出的原因是"公司深层次的管理问题"，这个归因是相当准确的，而且暗合大众对餐饮业的一贯印象和理解；勤报进展，事发一天半内三个正式公告，及时披露了事件处理的进展；少报负面，对可能会再度引起公众反感的负面信息加以控制。

在互联网时代，个体和组织要做好舆情管控和危机处置，需要健全机制、明确责任；分级管理，责任到人；维护媒体、保持沟通；收集信息、有效管控；提升能力、熟悉业务。同时，防微杜渐是必要的工作。最好的危机公关永远是消除危机于发生前。

第十六章　参与式新闻与公共表达

在纷繁话语场中"守脑如玉"

新媒体让新闻生产与接受曾经"壁垒森严"的界限消融，参与式新闻逐渐成为新闻传播的主要形态。这既带来了公民新闻的兴起，也对公众的甄别、表达和说理能力提出了更高的要求。

新闻传播既呈现千岩竞秀、万壑争流的生动局面，也伴随着信息芜杂、噪声污染的持续困扰，真可谓"让人欢喜让人忧"。直面新媒体"成长的烦恼"，方能扬其所长、纾其所困，真正助其行稳致远，裨益社会。

新媒体时代，社交特质让人人都拥有麦克风，成为"自媒体"，技术赋权于普通人，也赋能于整个社会。虚拟的网络关系，成为一个人重要的"社会资本"。然而，现实世界中，这项"社会资本"却充满"变数"，使用不当，就可能引发舆情啸聚，甚或引爆社会风险。在现代社会治理中，公共参与和公共表达，如同天平的两端，掌握二者的动态平衡点，始终是检验现代化治理能力高低的关键。

由此可见，公共参与既可能滋养公共之善，也可能助长集体暴戾。一旦失衡错位，还会导致"公地悲剧"，让宝贵的公共言说空间失去应有的公共协商价值，成为堆叠社会情绪、消解社会信任的"话语垃圾场"。这个"话语垃圾场"，不仅是"话语废品"的集散地，还可能污染周边的话语环境，让乐观者消沉、让悲观者无力，最终让全社会蒙受事实失位、情感失衡、价值失序的无序局面。

有鉴于此，在参与式新闻中，能否善用、如何善用公共表达，成了亟待关注的公共议题。因为它直接关乎高质量的社会对话能否顺利实现，关乎高品质的社会共识能否有效达成。

在此，先让我们一同聚焦参与式新闻中淤塞公共表达秩序的三类"梗阻"，再来一并探索疏通"梗阻"、重建表达秩序的三条路径。

一、探源三类"梗阻"

新媒体崛起，将"小编新闻学"、话语暴力、网络"潜水"推至前台。话语暴力的危害自不待言，"小编新闻学"、网络"潜水"在一定情境下，亦可能转化为公共表达的"梗阻"。这三类"梗阻"，淤塞着受众的信息甄别、理性表达与说理能力。故而，探源三类"梗阻"生成的底层逻辑，才能为疏通"梗阻"、畅通表达提供有益的思路。

（一）"小编新闻学"

首先，让我们来了解一下什么是"小编"以及"小编新闻学"。所谓"小编"，狭义上是指机构媒体编辑人员在新媒体端以表自谦的称谓；广义上则有越来越多的自媒体平台非原创型作者，编辑、眉批、转发新闻事件的相关报道，为拉近传受距离、模糊专业边界，也自称为"小编"。

本章所讨论的"小编新闻学"，是指在社交媒体上，报道内容与专业角色有别于传统新闻学的一种新闻编辑现象。"小编新闻学"既能激活传播效能，也可能诱发传播失序：

一方面，"社群编辑透过生活化留言与使用者交流，但避免对争议性事件表态，扮演起'网友'的角色"；

另一方面，"偏爱情感互动，'善于'情绪动员。促使新闻公共价值让位于社群营销"。[1]

让我们先来看一则案例：

2022 年 11 月 6 日，在郑州市召开的疫情防控第三十四场新闻发布会上，桐柏路街道某社区负责人因在会上讲述了自己"因工作而错过了女儿十八岁生日"，而旋即登上热搜。此后，围绕"郑州一社区书记发布会上感慨'错过女儿成人礼'"，网络舆论场争议不断。

在当天的发布会上，该负责人称：

前几天是我女儿 18 岁生日，然而我却缺席了她的这场成人礼，当时她给我发来一段和猫咪的视频，告诉我她很好，让我多爱自己一点，我把这个视频发到了朋友圈，当时我们很多志愿者在我的朋友圈里，他们立刻截图在居民群里广泛转发，还为我的女儿送来了各种各样的祝福。

还原事实情境，其实在当天的发布会上，该负责人还讲述了很多与抗疫有关的一线故事：比如，有志愿者连续 6 天负责核酸检测，到第 6 天检测核酸阳性；社区为在一线奉献、直面风险的志愿者提供"百家饭"，志愿者担心"会变胖"等感人

---

[1] 参见刘昌德：《小编新闻学：社群媒体与通讯软体（即软件——引者注）如何转化新闻专业》，《新闻学研究》2020 年 1 月。

的一线经历。① "错过成人礼"只是其间的一个部分，但最终演化为网络舆论聚焦的全部。究竟原因何在？

从职业身份看，公众对基层工作人员赋予了期待。有网友指出，权责相等，是基层工作人员履职的规范。有网友点评说："普通人都会因为防疫或多或少舍弃一些。如果她想做个好母亲，完全可以放弃这个职务。""些小吾曹州县吏，一枝一叶总关情。"这是传统文化基因中，一以贯之的为政道德标尺。在疫情防控吃紧的当口，若以此视角加以审视，诚如一位网友所指出的，该负责人"在错误的时间和地点，说了虽然无伤大雅，但却难以被共情的话"。这是引发舆论热议的起点所在。但在整个舆情事件中，还有一个引致舆情不断升温的关键，那就是"小编新闻学"的介入。

整个舆情事件中，"小编新闻学"是如何介入公共表达的？可以从三个关键节点进行分析：

其一，引爆期："爱恨只在一瞬间"。从舆情"山雨欲来"到舆情事件爆发，间隔极短、"烈度"颇高。"小编新闻学"参与公共表达的途径分为直接的情绪唤起与间接的只转不评。

个人的自媒体账号主要使用了直接的情绪唤起方式介入公共表达。直接诉诸强烈的情感判断与价值判断，挑动公众敏感

---

① 参见陈垠杉：《郑州一社区书记发布会上感叹"错过女儿成人礼"惹争议，多家媒体发文》，《中国青年报》微信公众号 2022 年 11 月 8 日。

神经，召唤"情感共同体"的集结与围观，为爆发的舆论情感"蓄势"：

> "到底是得有多脑残，才会把错过女儿成人礼这种事情拿到疫情发布会上说？"

> "社区女书记的成人礼哽咽，是撒在郑州人伤口上的一把盐。"

市场化媒体机构在社交媒体账号中，则更多使用了只转不评的方式介入公共表达。凸显争议性事实，让网友观点自发集聚，为爆发的情感"储能"：

> "郑州疫情发布会上女社区书记动情讲述：我缺席了女儿的成人礼。"

事实证明，公共表达平台中如果缺失意见引领，很有可能造成网络中情绪的非理性、极端化，戏谑调侃的表达成为主导，淹没人们对真问题的关注，不自觉地陷入了抛离理性精神的"话语狂欢"：

> "这么难受别干了呗。"

> "你本人过过 18 岁成人礼吗？"

> "我还耽误了修指甲呢，我哭了吗？"

其二，蔓延期：情绪给事实"煽风点火""火上浇油"。在舆情议题演化过程中，自媒体的"小编新闻学"纷纷登场，主导了公众讨论框架的走向。为了提高点击率，"小编"采取提高情感互动，进行情绪营销的策略。

此时正当新闻事件发酵的"敏感期"，面对"沸腾"的舆情，该负责人选择正面回应。该负责人站在室外，手持扩音器，"我觉得我没做错什么"的"强势"表态，一方面暴露了缺乏回应智慧的"致命伤"，另一方面也在"小编新闻学"的"助攻"下，迅速演化为"舆情次生灾害"。

比如，××新闻广播微博账号推送短视频节目称：

"家人们，没想到社区书记错过女儿成人礼这件事儿，还有后续。"

"没错，就是那种当街拿着一个大喇叭的'狂吼式'的回应"。

"这份'雪上加霜'的回应，活该错过群众的宽宥和体谅。"

还有，××时评的媒体微博账号，发布短视频点评称：

而在视频的最后，当她说完"大家理解一下"这几个字之后，×××的一个甩向听众的白眼，更是被亿万的网友铭记在心，纷纷表达了自己的观点。"本来只是看看热闹，看到这个眼神彻底反感。这哪里是在澄清，分明就是在挑衅。"

某著名商业网络平台的入驻自媒体撰稿人，在该平台发布《×××拿大喇叭回应，其丑陋让人深思》的文章，称：

×××到底冤不冤，个人觉得挺冤的，本来错过女儿成人礼已经很难过很遗憾了，大家还不理解她，如果我能吃饱饭，能过上奢侈的生活，我想我会理解她的，她一定是一位好母亲，可是现在的小编还需要努力，抱歉了，暂时不配！

公共发言，本应慎之又慎。理应析事明理，探究沟通的"堵点"，搭建理性对话的桥梁，进而匡正人心。然而，纵观"小编新闻学"主导下的报道，情绪渲染驱赶了公共讨论，情感互激取代了事实反思。情绪陡然升温，理性骤然降温。

其三，偏焦期：情绪与事实的"零和博弈"。"新闻起哄"成为主潮。

随着舆情的持续演进，网络上出现越来越多偏离核心议题、转移讨论框架、虚构"稻草人"的情况。甚至加入"人肉"搜索的网络暴力中，不惜以讹传讹，制造"大新闻"的轰动效应。

不久，即有网友"爆料"称，该社区负责人"名下疑似有数家企业，其中一家为河南某医疗器械公司"。经过"小编新闻学"的"精心编辑"与二手"传递",再次引发网友的集体亢奋。诸如《劲爆消息,×××拥有两家公司,主营业务更是妙绝!》《网友爆料×××疑似是河南四家公司的幕后老板,资产至少上亿》等标题,将舆情事件引致更加扑朔迷离与群情激奋的境地。

事后证明,这是一个同名同姓的"乌龙事件"。但是,部分网友通过网络,找到了同名同姓者的电话,从凌晨3点开始,就打电话、发信息进行骚扰。"有些人接通了电话之后就直接骂人"。不让真相"再飞一会儿",而让情绪"横冲直撞","小编新闻学"缺乏严肃的新闻理念、缺失严格的专业操守,在舆情演化的偏焦期,出现了情绪与事实的"零和博弈"。只重情绪、无视事实;情绪超载、事实失重。在情绪与事实的"零和博弈"中,事实荡然无存,情绪"攻城略地",让公共参与化为情绪宣泄,让公共表达陷入话语狂欢的"沼泽"。

然而,舆情事件并未就此终结。11月9日,一段时长21秒的"郑州×××书记确诊阳性,撒泼不走"的短视频在社交媒体刷屏,再度引发舆论哗然。但事实证明,这则视频是被断章取义剪辑的:视频所示是当天的社区转运工作,此负责人彼时正处在协调转运工作的基层一线。

复盘整个舆情事件,《人民日报》海外版旗下微博账号侠客岛的评论,可谓中肯:

疫情防控发布会要多讲办法少打悲情牌

这两天，因为在发布会上哭着说"错过女儿成人礼"，郑州一女社区书记被骂惨了。许多网友对这种"悲情牌"并不买账，写出"我已穷得揭不开锅，你却说你没按时吃燕窝"的段子来进行讽刺调侃。

岛叔觉得，郑州发布会最后这个"人情味儿"加得确实画蛇添足，暴露出有关部门在公众沟通、舆论宣传方面的短板。发布会是一个解决公众关切，凝心聚力、增信释疑的场合，而不是个人专访。郑州防疫正是吃紧的时候，大家想听的是工作人员用具体数字、案例告诉大家："情况我们都掌握""物资我们有储备""问题我们有办法""反馈我们有渠道"……而不是在这个时候这个场合过度抒情、"倒苦水儿"，打"悲情牌"。

更何况，信息时代人类的悲欢高度互联。大家前脚刚看过一位阳性密接外卖员的一天，感慨疫情中每个艰难谋生的普通人都不容易，后脚就看到某"书记"因错过女儿成人礼而哭泣，相形之下，"书记"的眼泪不仅瞬间贬值，甚至还会反噬，变作当代的"何不食肉糜"。

当然，基层人员很辛苦，在疫情防控中付出了很多。感兴趣的朋友也可以看下发布会全程，女书记的社区还是总结出一些经验的。疫情期间，每个人都要跟社区打许多交道，岛叔希望全国干实事儿的社区书记们还是越多越好。

实干和宣传，本应是我们干部的两大法宝，两手抓两手都要硬。在"干得好"的基础上，也要逐渐"说得对""说得好"。会说不会干，迟早要完蛋；会干不会说，最后白忙活。快三年了，我们为防疫已经投入了如此巨量的资源、付出如此巨大的努力，干部们在工作中一定要把道理讲明白，把姿态放低，才不至于费力不讨好，为民反把民心失。①

新媒体环境下，公共参与与"小编新闻学"彼此激荡，共同推动了舆情事件从引爆期、蔓延期到偏焦期的动态演进。公共参与与"小编新闻学"既提升了舆论监督、舆论问政水平，也对公众的信息甄别、理性表达和公允说理能力提出了新的要求。

（二）话语暴力

接下来，让我们再来一同剖析在公共表达中"横冲直撞"的话语暴力。话语暴力的"烈度"从轻至重依次分为群嘲、谩骂与欺凌。

第一是群嘲：

2022 年 10 月，河北省石家庄市的李永平、于江通过职称

---

① 《疫情防控发布会要多讲办法少打悲情牌》，"侠客岛"微博账号2022 年 11 月 8 日。

评审，"成为当地最先取得初级职称的新型职业农民"①。两人均是当地农业现代化经营的典型代表。比如，报道显示，李永平经营的农场已经带动 500 余户乡里乡亲共同致富，"增收达到110 多万元"。此则消息一经报道，随即引发网络群嘲。有网友点评道：

"我想笑，实在绷不住。"

"请问给锄头办证吗？"

"没有职称就没有资格种田，那田地会不会被收走？"

事实上，如果细心检索相关资料，就会发现：2022 年 10月 10 日，河北省石家庄市人民政府在其官网上就发布了政策要闻——《石家庄首次启动新型职业农民职称评定 "土专家""田秀才"们将获评职称 激励各类人才到农村一线干事创业》，对申报条件进行了较为严格的限制。同时还指出，"对取得中级职称的新型职业农民，一次性给予 2000 元奖补"，等等。目的是为了"提升职业农民的社会认可度"，为我国农业现代化储备"接地气"的一线技术技能人才。

从现实看，我国农业生产经营，如何克服粗放模式、转型为精细化模式，走现代化、集约化之路，是关乎大国粮仓建设与农

---

① 钟煜豪：《农民评职称遭冷嘲热讽？多家媒体肯定其示范意义》，澎湃新闻 2022 年 11 月 5 日。

村振兴的重大问题，是丝毫不容轻视的"国之大者"。守好"米袋子""菜篮子"看似微不足道，实则重达千钧。它一头连着民生福祉，一头连着国家安全。不妨说，农业不牢，地动山摇。

尊重农业的基础地位、倡导农民的智慧耕耘，理应受到全社会的关注与关怀，而非冷眼旁观与冷嘲热讽。让"泥腿子"化身"土专家"，我们更应当做的是追踪政策实施的效果、纠偏政策执行的误区，提出更加"接地气"的建设性建议。既乐见其成，也弹射利病，这方是正确的"围观"姿势。

第二是谩骂：

2022年11月7日，山西省忻州市定襄县一名新冠阳性密接者的流调报告登上热搜：

这份11月2日的报告呈现的是外卖骑手张军的一天：6时20分离开家，至晚上22时53分送完最后一单外卖，这天，他总共送了65单，其间只花费10分钟吃了一顿饭。①

这位被一部分网友喻为"流调中最勤劳的外卖员"，同时也被另一部分网友攻击谩骂为"祸害定襄"。一个普通外卖员的普通一天，就此演化为网络热搜事件，推上舆情的风口浪尖。公共表达中的攻击谩骂（包括污名），如同"情绪瘟疫"

① 刘昱秀等：《"阳性密接外卖员的一天"刷屏！本人发声，这两个字他反复提起》，澎湃新闻微信公众号2022年11月8日。

一样，侵蚀社会的基本价值、侵害社会的基本共识、消弭社会的基本信任。

这提示我们，在公共表达中，如果"同情的理解"难以达到，我们至少应该追求先理解事实，再尝试同情与共情。否则，我们只能在一片谩骂声中失去最为可贵的定力与定见。

第三是欺凌：

2022 年 11 月 2 日凌晨，一则微博登上热搜。发文者陈述了下列事实：

母亲是河南省新郑市第三中学的一名历史教师，10 月 28 日上完网课后独自倒在了家里，两天后才被发现并确认因心梗去世。①

"上网课时，直播间被人故意播放刺耳音乐，有捣乱者恶意威胁，种种话语不堪入耳。"②

根据女儿在微博中的回忆，针对此位教师的网络暴力行为从 10 月初就已经开始。被实施网络暴力的教师承受了巨大的精神压力，"最终导致了悲剧"。

一时间，这种有组织的、破坏网课教学秩序的专有名词

---

① 参见《教师网课后离世，官方通报》，澎湃新闻客户端 2022 年 11 月 2 日。
② 赵丽：《"网课爆破"污秽不堪涉嫌违法犯罪——记者卧底"网课入侵"群开展调查》，《法治日报》2022 年 11 月 5 日。

"网课爆破"迅速被人熟知。"网课爆破"不啻为一种欺凌行为，更有人点评说，其如同是虚拟空间中的"黑恶势力"，坐视不管，只会给社会造成更严重的戕害——不仅干扰教学秩序，还会荼毒青少年的身心。"网课爆破"是公共表达事实失位、情感失衡、价值失序的严重形态，将参与精神扭曲为团体暴戾，将表达沟通畸变为多重暴力，是公共参与与公共表达走向歧路的表现。因而，言有尺，行有度，不触碰道德红线与法律底线，理应成为一种互联网世界必须坚守的公共契约。

（三）网络"潜水"

最后，让我们一同关注互联网中一种容易被忽视的新闻参与与公共表达形态——网络"潜水"。

这些网络"潜水者"，为数众多，相对被动，却代表了网络舆论真正的"基本盘"。然而，这个"基本盘"究竟"长"什么样子，却显得"难以捉摸"。

为什么"难以捉摸"呢？这是因为，以往我们关注的更多是舆情事件中公共表达的"重度贡献者"（经常发言者）与"间歇性贡献者"（偶尔发言者），而对那些从不发言或极少发言的群体关注甚少。学者 Nielsen 2006 年在《参与不平等》一书中提出了著名的"90-9-1 原则"，说明关注"潜水者"有多么重要。Nielsen 的研究指出，在互联网公共表达中，90% 的人从不发言，默默地扮演着"潜水者"的角色；9%的人扮演着偶尔发言的"间歇性"发言者角色；而仅仅有1%的人，扮演着真正热衷于在互联网中频频发声的"重度"发言者角色。

因此，在注重网络"口水仗"的激烈公共表达之外，那些"沉默的声音"其实更加值得"聆听"。

事实上，舆情事件中，网络"潜水者"浏览、"旁观"等行为，蕴藏着无声的意见表达，也会蓄积起巨大的潜在情感动能。数量庞大的网络"潜水者"，以一种不见其行的公共参与、不闻其声的公共表达，形成舆情事件隐隐约约的"意见气候"。这种"意见气候"，说它有形，隐而不彰；说它无形，朦胧可感。"隐秘而强大"是它的基本特点。

这提示我们，观察"潜水者"的社会参与、意见表达，同样重要。没有声音，不代表没有态度；没有语言，不代表没有思考。这是我们关注公共参与与公共表达的"显变量"之外，需要特别留意的"潜变量"。经验证明，只有善于听取"此时无声胜有声"，才能有效规避"别有幽愁暗恨生"的社会舆情复杂局面。"显舆论"与"行为舆论"（指社会行动、社会运动）之间的"潜舆论"，影响力同样不容小觑。"潜舆论"一旦"淤积""郁积"，就有可能诱发高烈度的事件，甚至影响社会正常秩序。

综上所论，只有畅通公共交流的"梗阻"，疏浚公共表达的沟通渠道，方能"于无声处听惊雷"，及时洞悉隐形的社情民意。

二、提升三种能力

面对上述三类"梗阻"公共参与、"淤塞"公共表达的障碍，我们亟待提升"守脑如玉"的定力、理性自制的内力与打捞"沉没的声音"的功力。三力合一，我们方能破除"梗阻"，清除"淤塞"，让公共参与与公共表达发挥更加稳健而积极的社会价值。

（一）提升"守脑如玉"的定力

上文提及了"小编新闻学"与网友互动的三个阶段中可能产生的"问题清单"。如何善用"小编新闻学"平易、亲民的话语风格，激活公共参与的热情；又规避负面问题，倡导尊重事实、尊重理性价值的公共表达精神呢？主要有以下三点对策：

首先，"核"字诀。一事当前，应当先进行事实核查。核查要件涵盖以下方面：报道出处是什么？来源是否权威？是否为一手报道？关键是否事实交代清晰（至少包含 5W、1H：何时 When、何地 Where、何人 Who、何事 What、为何 Why 与如何 How）？这些要件的核查，有助于我们过滤失实信息，避免各类谣言。概言之，事实核查，就好比一扇发挥屏蔽功能的

"大门",完成事实核查全流程,就好比我们拥有了进入公共参与之"门"、开启公共表达的"入场券"。

其次,"比"字诀。舆情事件中,要善于比较围绕事件展开的多元"议题框架"。首要的是,看围绕舆情事件,大致分为几类基本观点、设置了哪些讨论方向?观点之间的"争鸣点"与"争议点"何在?是事理之争还是情理之辨?

在此基础上,在比较不同的"议题框架"过程中,透过现象看本质。有怎样的"取景框",就会看到怎样的风景,议题框架背后是观察问题的"取景框"。"取景框"的选择背后,实则折射了价值与立场。从核事实到比立场,我们"守脑如玉"的定力又在不知不觉间提升了一级。

最后,"稳"字诀。在"公说公有理,婆说婆有理"的公共表达中,既要多元聆听、从善如流;更要择善固执、"守脑如玉"。唯此,才能在输入不稳定的芜杂价值后输出稳健的价值表达。在"唯快不破"的互联网中,我们更应当相信"相信的力量"。

(二)提升理性自制的内力

有人认为,网络暴力产生的心理动机包括两类,一类是道德审判,一类是宣泄式攻击。

道德审判方面:面对公共事件,有些人不分青红皂白、无视具体情境,一味横加道德指责,在道德优越感中传递社会怨憎情绪。故而,理性平和的"内力",就显得尤为必要。

宣泄式攻击方面:除了个别网友心态失衡、恶意攻击他人的个体化行为外,往往还伴有"网络推手"在幕后推波助澜。这使得网暴者演化为一种有组织的虚拟空间"黑恶势力"。我们在拒绝成为网络暴力被害者的同时,也要守好道德底线、把好自制关口,杜绝因一时偏激而沦为施暴者。

(三)打捞"沉没的声音"的功力

《人民日报》曾经发表过一篇题为《倾听那些"沉没的声音"》的评论,文中说道:

> 在今天的中国,能听到各种声音。两会会场中代表、委员纵论国是,报纸杂志上不同思想交流探讨,新闻评论跟帖动辄上千条,近2亿网民随时写下140字微博……条条声轨,汇成合奏,呈现这个时代多元多样的复杂图景和蓬勃活力。

> 我们迎来了表达的"黄金时代",但仍有许多声音未被倾听。一方面,有些声音被淹没在强大的声场之中,难以浮出水面;另一方面,也有些声音只是"说也白说",意愿虽表达,问题未解决。这些,都可谓无效表达,有人称之为"沉没的

声音"。①

的确，互联网让参与式新闻触手可及，令公共表达"喧嚣鼎沸"。但是这背后，是"大音希声"般的"沉没的声音"：

那些为网络关注、被媒体聚焦的热点事件，只是"冰山的一角"，海面之下这些体量更大的冰块，才是让冰尖浮出水面的庞大基石，也才是决定社会心态的"潜意识""核心层"。②

因此，要防止"沉默的声音"转化为"沉没的声音"，避免社会情绪"淤积"突变为"火山喷发"，就需要善于在"众声喧哗"中，锻造打捞"沉没的声音"的功力。

一方面，了解社情民意，不仅要有"互联网+"的思维，也要有"互联网-"的思维。利用互联网不意味着能善用互联网。在真实生活中，我们普遍存在着对互联网的"注意力内卷"。网络舆情固然重要，但对社情民意的了解，不能离开脚踏实地的调查研究。

另一方面，了解社情民意，不仅要"治已病"，更要"治未病"。"上工治未病，不治已病"。要打捞"沉没的声音"，疏浚互联网公共表达的"堰塞湖"，恰恰需要从关注沉默的声音开始。

---

① 《倾听那些"沉没的声音"》，《人民日报》2011年5月26日。
② 《倾听那些"沉没的声音"》，《人民日报》2011年5月26日。

第十七章　警惕新闻的消失与变形
别让真正的新闻渐行渐远

> 当我们打开微博的"发现"功能，映入眼帘的"热搜"中，有相当一部分是莫名其妙的狂欢式娱乐"新闻"与"八卦"新闻。

有一篇新闻评论，非常准确地分析了狂欢式娱乐现象：

从一个又一个热搜常客"某某"开始，人与人的信息壁垒变得愈加厚重、分明：你眼熟它，可你分明不认识它。你的眼前分明在上演一幕语言不同的话剧，你无法看懂他们都在狂欢些什么。[①]

近年来，自媒体的崛起、全球社会环境的变迁，带来了新闻业态剧变，新闻传播中出现种种乱象，值得警惕：

首先，是事实与价值的关系颠倒。如严肃新闻的消失，导致只有意见没有事实，价值判断不再建基于事实判断之上；假新闻与谣言泛滥，反转流行，事实被情绪"绑架"；真相缺失与网络舆论的幻象，使公共舆论"气候"难以捉摸；刻板成见流行，"简单而粗暴"地贴标签行为，抹杀了社会的多元性与复杂性。

其次，是人与技术关系的错位。如信息茧房"禁闭"了拟态环境；算法的不当使用，让我们驶入资讯丰富的新闻"绿洲"时，只见树木，难见森林，算法把变换的新闻风景，窄化为车窗中永恒不变的观赏视角。

最后，是人与人关系的失调。互联网喧嚣的舆论"浮沫"外，是无比沉静而又数量庞大的"潜水者"。"世界继续热闹，我依旧是我"，正是大多数人的沉默，让虚假民意甚嚣尘上；"毒鸡汤"、营销与软文泛滥，让社会成员的互信成本与日俱增；新闻立场的偏颇带来"煽色腥"与歧视、个人隐私与侵权，让新闻成了人类"自私的基因"的"培养皿"、复杂人性的"放大器"。

---

① 文和刀：《热搜上的新闻，能否不要这么无聊》，"九派评论"微信公众号 2022 年 11 月 10 日。

本书前文，已对绝大部分现象进行了讨论，此处不再赘述。在此章中，将重点聊聊"毒鸡汤"、营销与软文、虚假民意与新闻侵权的那些事儿。它们都与近年全球出现的一个被称作"新闻荒漠化"的现象息息相关。

一、"新闻荒漠化"及其后果

什么是"新闻荒漠化"？

"新闻荒漠"（News Desert），最初来自美国北卡罗来纳大学的一项有关地方新闻的研究报告。指的是地方性的权威机构媒体在今天的传媒环境中，正在逐渐丧失竞争力，甚至消失。但是，研究也指出，"新闻荒漠"还有另一层含义，即新闻质量在今天大幅降低，特别是在地方性的新闻报道中，这一现象更加明显。

据美国南加州大学卡普兰（Marty Kaplan）教授的一项研究，位于洛杉矶附近的一家电视台，半个小时的新闻节目中，有关政经和民生的严肃新闻，平均下来只有难以置信的 22 秒；相比之下，有关猫的报道则有三分钟。撸猫省力又省钱，收视率还高。[①]

---

① 彭增军：《此间再无萧萧竹：新闻荒漠化及其后果》，《新闻记者》2021 年第 3 期。

近些年，社交媒体的崛起，成为引发"新闻荒漠"的主因之一。相比全国性主流媒体，地方性专业新闻机构受此冲击更大，影响力减弱已是不争的事实。随着形势愈演愈烈，新闻荒漠已经不再是个别地域现象，而是呈现出蔓延全球的"新闻荒漠化"趋势。由此可见，社交媒体看似提供了丰富多元的信息，让"天涯咫尺"；但事实上造成了"新闻真空"，让"咫尺天涯"。

更重要的是，新闻品质的不断下降，正迫使新闻消失，驱使新闻变形。接下来，让我们一同认识并反思"新闻荒漠化"带来的"毒鸡汤"泛滥、营销与软文风行、虚假民意、新闻侵权等问题。

（一）"毒鸡汤"泛滥

2022 年年底，电商平台销售的"清华妈妈语录"，引发了巨大的社会争议：

妈妈为什么逼我学习？

妈妈回答："是为了你将来点餐的时候，可以不看价格""是为了你在累的时候，随时可以打车回家""为了你在外出旅游的时候可以住自己喜欢的酒店……"

这则文案之所以成为舆情热点，是因为它是一碗不折不扣的"毒鸡汤"。"毒鸡汤"初品味道诱人，细查则品相低劣，毫无营养价值不说，甚至使用劣质的"思想"原料，诱人"饮鸩止渴"，"误了卿卿性命"。

"清华妈妈语录"之所以成为"毒鸡汤"的典型代表，原因有二：一则，其强加了一系列的假性因果关系；二则，其"扼杀"了普通人对生活意义多重诠释的权利。

试想，逼"我"学习，是否"我"就一定能学习好？学习好是否就一定能找到一份心仪的工作？工作带来的物质丰裕，是否就决定了生活的终极意义？这一系列的"推论"，是否能被一条因果严密推理的逻辑链条所检验？

这则文案除逻辑不能自洽外，还有着对生活多元价值的消解。"生活的理想，就是为了理想的生活"。只要符合社会基本行为规范、满足社会基本价值共识，我们就理应接纳人们对生活的多元追求。与物质丰裕至上的价值观相比，我们更应当探索物质丰裕之上的精神丰盈。

况且，社会是一个庞大的系统，每一种社会身份都在协力社会的顺畅运转。只要用心投入，自有独特光芒。正所谓，"三百六十行，行行出状元"。

"清华妈妈语录"本身就是对清华精神的曲解。正如有人点评说，"清华妈妈语录"不仅贩卖了焦虑，收割了流量，更扭曲了价值。清华赋予学生的，是"不问西东"的海纳百川襟怀，是"致知穷理，学古探微"的治学精神，是"行健不息须自强"的实干作风。让人眼中有光、心中有梦，有追求真知、真理的勇气与底气，才是清华"自带流量"的精神密码。

无独有偶，除了"清华妈妈语录"，坊间还广为流传着"哈佛凌晨4点半"等既"伪"又"毒"的"鸡汤文"。在贩卖焦虑、扭曲价值方面，可谓"无远弗届""无问西东"。

先来看"哈佛凌晨4点半"的"心灵鸡汤"。此则"鸡汤文"绘声绘色地描绘了哈佛图书馆学子们通宵达旦苦读的"场景"。但事实证明，"哈佛图书馆系统中的80多家图书馆几乎都在零点前闭馆"。[①] 鼓励年轻人惜时如金、刻苦求知没错，但错就错在罔顾事实，制造"内卷"上。文武之道，一张一弛。这本是天地法则，不遑多论。治学治事，重在效率，功在不舍。一曝十寒自不可取，如再倡导每天"凌晨4点半"都坐在图书馆里，就更是误人子弟、损人身心健康了。

不论是清华也好，哈佛也罢，大学教育的意义，在于培养心智健康、有益社会的公民；在于锻造格局阔大、堪当重任的社会中坚。相比获得钟鼓馔玉般的有形资产，这是更为厚重的无形价值。

从"清华妈妈语录"到"哈佛爸爸箴言"，"毒鸡汤"之

---

① 安妮：《从哈佛校训到鲁迅名言，识别"伪鸡汤"的7个元素》，《三联生活周刊》微信公众号2022年11月20日。

"毒"，在于其毫无诚朴之怀，尽是矫情之意。在于其矮化了人的精神高度，窄化了人的精神宽度，让人沦为学习的机器、物质的奴隶。"清华妈妈"这一噱头，让人们交足了"智商税"。更重要的是，它煲出一碗看似醇香实无营养价值的"浓汤"——这碗"浓汤"，实则是全靠"精神胜利法"的味精，调制出来抽离复杂社会情境、满足线性成长幻想的"重口味""迷魂汤"。

（二）营销与软文风行

在新闻界，营销与软文，也被称为"广告式新闻"。自媒体时代，营销与软文，正突破严肃新闻的边界，成为冲击专业新闻规范、挑战新闻职业伦理的棘手问题。

让我们先来看一则"新闻报道"案例：

中国在第七十五届联合国大会上正式提出力争在2030年前二氧化碳排放量达到峰值，力争2060年前实现碳中和目标……

随着"碳中和"成为国际热词，航空、能源、建筑等各行各业采用对环境更友好的可持续发展产品和解决方案逐渐成为一种趋势。

今年11月5日，第五届中国国际进口博览会在上海如期举行。××新闻记者从进博会现场获悉，绿色、低碳、可持续发展依旧是本次参展企业聚焦的热门话题……

在××技术装备展区，××（某跨国公司）带来中国首展的"××创新技术验证项目"概念模型可以说是馆里的明星展品……

接下来，便是对这款新技术的创新点介绍，随之是对该公司全球副总裁的采访，述及业务展望、该公司的背景信息等内容。

魔鬼藏在细节里。这篇推文，如若仔细加以拆解，堪称"四不像"式的"经典之作"。其以"打擦边球"的方式，将新闻报道稿与企业公关稿混为一体。大概希望"瞒天过海"，实则漏洞百出，让人不禁质疑其专业性到底何在。

其一，"犹抱琵琶半遮面"，难掩作者身份的尴尬。为了对文章进行"乔装打扮"，文中刻意使用了"记者从进博会现场获悉"这一典型的新闻报道稿"身份标识"进行伪装。又是记者采访，又是现场报道，可谓将"以假乱真"的功夫做足。然而，细心检视此篇文章，就能发现根本没有写明记者是谁。"无主"的"新闻报道"实则掩饰了责任主体。

其二，"嘈嘈切切错杂弹"，难掩文体拼接的硬伤。本是一篇形式还算标准的"新闻报道"，孰料最后一段文字"横空出世"，使得全篇文风突变，"初为霓裳后六幺"：

在进博展望未来，相信这三家新公司将延续××（公司名——引者注）创新使命，持续通过研发和投资前沿行业解决方案……构筑低碳新未来。

新闻报道讲求事实信息与意见信息的区分。如果记述新闻事实，则是典型的消息报道文体；如果表达观点，则是新闻评论文体。即便有新闻述评这样夹叙夹议的文体，但述者与评者，都是秉持公正、理性的姿态，进行记叙与言说。而在案例的最后一段文字里，言说者的姿态，就值得打一个大大的问号了。是新闻还是软文，此刻一眼便知了。

通读这篇"报道"，足以证明营销与软文对严肃新闻边界的"侵蚀"情况已不鲜见。营销与软文"明修栈道，暗度陈仓"，对新闻专业规范与新闻职业伦理提出了挑战，其进一步加剧了"新闻荒漠化"的困局。

（三）虚假民意——从局部"回音室"到社会"回音室"

"新闻荒漠化"现象，除了包括新闻报道质量的下降，还应包括舆论场中公共对话质量的下降。公共对话质量下降的最主要表现，就是虚假民意在互联网空间中的"板结"。

公共对话理应遵循秩序、鼓励多元、达成共识，在建设性的对话中，让民意充分舒展。互联网一方面增加了公共对话的"声道"，另一方面却也可能板结公共对话的"波段"，通过制造"回音室",阻滞真实民意的表达,导致其消失与变形。

网络"回音室"可以分为两大类型,一类是不同趣缘群体间的互相"屏蔽"与"区隔",造成互联网上"鸡犬之声相闻,老死不相往来"的情况。人们"躲进小楼成一统",在狭小逼仄的兴趣议题空间内,不断强化既有的态度;而不同趣缘群体间,则互设"铜墙铁壁",拒绝对话。这是我们经常提及的局部"回音室"现象。信息世界的"作茧自缚",让偏狭、自负甚至无知成为坐井观天的代价,其中最显见的就是青少年亚文化中"饭圈"的情景。

比如,根据实时检索数据,截至 2022 年 11 月底,某张姓娱乐明星的"微博超话"共有互动帖子 1012.7 万,粉丝数达到 675 万。更有甚者,某王姓娱乐明星的"微博超话"粉丝数高达 879.9 万。此外,围绕其"微博超话",还有数不清的诸如名为"全体死忠"的粉丝超话社群,在社交媒体"呼朋引伴",引发一阵阵"山呼海啸"。

这些粉丝群体,在虚拟世界中塑造着等级森严的话语权力;在封闭"回音室"里建造逃避现实世界的虚假共识。当娱乐圈稍有"风吹草动",甚至不惜引战,上演毫无意义的"狂欢"闹剧。

更进一步,这些闹剧发酵在回音室,却在资本的诱惑、意义的戏谑中,使得整个社交媒体的头部信息日渐趋同。比如,有研究就发现：

社交网络不仅把舆论场分割成"一个个孤岛"，更把虚拟社会从真实社会分割出来，形成"一个单一的整体社会孤岛"。[①]

社交媒体中，通过挤占大量的社会注意力资源，不断制造泛娱乐化的舆论幻象。互联网中的"虚浮""娱乐至死"景象，让"吃瓜"成了吃瓜者的"通行证"，让戏谑成了戏谑者的"护身符"。由此，也进入了网络"回音室"的第二类——所谓的社会"回音室"：

信息"回音室"不仅是个体层面的或基于智能算法推送的"茧房"现象，而是社会层面的。[②]

这提示我们，杜绝"新闻荒漠化"，治理"八卦"舆论场，既要治标，更需治本。搭建"回音室"的，不仅有算法，还有社会环境因素。比如，为何全球范围内，愤怒的情绪在互联网的"回音室"中形成激荡不息的情绪浪潮？除了被算法"捕获"而导致的情绪扩散，恐怕更重要的是，一个有关"愤

---

① 参见徐翔等：《去"巴尔干化"：微博社会"中心化"趋同现象与结构》，《新闻记者》2022 年第 10 期。
② 徐翔、王雨晨：《社会回音室：网络传播中的信息趋同及其媒介逻辑——基于"今日头条"样本的计算传播学分析》，《国际新闻界》2021年第 7 期。

怒"的市场已经在全球出现——"在那里，愤怒是一种商品，而羞辱是一种产业"[1]。

（四）新闻侵权

人们曾这样形容记者，"笔下有毁誉忠奸，笔下有人命关天"，说出了记者行当的影响力与责任性。在今天的新媒体时代，人人都有麦克风，人人都化身业余记者，但对影响力的自警、对责任的强调，却没有得到相应的重视，导致缺乏职业规范要求的新闻常成为侵害他人的隐形"匕首"。其中，新闻侵权就是最典型的代表。

新闻侵权，包含对新闻当事人名誉的侵犯、隐私的侵犯以及其他正当权利的侵害。近些年，互联网"人肉搜索"成为新闻侵权在新媒体时代最典型的表现形态。其借新闻报道之形、假舆论监督之名、标榜伸张社会正义，已经演化为随意突破道德边界、越过法律底线、不折不扣的网络暴力。

让我们来看一则案例：

2018 年 5 月 20 日，某网友在微博上宣布：因为陷入高利贷困境，其一家人只有选择自杀。其在互联网上留下的遗书迅速引发了大量网友的关注。所幸的是，海南警方及时获知这一

---

① 胡泳：《社交媒体何以变成愤怒机器》，《经济观察报》微信公众号 2023 年 3 月 14 日。

信息，将在生死线徘徊的一家人救出。但是，事情并没有完结。一些网友对其经历非常好奇，在检索了其曾经发布的微博后发现：

> 她是北京土著，家里有过拆迁款，曾带父母到外国旅游，拍摄艺术照……结果很多网友大骂她为"戏精"，怀疑她靠留遗书获取网络关注和利益。①

事件最后以悲剧收尾。2018 年 5 月 31 日，这一家三口在湖南省某公路服务区选择第二次自杀，最终，两人不幸身亡，一人受伤。

这样的结果，不免令人扼腕唏嘘。部分网友以"好奇心"为名、以"挖掘真相"为由，毫无道德操守也无法律意识地对新闻当事人进行隐私暴露、名誉侵害、声誉毁谤，甚至人身威胁。将质疑、攻击甚至胁迫的"声浪"，瞬间倾注在一个普通人的身上，其不可承受之重，不难想象。

屡见不鲜的互联网道德审判、媒介审判，不仅戕害个人权利，也会对司法公正造成干扰。在特定情境下，还会影响司法机关的独立审判。

此外，其不仅会给个人带来伤害，还会给涉事组织、单位

---

① 《3 个月，4 起网络暴力，人肉搜索只剩下了恶意》，"青春朝阳"微信公众号 2018 年 9 月 7 日。

带来负向影响。综上所论，新闻侵权特别是互联网时代的新闻侵权，值得我们警惕。

二、治理"新闻荒漠化"的"工具箱"

以上，对"毒鸡汤"、营销与软文、虚假民意与新闻侵权等在内的"新闻荒漠化"现象进行了分析，下文将就如何治理"新闻荒漠化"配备一个"工具箱"。及时治理"新闻荒漠化"，才能让新闻的"绿洲"生机勃勃。

（一）如何识别并远离"毒鸡汤"

2022年11月17日，在"2022中国足协杯"第二轮的比赛中，来自甘肃省县城的泾川文汇队，在点球大战环节表现突出，淘汰了"豪门球队"北京市国安队，而一跃成为舆论热议的话题。

一支足坛劲旅，输给一支来自县城的名不见经传的小队，反差如此强烈，当然可以作为人们茶余饭后的谈资。但是，随着关注的深入，人们发现，这则新闻背后有着更引人深思的故事：

（这支球队——引者注）由高中生、外卖员、体育老师组成，有一些是职业球队淘汰的球员，更多是当地"踢野球"的。

　　"文汇"这个赞助商其实是当地一家文具店，赞助费用是5000元。一些和钱有关的信息，让这一足球童话更加动人。比如，球员工资每个月只有3000元，平常也没有什么运动营养的概念……①

　　尽管绿茵场就是见证奇迹的地方，但一支县级队战胜一支各方面实力都相差悬殊的劲旅，仍旧是一桩令人啧啧称奇的偶然事件。惊奇、惊喜之外，它留给我们更多的是对追寻梦想精神的感佩。

　　平心而论，这则新闻"原材料"天然具有熬成"鸡汤"乃至"毒鸡汤"的潜质，但这则"足球童话"，非但没有让人觉得虚浮，反倒让人觉得真诚。原因何在？

　　我们不妨将其与前文提到的"清华妈妈语录"做一对比，以此来总结识别并远离"毒鸡汤"的方法：

　　首先，看逻辑经不经得起推敲。"清华妈妈语录"制造了一条假性因果链条，一切建立在没有必然性的推论上，"假如""那么"并不能经受住现实的检验——尽管伪装真实，却虚幻得如同一则童话；而"足球童话"却真实发生在你我身边，真实得让人怀疑它是一则童话。

　　其次，看价值经不经得住检验。"清华妈妈语录"传导社会

————————

①　张丰：《甘肃县级队淘汰北京国安，足球童话为何如此打动人心》，《新京报》微信公众号 2022 年 11 月 19 日。

焦虑,抹杀生活的多元意义;而"足球童话"恰恰相反,它以一种轻松、热爱、投入、享受的姿态,告诉人们,"有梦想谁都了不起"。

最后,看姿态经不经得起审视。"清华妈妈语录"制造流行语境中最不缺乏的"精英"神话。与之比照,"平凡的人们给我最多感动",却显得更加平等、平和与真诚。

(二)如何杜绝营销与软文

营销与软文,可以说是"新闻荒漠化"中难以治理的"戈壁滩"。俗话说,"孤掌难鸣"。营销与软文背后,实则是利益相关方"利益输送"行为与新闻业"寻租"行为的"合流"。要治理营销与软文这片"戈壁滩",就需要"双管齐下":一则,需要强化双方的规则意识;二则,需要提高双方的违规成本。

规则需明确,这是确立行事的边界——楚河汉界,新闻的归新闻、公关的归公关,它们永远是平行线,没有交叉点;泾渭分明,公共利益的归公共利益,商业价值的归商业价值,"灰色地带"不应存在。

违规成本需提高。营销与软文的出现,不仅显露了传播者的专业规范模糊,还暴露了传播者责任感缺失、新闻伦理标准不健全与利益驱动导致的利令智昏。故而,强化专业教育外,也需提高违规成本，建立屏蔽利益输送的制度"防火墙"。

营销与软文的背后，还是专业传播者职业精神的"坍塌"，可见杜绝"软化"，尤需"壮骨强筋"。

对受众而言，练就识别营销与软文的"火眼金睛"，不受蒙蔽，至为重要。要点在于：其一，鉴别作者身份。是在新闻场中客观报道，还是在名利场中欲盖弥彰？记者身份标识清晰，还是身份模糊难识？其二，辨别文体特征。是客观交代新闻要素（5W、1H）的记述文体，还是夹带私货、欲说还休、文体界定不清的"四不像"文体？

此外，有研究对"新闻软文"进行了三类精准的"画像"，对我们准确识别营销与软文很有帮助：

第一类是"轻度软文"。将目标企业的品牌或事件仅当做背景材料或补充案例"蜻蜓点水"地提及。

第二类是"中度软文"。新闻会以较大篇幅将目标企业作为正面案例。

第三类是"重度软文"。不仅有大篇幅来描写企业品牌和产品，甚至在标题、小标题、导语中都有很强烈的暗示，向受众灌输企业理念，与广告方案十分类似，但文章并未标明"广告"。①

① 参见龚彦方、许昊杰：《"新闻软文"的组织博弈及科层困境》，《新闻与传播研究》2021年第6期。

第一类，对标准的新闻文本进行"微创手术"，希图使用"微植入"的方式，达到营销与软文之"隐蔽"传播目的；第二类，新闻之"形"还在，新闻之"神"已散。数量"可观"的营销案例填充，让新闻文本报道事实、守望真相的"气宇"丧失，面目可憎的营销与软文，跃然纸上；第三类，可谓彻底摧毁新闻文本的"肌体"，消泯新闻职业精神，让"新闻"沦为软性广告"借尸还魂"的工具。

保护可贵的"新闻绿洲"，防范专业精神的"水土流失"，治理营销与软文，刻不容缓。我们不妨根据如上三类"外貌特征"，悉心比照、仔细鉴别新闻世界中的各式文本。将那些鱼目混珠的营销与软文"剔除"出去，这不仅可以防范其对我们的蒙蔽，更可以制止其对新闻业的戕害。

（三）如何击穿虚假民意

不论是自我的"回音室"，还是社会"回音室"，它们不仅让世界律动的多元声部变得单调，更让真实自然的声音变为机器拟合的"假声"。

击穿互联网世界中的虚假民意，一方面，要敢于击穿自己资讯收受惯性制造的"回音壁"；另一方面，要勇于走出被虚拟世界"囚禁"的社会"回音室"。

敢于击穿自己资讯收受惯性制造的"回音壁"，提示我们：自我资讯收受的"舒适区"，也可能反过来成为画地为牢的"隔离区"，甚至过分沉溺于互联网狭小的精神世界，还会让我们陷入逃遁现实、孤芳自赏的精神"无人区"。没有人是一座孤岛，互联网的初衷，是让我们破除孤岛的狭隘，看到更宽广的信息之海。

勇于走出被虚拟世界"囚禁"的社会"回音室"，提示我们：不仅要在互联网里看世界，还要学会在真实世界里看互联网。跳脱依赖互联网的思维惯性，亲身感受真实世界的脉搏，这种"脱网"的能力，在今天显得尤为关键。互联网曾经把你我这样的一座座信息"孤岛"连接起来，面朝大海；却也日久生弊，把"孤岛"连缀成"群岛"，让人们自满于"内海"而无所自知。互联网提供了看似浪潮滚滚的信息，实则围挡起一条"避风"的海岸线，将波涛汹涌的真实世界隔绝在外，我们只见被网络聚光灯所折射出的泡沫。

换种思路，击穿虚假民意，需要我们提高资讯甄别能力、提升媒介素养。也就是说，我们需要时时反思自己的资讯收受习惯，培养明辨性的思维方法，尝试以不同的利益角度思考新闻事件，开放地而非封闭地、自主地而非盲从地、真实地而非臆断地面对变动不居的新闻世界。

（四）如何制止新闻侵权

制止新闻侵权，首先要厘清权利的边界。新闻满足的是人们"知道"的权利，赋予的是人们传播的权利。但是权利是有边界的。社会中他人（或组织）的权利边界，比如，隐私权、商业秘密权、名誉权、肖像权等，决定了"知道""传播"的边界线位置。一旦越界，便是侵权。轻则要经受道德的拷问，重则要面对法律的惩罚。

制止新闻侵权，其次要明晰公私的边界。新闻的目的是维护社会公共福祉，而非假借新闻权力以自雄。公与私的边界，决定了新闻品格的高下，更在关键时刻决定着新闻是裨益社会还是以"文"谋私。梁启超曾说："彼其造舆论也，非有所私利也，为国民而已。"值得记取。

媒体素养与社会能力养成

本书全面探讨了有关新闻的种种话题，特别是在新的媒体环境下新闻正在发生的种种变化。最后，想把话题落到媒体素养上。所谓媒体素养，即对媒体与新闻的认识，对其与自我关系及媒体环境的理解，以及善用媒体与信息的能力。这是人文素养的重要组成部分，是现代人生活在信息社会的必备素养，也是社会公共表达与说理能力的基础，更是社会提升理性化程度与治理能力的必经途径。

一、媒体的社会功能

新闻媒体的社会作用与功能，一直受到人们关注。对传统媒体社会功能的研究，已有很多成果。郭庆光教授在《传播学教程》（1999）一书中，系统梳理了有关观点。包括，拉斯韦尔的三功能说：监测环境，协调社会各部门，传递社会遗产；施拉姆的传播功能说：守望者的功能，决策的功能，教导的功能，娱乐的功能，商业的功能；拉扎斯菲尔德对媒体麻醉精神的消极功能的批判。

今天已经进入新媒体时代，探讨媒体的社会功能，依然离不开前人的思考和启发。因为新媒体的功能，既包括其自身具有的独特功能，更包括媒体功能在新媒体领域的体现。概括起来说，媒体应该具有如下几个方面的社会功能：

一是信息传递功能。媒体的基本功能是传递信息，但这种信息应该是满足人们生产生活需要的有用信息。随着社会复杂程度日益提高，人们对信息的依赖程度会越来越高，好的信息具有使用价值、思想价值或者审美价值，对人而言使用价值更大。如果提供的信息价值低、无价值，甚至是负价值的"垃圾信息"，那对人的消耗和损害是很大的，对社会资源的浪费也是很大的。值得关注的是，新媒体的快速发展在丰富人们生活的同时，也产生了大量"快餐式""碎片化"的无逻辑、低价值信息和内容，带来了越来越突出的社会问题。

二是教育沟通功能。在学校和家庭以外，以媒体为代表的社会文化机构承担着很重要的社会教育功能，通过提供具有正确价值观的健康有益的文化产品，持续地对社会成员进行教育和熏陶，达到培养人、塑造人的目的。除了社会知识教育和社会角色培养之外，媒体还有社会文化遗产传承的责任。尤其在大量青少年都是新媒体深度使用者这一局面下，这方面的作用尤其突出。与此同时，媒体还承担着社会沟通功能，通过涉及经济、政治、社会、科技和生活方方面面信息的传递，促使人们相互交换知识、交流信息、借鉴经验，进行人际思想互动，加强整个社会的信息流动和有效沟通。

三是社会治理功能。媒体的社会治理功能是指积极承担媒介责任，提供民众与政府互动的平台，为公共领域服务。新媒体相比传统媒体而言，由于具有"平台性"特征，作为社会治理主体的功能得到更大彰显，集中体现在对社会自治主体（即公民）进行赋权，推动实现社会对话、协商空间的建构，为政府和社会搭建对等沟通和互动交流的舞台，促进社会的整合等。而传统媒体的监督功能，即"社会瞭望者"作用，在新媒体广泛性、及时性等特点的加持下，也能够很好地发挥。特别是在深度报道、严肃新闻日益淡化的今天，新媒体的社会瞭望功能更值得期待。

四是娱乐消遣功能。媒体提供的文化、休闲、娱乐、游戏等服务和产品，有助于人们放松紧张情绪，获得艺术享受和精神满足。唱歌、舞蹈、登山、滑雪、越野等实体活动，在新媒体时代，也可以通过媒体再现和传播，强化社会参与，成为娱乐消遣的重要形式。

但正如美国媒体文化研究者、批判家尼尔·波兹曼在《娱乐至死》（*Amusing ourselves to death*）（1985）中所指出的，当美国媒体由印刷统治转变为电视统治后，社会公共话语权的特征由曾经的理性、秩序和逻辑性逐步演变为脱离语境、肤浅、低俗、碎化，一切都以娱乐的方式呈现，人类心甘情愿成为娱乐的附庸，最终成为娱乐至死的物种。当新媒体出现后，这种现象达到空前的程度。新媒体在发挥娱乐消遣功能的同时，也带来种种不容忽视的问题，对社会思想认识、思考方式乃至整个社会文化发展趋向产生影响，这不得不发人深省。

二、对流量文化的反思

在今天的新媒体上，各大平台都在转向社交娱乐化，对深度话题探索与思考的需求没有得到足够的满足和释放，从某种意义上说，在渠道过剩的时候，不仅需要更多的流量，更需要质量，这既是媒体功能的重要体现，也是新媒体获得商业收益和长远发展的根本。

所以，从媒体的角度来说，需要对流量文化加以审视，担负起更多社会责任。媒体要考虑的是建立正确的商业逻辑，而不是一味追求流量，因为过分追求流量，对于单一媒体来说是短视之举，而对于媒体整体来说，带来的是媒体内容的失重，即内容日益趋于碎片化、娱乐化、肤浅化。

流量是当前大多数媒体追逐的核心，原本有深度、高质量的内容被娱乐化大潮挤占了生存空间。取而代之的是，智能推荐、无限刷屏、迎合用户注意力的信息流正在成为许多内容平台的标配，整个媒体的内容生产形成了以流量为中心的运转机制。当然，它在一定程度上迎合了移动互联网时代人们碎片化快餐阅读与个性化阅读的需求，但它所产生的负效应是明显的：一方面导致内容偏向低俗化，另一方面导致功利化。比如，通过奖励机制让用户沉迷于刷低质量的内容，这会导致整个新媒体文化成为流量文化、粉丝文化和功利文化。

媒体作为商业组织，需要考虑盈利，但如果在这种以流量为核心的商业模式机制驱动下，让越来越多的用户都沉醉在娱乐至死的"奶头乐"之中，并不是一种健康的互联网文化。拿互联网行业来说，越来越多的中国互联网公司进入世界前列，中国的互联网经济正在释放巨大能量与潜力。但这也释放了一个信号，中国互联网公司的体量与影响力愈来愈大之后，它不应该仅仅从盈利层面进行企业行为考量，还要担负更多的社会责任。标杆性的互联网公司的所作所为，将对整个新媒体生态起到重要的示范作用。同时，随着社会文化教育程度的提高、用户媒体素养的提升，新生代用户对更高的内容质量有了更多的诉求，新媒体应该更好地顺应这一趋势。

从媒体内容上说，新媒体要转变"失重"趋势，推动质量升级。今天的新媒体，从社交媒体到短视频直播、到二次元社区与新闻资讯类平台，整体上呈现短链条、浅层次的社交与内容狂欢。一个例子是，基于当前各种资讯平台到直播短视频平台的智能推荐与信息流模式，用户"刷"出来的内容绝大部分是迎合短时间眼球刺激的内容快餐，欠缺知识的积累与连贯性。这种内容快餐模式像极了美国 19 世纪末流行的"黄色新闻"。

除内容过于肤浅之外，甚至刻意采用易引起歧义的标题和版式，这种十分流行的抓眼球的流量玩法，带来了短期的流量吸金效果，但对于整个新媒体文化的积淀与提升并无益处。它没有引导人们通过一个问题进行探索，带来一连串的深度思考与发问，推动更多人参与深度的话题讨论，促成对社会问题、科学、哲学与各产业等问题的解决，而是满足当下无须思考的感官刺激欲求。

更多的资讯内容平台和新媒体的诞生带来了更多流量，但用户却没有变成更好的自己，将碎片化时间虚掷于各种娱乐休闲之中，带来的是意义空虚与价值迷茫。从这个角度来看，针对当下信息流模式应该思考的是：如何通过新媒体的高质量来维持品牌声誉、赢得尊重？这要求新媒体应该从内容层面引导用户从浅薄走向深度思考与理性思辨，推动内容消费升级，而非一味迎合用户的低俗化、浅薄化需求。

当媒体发展到更高阶段，有更高的追求时，需要对用户的成长负责。如果未来新媒体依然是为了获取流量而去迎合用户的低俗化、浅薄化的需求，它带来的负效应除了让用户因各种娱乐化产品内容上瘾无法自拔，浮躁、空虚与精神贫瘠成为常态，还会带来更多的争议与社会问题。而随着用户走向成熟，流量导向模式下的内容质量很难满足更高层面的精神需求，媒体要确保自己的影响力和生命力，就需要产出更丰厚的精神食粮，增强内容的厚度与深度。

这就是说，好的媒体需要调整平台机制与内容产出的方向，平衡流量与质量的冲突以及利润与社会责任之间的天平，它需要从内容质量输出层面去考虑对用户的成长担负一定的责任，并建立持续产出高质量内容的机制。比如，从"知乎"的模式来看，它多年积累的优秀回答可以反复利用，相关的问题回答会一直处于更新与信息扩充的状态中，这就是通过平台的模式赋予内容以连贯性与丰富性，推动知识的积累与完善，帮助个人成长。

媒体还要考虑，如何让更多个体发声，塑造更为平等与理性的新媒体文化。它依赖高质量的内容与理性思辨的平台氛围，推动各行各业的专家学者甚至普通人参与和成长。通过良性的新媒体文化建设，塑造更加理性的媒体价值观。从过去霍金离世、重庆公交坠江等诸多热门事件中，我们会发现许多无价值的情绪化信息噪声。浮躁的粉丝文化、情绪化以及充满戾气的互怼，也将影响到现实社会中的个体。

网络是第二社会，它在不断降低社会沟通和市场交易成本的同时，也影响到人们在线下的处事准则与方式，新媒体空间的健康与否某种程度决定了社会的面貌。当媒体不再仅仅依赖流量去获取营收，而是深入渗透到人们的工作和生活中去推动生产方式的变革时，网络环境会极大促进社会个体的发展。而这些愿景的达成，有赖于更多新媒体，特别是大的平台输出新的行业标准以及良性的文化与价值观，抛弃纯粹以吸引眼球为主的流量思维与文化。

三、衡量新闻媒体内容优劣的标准

内容属性是媒体的本质属性。进入新媒体时代，新媒体的"新"体现在技术、形式、手段、渠道等多个方面，但最重要的"新"，应该在于内容的新，就是为媒体内容注入新的元素、新的价值。而内容的革新，来自理念和传播方式的革新。这才是新媒体核心竞争力之所在。

什么样的媒体内容是好的？或者说好的媒体内容应该具有什么样的标准？可以从四个方面来衡量。

一是价值（Value）。媒体作为"载体"的价值，加之所传递信息本身的价值，共同构成媒体存在的价值。在技术载体人人可得的情况下，信息的价值越发重要。具体来说，就是要写有用的、有思想的、有正面价值的信息内容。越是信息泛滥的时代，真正的高质量信息内容才更能凸显其稀缺性；越是人人都是写手的时代，因渠道稀缺性而附生的传播价值日益衰减，内容本身的传播价值才更加彰显。

二是原创性（Originality）。在媒体内容严重同质化、大量内容来自抄袭照搬、复制粘贴的情况下，原创性的内容虽然门槛更高，付出的成本更高，但辨识度和影响力也更高，是媒体立身之本和发展之源。"洗稿"可能会一时得利，但最终会被识破并抛弃。

三是效果（Effect）。效果是在一定环境下，主观努力与客观结果构成的一种因果现象。媒体写作不应孤芳自赏，也不应该曲高和寡，这也就意味着媒体内容生产者要具备对象意识，满足特定读者的需求。当然衡量效果的标准是多维度的，包括经济效益、社会效益等多方面，而不应该只看流量。

四是生命力（Life）。一个媒体作品体现的价值的长短，就是它的生命周期。媒体产品常常是速朽的，新媒体作品更不例外。但这不等于好的作品不能流之久远。真正有生命力的好作品，具有恒久性或前瞻性，更能经受住时间检验。

四、提升公众的媒体素养

在当下，大部分人是新媒体的使用者，同时也是新媒体的内容提供者。或者说，新媒体写作创作是每个人都可能会接触和实践的一种行为。在这种情况下，既给每个人参与媒体内容生产提供了机遇，也对公众的媒体素养提出了更高要求。

越是媒体发达的时候，越需要大力提升公众媒介素养，如果大部分人作为媒体使用者，都有良好的逻辑理性和思辨水平，有较强的表达能力、辨别能力和说理能力，将有助于提升社会理性化程度，构建更健康的公共表达秩序和空间。有什么样的受众，就有什么样的媒体，受众媒体素养的提高也会倒逼和带动媒体整体水平的提升。

但遗憾的是，今天的新媒体使用者，有很大一部分缺乏足够的媒体素养，缺乏系统、有效的逻辑思维和表达训练，表现为逻辑性差，不会说理，易情绪化。网络公共空间中的很多误解、争议，往往源于思维简单化和思想的偏激，表现出来就是，人们动辄"贴标签"，把不了解、不喜欢的事物"妖魔化"，上纲上线或者随便归类，偏离事物的本来面目，安上各种污名加以詈骂和指责。

当正面的规范缺位，理性的约束阙如，在网络技术推动下，人们兴奋地陷入一场话语和情绪狂欢当中。很多人不是寻找真相而是急着寻找阵营，不是看谁说得最有理而是看谁的嗓门最大、姿势最出位。表现出来就是，公共表达的参与者们，往往思绪偏执且并不深刻，知识芜杂且并无真知，逻辑混乱且远离常识。这大概也是碎片化的二手知识、"鸡汤文"如此流行的原因，是"键盘侠"层出不穷的原因，也是网络霸凌、情感极化等存在的深层原因。

只有具备良好的逻辑思维和媒体素养，才能在众声喧哗、泥沙俱下的新媒体环境中不被蒙蔽、误导和"带节奏"，才能获取高质量的信息，积极地参与公共表达，增加社会理性。否则，就容易被失真的信息"带歪"，或者被情绪所支配，无法成为合格的媒体消费者和观点表达者。包括很多知名人士，也经常在发表公共言论时"马失前蹄"。长此以往，说小一点，不利于自身发展；说大一点，不利于形成社会合意。

近年来，媒体领域的伦理失范、把关失职、秩序失控经常发生，带来很多社会问题和舆论关注。从媒体从业者角度来说，或因身在其中而不知，或因缺乏社会责任感，一些人只追求流量和经济利益，失去了媒体人应有的情怀、担当乃至操守，放任甚至诱导负面现象的发生。要杜绝上述现象，从根本上说，需要从能力建设和伦理建设两方面综合施策。

媒体素养的提升，是个人、媒体与社会的共赢。让更多人提高媒体使用能力，学会辨别媒体内容的好坏真伪，"读懂新闻"，学会公共表达，提升说理能力，从而汇集众力，高水平地参与公共事件讨论，高质量地参与网络舆情治理，将大有裨益于良好社会舆论风气的形成；亦将让更多人学会思考，用客观理性的言论化解戾气，营造更加清朗的新媒体空间。这也是作者写作本书的初衷和目标。

后 记

在媒体极大丰富、信息海量涌现、新闻事件瞬息万变的时代，企望用一本书来讲清楚如何"读懂新闻"，似乎是一件不自量力的事情。

但作者依然觉得这一尝试是值得的。市面上关于新闻的书籍多矣，有学院派的理论著作，有新媒体实务工作者的操作类书籍，有对具体新闻事件的回忆与解读，也有涉及危机公关、新闻技术等方面的专章论述……林林总总之中，并没有从广大社会公众如何"读懂新闻"这一切口入手，回答"新闻是什么""新闻应该如何""人与新闻的关系"，以及"我们需要什么样的新闻"等问题的著作。或许是作者孤陋寡闻，我们觉得应该有这样一本书出现，本书或可补白。

《读懂新闻》从"新闻的内涵""新闻全角度""新闻与社会"三个方面加以讲述，涉及新闻本身、新闻与个体、新闻与组织、新闻与社会的方方面面，最后落在媒体素养与社会能力养成上。作者念兹在兹之处，依然是新闻作为一种建设性力量的社会功用。人们常常引用黑格尔的一句话，"存在的即是合理的"，却往往都是从字面理解，很少有人去深究黑格尔的本意。而新闻能否达至它应有的功用，很大一部分因素来自广大社会公众"读懂新闻"所产生的力量。

合作撰写本书的三位作者，都毕业于中国人民大学新闻学院，也都有与新闻相关的从业和研究经历。在繁忙的工作之余从事书稿写作，需要广泛地阅读、细致地梳理，以及对自身工作经历的复盘与咀嚼、对新闻传播现实生态的观察与思考，甚是辛劳，唯一目的是为读者奉献有益的观点，引导读者进行深入地思考。

感谢华景时代、中国民主法制出版社，感谢刘雅文老师，促成了本书的出版。

由于作者水平有限，书中难免存在错谬疏漏之处，敬请读者指正。

胡森林

2023 年 5 月于北京